本书由江苏师范大学金融工程国家一流专业建设经费资助

U0653329

金融风险管理

主　编　任筱钰　杨晓丽

副主编　万　莹

扫码申请更多资源

南京大学出版社

图书在版编目(CIP)数据

金融风险管理 / 任筱钰,杨晓丽主编. — 南京 :
南京大学出版社,2024.9.— ISBN 978 - 7 - 305 - 28322
- 2

Ⅰ. F830.9

中国国家版本馆 CIP 数据核字第 2024XX0469 号

出版发行　南京大学出版社
社　　址　南京市汉口路 22 号　　　邮　　编　210093
书　　名　**金融风险管理**
　　　　　JINRONG FENGXIAN GUANLI
主　　编　任筱钰　杨晓丽
责任编辑　武　坦　　　　　　　编辑热线　025 - 83592315
照　　排　南京开卷文化传媒有限公司
印　　刷　南京鸿图印务有限公司
开　　本　787 mm×1092 mm　1/16　印张 16　字数 350 千
版　　次　2024 年 9 月第 1 版　2024 年 9 月第 1 次印刷
ISBN 978 - 7 - 305 - 28322 - 2
定　　价　46.00 元

网　　址:http://www.njupco.com
官方微博:http://weibo.com/njupco
官方微信号:njuyuexue
销售咨询热线:(025)83594756

前　言

　　《2021年国务院政府工作报告》以及《中华人民共和国国民经济和社会发展第十四个五年规划和2035年远景目标纲要》都一再强调"守住不发生系统性金融风险的底线"。针对复杂多变的国内外市场环境,国家顶层设计对我国金融系统的风险管理提出了更高的要求,既要高度警惕"黑天鹅"事件,也要防范"灰犀牛"事件;既要有防范风险的先手,也要有应对和化解风险挑战的高招。因此"金融风险管理"课程已成为《普通高等学校本科专业类教学质量国家标准》中金融类专业必修的核心课程。

　　在此背景下,对金融类专业学生来说,在金融理论逐渐由抽象的宏观理论描述向对各类微观金融活动的细致分析转变的过程中,他们感受到凭现有的数理基础储备,很难应对国外经典金融风险管理教材的难度要求。因此,编写一本既体现现代金融风险管理理论,又有一定数理基础支撑的难度适中、涉及广泛的教材,就成了当务之急。

　　金融风险管理用到的数学方法和工具包括微积分、线性代数、概率论、计量经济学、时间序列分析、运筹学、微分方程、随机过程、随机分析等,知识体系极其庞大而繁多,远远超出了包括数学专业在内的绝大多数大学生的知识范畴,甚至许多金融部门从事实际工作的专业人员也难以全部掌握。因此,考虑内容的难度和学生的接受程度,本书不注重晦涩难懂的数学工具讲解和复杂繁多的公式推导,而侧重于应用,由具体问题做先导,采用具体问题具体分析的模式,让学生由问题引发兴趣,在大量实际案例分析中学到必备的金融风险管理相关知识,尽量在通俗化和普及化方面做一些大胆的尝试。全书分为十章,前四章介绍金融风险管理的相关理论知识,注重理论分析。从第五章开始到第九章转而注重数理分析,每一章针对一种典型具体的金融风险,详细讲述数学方法和工具在金融风险管理中的应用;由问题做先导,引出一章主题,再系统介绍基本理论、基本观点和基本方法,并附加大量例题,使理论方法和实际应用真正紧密结合。最后,第十章比较新颖地引入金融风险管理中的上机操作内容。利用计算机辅助课堂教学,借助分析软件EViews完成实证分析,拓展学生科研视野,激发学习兴趣,调动研究积极性,真正实现理论与实践相结合。本书针对商学院金融专业本科生的知识储备实际情况,尽可能把数理知识和上机操作的表述通俗化,达到浅显易懂、容易上手的教学效果。同时把金融风险管理中的数理应用尽量汇总起来,给学生呈现较为完整的知识体系框架,提供未来进一步学习研究的路径、思路和启示。

　　习近平总书记在全国高校思想政治工作会议上强调,"提升思想政治教育亲和力和针对性,满足学生成长发展需求和期待,其他各门课都要守好一段渠、种好责任田,使各类课程与思想政治理论课同向同行,形成协同效应"。本着立德树人的宗旨,本教材在每章首页均通过课前导读引入思政元素,将思政内容和专业知识较好地融合,引导学生关注并研究现实问题,培育学生经世济民、诚信服务、德法兼修的职业素养和操守。

本书与通常的金融经济类的书相比,更侧重于数学方法的运用;与金融数学类的书相比,本书又介绍了金融学问题的提出和问题的解决过程。本书可作为金融类和经济管理类本科生教材;对于理工科相关专业,可作为选修课教材;也可供金融理论研究和实务工作者参考。

诚挚感谢书后参考文献中提到的所有前辈、专家学者,感谢他们前期做出的优秀成果,为编写此书提供了重要的参考资料。

本教材的出版得到了江苏师范大学提供的资金支持,同时感谢江苏师范大学商学院各方面给予的便利。特别需要强调,本教材的编写得到了罗栋梁院长、李因果主任和杨晓丽教授等多位领导和老师的大力支持,感谢他们从本科教学的视角提出了很多宝贵的建议。另外,对于副主编大连海洋大学信息工程学院万莹老师为本教材的辛苦付出,在此深表感谢。

由于作者水平有限,书中难免出现缺陷和错误,欢迎各位专家学者以及各级院校的师生批评指正(联系邮箱:rxy10@163.com)。

编 者

2024 年 7 月

目　录

第三部分　上机操作篇

第一章   金融风险概述

教学要点

知识要点	掌握程度	相关知识
金融风险的定义	掌握	不确定性
金融风险的特征	了解	周期性
金融风险的分类	重点掌握	不同形态的风险

课前导读

传统金融风险理论均由西方学者结合所处时代的金融市场发展所提出,因此有其时代局限性,同时对于中国问题的解释能力也有限。这种有限性需要我们运用所学理论去分析中国问题才能获得深入挖掘,而基础知识的学习,不仅能够拓展我们的学习深度,还能够培养我们的思辨能力,从而正确看待西方理论的作用与局限性。

通过学习,我们应能认识到金融市场中收益与风险如影随形,警戒"投资有风险,入市需谨慎"的道理。大学生作为国家未来的建设者和主要投资者,在掌握扎实的专业知识和技能的同时,应树立正确的世界观、人生观和价值观,培养自我保护意识和风险防范意识。

意识到监管的必要性。投资领域的从业者对待现场监管和非现场监管都要诚信为本,恪守职责,具有大局意识、法治意识、职业道德、正确金钱观和消费观,自觉抵制享乐主义、个人主义和拜金主义。

第一节   金融风险的概念

一、金融风险的定义

"风险"一词现今已被广泛运用到了实际生活中的方方面面,人们习惯于将某件结果的不确定或者可能带来损失的事件称作"有风险的"。对学生而言,早上赖床不去上课有会被老师点名的风险,平日不好好学习将面临考试不及格甚至将来找不到好工作的风险;天气干燥时有容易引起火灾的风险……当然,风险最常用于金融投资领域,企业的项目投资必然面临一定的财务、政策与环境变化的风险等;股票市场中的价格变幻莫测,其风险对投资者而言主要在于市场价格与买价之间差价的不确定性,因为差价决定了投资者的收益大小(有可能是负值);商业银行等金融机构也时刻面临贷款者是否按时按量还款等风险。由此可见,风险的本质特征就是不确定性。我们把风险定义为"在一定条件下和一定时期内,由于各种结果发生的不确定性而导致行为主体遭受损失的大小及其可能性的大小"。

一般认为,风险与不确定性有密切的关系,但风险与不确定性也有区别。美国经济学家、芝加哥学派创始人富兰克·奈特(Frank Knight)在其《风险、不确定性及利润》(1921)中较全面地分析了风险与不确定性的关系。奈特认为,如果一个经济行为者所面临的随机性能用具体的数值概率来表述,那么,就可以说这种情况涉及风险。另外,如果该经济行为者对不同的可能事件不能(或没有)指定具体的概率值,就可以说这种情况涉及不确定性。他认为,风险是从事后角度来看的由于不确定性因素而造成的损失。美国明尼苏达大学教授威廉和汉斯在《风险管理与保险》(1964)一书中也分析了风险与不确定性的问题。他们认为,风险是客观状态,对任何人都是同样存在、同等程度的,但不确定性是认识者的主观判断,不同的人对同一风险会有不同的看法。由此可以看出,是否可测定成为判别风险与不确定性的一个重要标准。因而,一般认为,风险是一个二维概念,它表示了损失的大小和损失发生概率的大小(损失或其他结果实际上是一个随机量,可以运用概率论等知识来测量)。当这二维特征参数确定,风险也就可以随之确定。

还需要明确一点,这里将风险限定为指示损失的大小及其发生的可能性,不讨论其可能带来收益的情况。一般地,风险与收益是一对相对的概念;若强调风险包括收益的可能,则进行风险管理就不具备重大意义和迫切性,因为好的结果往往是不需要控制管理的。另外,通过风险获取收益与遭遇损失两种情况是难以混同来进行讨论研究的(因为研究思路和方法不同)。

理解了风险的本质有利于我们全面把握金融风险的含义。金融风险是指在一定条件下和一定时期内,由于金融市场中各种经济变量的不确定造成结果发生的变动,从而导致行为主体遭受损失的大小和该损失发生概率的大小。其中,损失的大小和损失发生概率的大小既是金融风险的核心参量,又是进行金融风险管理的重要考虑因素。

二、金融风险的特征

认清金融风险的特征,可以帮助我们更好地管理金融风险,减少风险损失,更好地获得利润。金融风险的特征包括以下几点。

（一）普遍性

金融风险普遍存在于金融业务之中。从严格意义上讲，所有的金融业务都存在金融风险，无风险的金融业务是不存在的。

（二）传导性和渗透性

金融风险的发生很容易造成公众的信用危机，而在高度商业化的经济体系中，单一的信用机构不可能孤立于整个信用体系而单独存在，因而对单一信用机构的信用危机很快就会直接或间接地传导到其他信用机构乃至整个信用体系。同时，单一信用风险发生时，其作用往往不只局限于这笔业务本身的失败，它可能会影响这一类业务，乃至整个金融体系。因此，金融风险的作用力可以同时影响多个层次。所以说，除了对单一风险要直接采取措施外，还要考虑它的影响是否已渗透到其他层次和范围。针对这两种情况都要采取措施，才能真正做到有效地控制和防范金融风险。

（三）隐蔽性

金融风险具有很强的隐蔽性。隐蔽性是指由于金融机构具有一定的创造信用能力，并且其经营活动不完全透明，在不爆发金融危机或存款支付危机时，可能因信用特点维护、掩盖或补救已经失败的信用关系或者已经发生的损失。这种对风险和损失的隐蔽还可能因为政府或其他有影响力的外部力量的干预而加强或延长。同时，金融风险的隐蔽性还可以给金融机构提供一些缓冲和弥补的机会，如果银行能够及时有效地采取措施，对已经发生的风险加以控制，它就可以利用其隐蔽性特点创造信用，进而提高生存和发展的能力，并对发生的那部分损失进行弥补。

（四）潜伏性和突发性

金融风险既可能表现为突发性，也可能表现为潜伏性。一般情况下，传统的金融风险表现为潜伏性，新兴的金融风险表现为突发性。例如，传统贷款中的信用风险，对一个有问题的客户的贷款，可能一开始这笔贷款就是有风险的，但由于贷款期长，需要 3～5 年的时间这笔贷款才被提取完毕；或者还款期长，需要 5～10 年甚至更长时间才能发生还款困难的问题，这都会使这笔贷款的风险潜伏很长一段时间。但是，现代金融产品风险，如外汇交易头寸风险可能因为一笔极大的外汇交易敞口使一家银行在一夜之间由巨额盈利变为亏损，或者由于电脑等现代技术直接参与交易，发生技术故障使一家银行在几秒钟之内崩溃。

（五）双重性

在对风险进行管理时，人们更多地强调它的损失，但在实际中，风险的存在提供了获得额外收益的可能性。这种正效应也是经济主体所渴求的，它会激励人们去承担风险，获取收益，在竞争中不断创新，深化企业的发展。这种风险的双重性会对经济主体产生一种约束和激励并存的机制，使经济主体运用风险管理技术更好地配置资源，创造利润。

（六）扩散性

金融风险具有一定的扩散性。扩散性是指随着现代银行业的发展，金融体系内部各主体的联系日益密切，金融机构之间时刻发生着复杂的债权债务关系，金融机构之间也存在由于一家机构出现支付危机而导致多家机构倒闭的效应。金融风险的扩散性因创造信用的机制而被不断放大。

（七）可管理性

金融风险虽然有很大危害，且频繁发生，但它是可以管理的。可管理性是指通过金融理论的发展，金融市场的规范，管理技术的不断创新，金融风险可以得到有效预测和控制，从而降低风险，把风险控制在可以承受的范围之内，并通过风险的降低提高收益水平。金融机构可以通过增加资本金、调整风险资产来增强抵御风险的能力；通过加强外部监管、行业自律逐步规范金融风险管理体系。

（八）周期性

金融风险的产生与经济循环周期有密切关系。周期性是指金融风险受经济循环周期和货币政策变化的影响，呈现规律性、周期性特点。一般而言，在经济上升期和繁荣期，货币政策宽松，社会资金流动规模大，货币供需的矛盾容易被掩盖，金融风险不易发生；而经济处于衰退期或低谷期时，货币政策紧缩，社会各种矛盾激化，货币供需缺口明显，金融风险容易发生。

第二节　金融风险的分类

按照不同的标准，金融风险可以划分为不同的种类，这便于我们从不同的角度把握和理解金融风险的概念。按金融风险的主体划分，金融风险可以分为个人金融风险、企业金融风险、金融机构风险和国家金融风险；按金融风险的产生根源划分，金融风险可以分为客观金融风险和主观金融风险；按金融风险的层次划分，金融风险可以分为微观金融风险和宏观金融风险；按金融风险的地域划分，金融风险可以分为国内金融风险和国外金融风险。下面我们主要介绍金融风险常见的两种分类方法。

一、根据金融风险的性质分类

按金融风险的性质、严重程度和管理方法划分，可以分为系统性金融风险和非系统性金融风险。

（一）系统性金融风险

系统性金融风险（Systemic Financial Risk）又称不可分散化风险，是指能产生使整个金融系统，甚至整个地区或国家的经济主体都有遭受损失的可能性的风险。系统性金融风险是一种破坏性极大的金融风险,它隐含着金融危机的可能性,直接威胁着一国经济安全。通常由金融投资者自身不能控制的一些因素而引起投资报酬的变动,这些不可控的因素主要是政治、经济、自然灾害和突发事件等,其不利影响可能在整个金融体系引发"多米诺骨牌"效应,造成经济金融的大幅度波动,产生宏观层面上的金融风险。世界上频频发生的金融危机都反复证明了系统性金融风险是国家经济安全最为危险的敌人之一。国际货币基金组织(IMF)对 31 个发展中国家金融危机的考察表明,当金融危机所造成的累计产出损失达到 12% 时,至少需要 3 年的时间才能使产出恢复到危机前的水平。

(二)非系统性金融风险

非系统性金融风险(Non System Risk)又称可分散化风险,是指某个产业或企业特有的风险。对于这类风险,投资者可以通过实行多样化的策略来避免遭受损失。"特有"即指这种风险的产生一般都是由于经济行为主体经营管理不善、客户违约等造成的,只是一种个别的风险。投资者可以通过分散化投资或转换投资品种来消除这种风险,这是由于非系统性风险是个别性的风险,不会对市场整体产生作用。

经营风险、财务风险、信用风险、道德风险等风险是非系统性金融风险的主要类型。当非系统性金融风险还没有显现之时,对于风险的防范,重点是采取分散投资的方式,亦即通常所说的,"不要将所有鸡蛋放在同一个篮子里。"此外,需要特别注意分散投资的程度和分散投资的品种选择,可以根据具体情况的不同来区别对待。例如,根据投资者的资金实力大小来确定分散程度,资金实力强的投资者可以适当多地持有股票种类,资金少的投资者则应少持有股票种类。这是因为,持有股票种类多了,容易分散注意力、降低操作效率,特别是对于资金少的投资者,当持有股票种类过多时,反而会造成交易费用的上升。

二、根据金融风险的形态分类

在通常情况下,为了满足管理的需要,可以按照风险的表现形式,把金融风险划分为以下几种类型。

(一)市场风险

市场风险也可称为价格风险,是市场价格波动而引起的风险。在市场交易过程中,往往是价格因素导致金融风险的产生并产生扩展性的影响,利率、汇率、证券价格和金融衍生品价格、通货膨胀是价格作为基础金融变量在金融市场上的主要表现形式,而作为价格一般性质的物价水平,其变动也属于一种金融风险形式,因为它涉及的范围广,整个社会经济系统都将受到其影响,金融活动也不例外。

1. 利率风险

利率风险(Interest Rate Risk)指的是由于利率水平的不确定变动而导致经济主体遭受损失的可能性。

利率是资金的价格,其高低由政治、经济、金融状况来决定。经济发展情况、投资者预期及其他国家和地区的利率水平等都会对利率造成影响。利率反映了货币市场的供求关系,受到政府经济政策的控制。利率的调整会使银行的收益随之变化,金融机构的竞争也就会发生变化。有些金融机构的立足点不是健全功能、加强服务,而是随意抬高利率、乱拉客户、争夺存款,造成同业之间的无序竞争,于是有些银行的客户就会严重流失,负债来源减少,资产质量下降,借贷利差缩小乃至利息倒挂。

在经济生活中,资金链中的现金流量(利息收入或支出)是以货币单位来计算的。同时,资产(或负债)的市场价值也是用货币来衡量的。当利率水平发生变动时,以货币表示的资产(或负债)和现金流量也随之变动。这样一来,就使损失或收益产生不确定性,金融风险就以利率风险的形式表现出来了。第一种情况很明显,资金市场的供求关系和政府的调控会造成利率的上升和下降。如果利率上升,按固定利率收取利息的投资者就会有收入损失。相反,如果利率下降,则投资者就会有额外收益。在另外一种情况下,由于货币时间价值的关系,当利率上升时,原来预期的收益就相对变低,从而造成损失;当利率下降时,以原先利率情况下确定的收益就会比现时的市场收益高,行为人就获得额外收益。

由此可见,利率水平的变动会给行为人带来损失的不确定性,金融风险的一部分就以利率风险的形式直接表现出来。

2. 汇率风险

汇率风险(Exchange Rate Risk)指的是由于汇率的波动而导致经济主体遭受损失的可能性。由于汇率变动,使以外币标价的收入和支出、资产和负债发生相应变化,交易者将面临汇率风险。

1973 年,布雷顿森林体系崩溃之后,大部分国家放弃了原来的固定汇率制度,实行浮动汇率制度,再加上各种游资在汇市中兴风作浪,使汇率的波动日趋频繁剧烈,难以捉摸。近二三十年以来,金融市场的国际化和信息技术的运用,使汇率对国际政治、经济等环境因素更加敏感,一有风吹草动,往往会引起汇率的大幅波动,严重时甚至会以金融危机的形式表现出来,汇率的不确定性变动会给这些国家和地区造成重大经济损失。

对于涉及外汇交易的金融实体来说,因汇率波动而造成的金融风险主要体现在两个基本点上。一是汇率波动会造成金融实体现金流量的价值变化。在用外币支付的贸易中,出口商会因为外币贬值而造成损失,进口商会因外币升值而受到损失。对于外汇投资者来说,汇率波动的不确定性往往使他们不但不能取得预期收益,反而还要损失原有的资本。在经济实体的外币流量已确定的情况下,由于这些外币的价值是以本币或机构所在地货币为衡量标准,这个转换过程有一段时间,真正的价值要由交割日的有关汇率确定。在这个过程中,汇率可能发生很大的波动,使行为人的现金流量以本币衡量时有不确定性的变动。二是涉外企业会计科目中以外币记账的各项科目会因汇率变动而引起企业账面价值的不确定变动。在世界经济全球化的趋势下,越来越多的机构在两个或两个以上的国家和地区拥有多个分支机构,在将这些分支机构的财务报表进行合并时,需要将其按照统一的基准货币进行操作。在合并过程中,不同货币及其基准货币之间的汇率变动是不确定的,反映在账面上就是合并报表上的价值变化、收益或损失。

3. 证券价格风险

证券价格风险(Securities Price Risk)指的是由于证券价格的波动而导致经济主体遭受损失的可能性。

证券价格往往与实际资产价值不相等,更多地表现为一种虚拟资产,它的价格可以发生很大的变动。现代市场经济环境下,证券的表现形式有股票、国库券、票据以及企业债券等。金融市场每天都有大量的交易发生,这些证券的价格随着供求关系等因素的变化而上下波动,直接关系到购买这些证券行为主体的损益情况。

以股票投资为例。从投资的动机上来看,投资者投入一笔资金,预期得到若干收益。若实际收益低于预期收益,二者之差即股票投资的收入风险;从时间上来看,投入本金是在当前,在数额上是确定的,取得收益是在将来,相隔一段时间,在这段时间内变动性可能会很大,而促成变动的因素又很多,各种因素都可能使本金损失,预期收入减少,或者它们的数额无法预先确定。而且时间越长,其不确定性就越大。股票投资既可能给投资者带来丰厚的收益,也可能使投资者遭受巨大损失,甚至要承担倾家荡产的风险。

4. 金融衍生品价格风险

金融衍生品价格风险(Financial Derivatives Price Risk)指的是由于金融衍生品价格的波动而导致经济主体遭受损失的可能性。

金融衍生品通常是从原生金融资产(Underlying Financial Assets)中派生出来的金融工具。自20世纪70年代以来,金融衍生品发展迅速。例如,金融期货问世至今不过近50年的历史,远不如商品期货的历史悠久,但其发展速度却比商品期货快得多。目前,金融期货交易已成为金融市场的主要内容之一,在许多重要的金融市场上,金融期货交易量甚至超过了其他基础金融产品的交易量。随着全球金融市场的发展,金融期货日益呈现出国际化特征,表现为世界主要金融期货市场的互动性增强,竞争日趋激烈。

国际上金融衍生品种类繁多,活跃的金融创新活动接连不断地推出新的金融衍生品。它是为分散和转移金融市场中的金融风险而产生的,是风险的产物。它的基本形式有远期协议(Forward Agreement)、金融期货(Financial Futures)、金融期权(Financial Options)和金融互换(Financial Swaps)。由于许多金融衍生品交易在资产负债表上没有相应科目,因而也被称为资产负债表外交易(简称表外交易)。这就使得对金融衍生品的交易难以监管,市场中的不确定性更大。并且,金融衍生品的共同特征是保证金交易,即只要支付一定比例的保证金就可进行全额交易,不需要实际上的本金转移,合约的了结一般也采用现金差价结算的方式进行,只有在满期日以实物交割方式履约的合约才需要买方交足货款。因此,金融衍生品交易具有很强的杠杆效应。保证金越低,杠杆效应越大,风险也就越大。可以说,在金融变量中,金融衍生品价格的变动具有更大的严重性和危害性。在金融衍生品交易中,金融风险表现得更加明显。

5. 通货膨胀风险

通货膨胀风险(Inflation Risk)又称购买力风险,指的是由于一般物价水平的波动而使经济主体遭受损失的可能性。

鉴于金融活动是存在于社会经济系统中的一个重要组成部分,因此不仅仅局限于各类金融基础变量的波动性,作为一般意义上的物价波动的购买力风险也在我们对金融风险的考察之中。

当通货膨胀风险造成货币购买力下降(即"货币贬值")时,通常是债权人面临损失的不确定性;通货膨胀率越高,债权人可能遭受的损失越大。此外,货币贬值还将使人们所持有的货币实际余额下降,这个时候将资金放置在银行作为储蓄存款并不是一个理智的选择,严重的话甚至导致负利率的产生。通货膨胀率上升,实际利率下降,实际收益率下降,人们的生活成本和企业的经营成本上升,最终影响人们的消费储蓄行为以及企业的经营行为。这一系列反应是相互连贯的,波及的范围是相当广泛的,在此我们仅分析了通货膨胀造成经济影响的一个简单层面而已。

综上所述,市场风险与其他风险相比,由于市场价格数据可得并且数据量大,市场风险具有数据优势和易于观测计量的特点,一般可以通过数量的方式来度量和管理。同时,市场中往往同时存在多种对某一资产的价格变化具有敏感性的资产,这使得市场风险的管理与对冲相对比较容易实现。这两个特点决定了在所有的风险中,市场风险的管理技术是目前为止最为成熟的。

(二)信用风险

信用是从属于商品货币关系的经济范畴,最主要形式是以应收账款和预付账款出现的商业信用。随着商品货币经济的发展和社会生产方式的变更,信用超出了商品范围,有了更多的表现形式:有以货币资金的借贷形式出现的银行信用、其他金融机构的信用和国家信用等。无论哪种信用,都具有以下两个特点:

(1)信用(Credit)是到期履约,保证一个协议或契约的完整完成。从起点出发能以约定的方式到达终点,完成一个周期。在这个过程中,各种因素交叉作用影响结果。银行有可能出现货币资金不能正常周转和有效增值,从而带来风险。

(2)信用风险(Credit Risk)的后果都是损失,不会有带来意外收益的可能。信用好,到期能完成交易,就会获得原来预期的收益,不会直接获得额外收入。信用不好,到期不能履行,交易就会中断,造成损失。当然,如果交易一方故意破坏信用以获得非法收益就是另一回事,对于行为人来说,就没有金融风险了。对信用的破坏已变成另外一种风险,如犯罪被惩罚的风险,也就不属于金融风险的领域了。

信用风险又称违约风险,是指债务人或交易对手未能履行合约所规定的义务或信用质量发生变化给债权人或金融产品持有者所带来的风险。具体来看,信用风险可以进一步分解为两个部分:一是对方违约或信用状况发生变化的可能性大小;二是对方违约或信用状况变化造成的损失多寡。信用风险的大小主要取决于交易对手的资信、财务状况和金融产品的价值等。

贷款、债券与金融衍生产品都会产生信用风险。金融机构信贷与未上市债券的信用风险主要源于借款人的违约,其可能的损失将是全部或部分票面价值和未付利息。对上市交易的债券来说,信用风险所带来的损失也可能发生在实际违约之前,即由于信用质量发生变化导致的债券价格变化也属于信用风险的一部分。金融衍生产品的信用风险则要具备两个条件:其一,交易对方违约或信用状况发生变化;其二,在合约的剩余期内违约方的合约价值为负值。如果在合约的剩余期内,对方的合约价值为正,就不会出现信用风险。即使发生违约,金融衍生产品真正的潜在损失也通常要远小于产品的名义价值损失,因为金融衍生产品通常采用净额结算,损失的往往仅是头寸价值的一定量而非全部。

与市场风险相比,由于信用事件不会频繁、有规律地发生,信用风险的可观察数据通常较少,不易获取,因此比较难以进行数量化测度与管理。近年来信用风险的度量与管理技术才有了革命性的发展,出现了新的信用风险模型和信用衍生产品(Credit Derivatives)。

(三)流动性风险

经济实体在经营过程中常常面对资金流的不确定性变动。金融市场的建立有一个目的就是加快社会经济中资金的流动和运转,使经济获得效益和活力。资金流的时大时小、时快时慢,会带来流动性风险(Liquidity Risk)。资金流量超过所需,会造成资金滞留,因货币时间价值的关系,会使效益下降,预期收益降低;资金流量变小,会使正常的经营发生困难,严重时资金链发生中断,会把企业推向绝境。由此可见,由流动性的不确定性变动表现出来的金融风险,也一定要引起重视。

一般认为存在两类流动性风险:市场流动性风险(Market Liquidity Risk)和资金流动性风险(Funding Liquidity Risk)。前者是指由于市场交易量不足无法按照当前的市场价格进行交易所带来的风险;后者是指现金流不能满足支付义务,往往迫使机构提前清算。其中,资金收支的不匹配包括数量上的不匹配和时间上的不匹配。

与市场风险、信用风险和操作风险相比,流动性风险产生的原因往往更加复杂且广泛,常常是其他风险综合影响的结果,可以视为一种综合性风险。例如,市场风险和信用风险的发生不仅可能直接影响金融机构的资产和收益而导致流动性风险,还可能引发"金融恐慌"而导致整个金融系统的流动性下降。

（四）操作风险

操作风险指因为欺诈、未授权活动、错误、遗漏、效率低、系统失灵或是由外部事件引致损失的风险。此项风险潜藏于每个商业机构，涉及问题的层面很广。

常见的一些操作风险包括以下几个方面：

（1）执行风险，即由于交易执行错误、不能执行或后台操作失误而导致损失的可能性。

（2）由于诈骗和技术问题而导致的风险。诈骗风险是指交易员故意提供错误信息；技术风险是指交易系统的错误操作或者崩溃而导致的损失的可能性，也包括由于无法预料的自然灾害或者关键人员出现事故而造成损失的可能性。

（3）模型风险，即由于错误的模型或模型参数选择不当导致对风险或者交易价值估计错误而造成损失的可能性。有时人们将模型风险单独分列出来作为一种风险。

操作风险具有非营利性、分布的普遍性和不可避免性。金融机构只能在一定的管理成本基础上尽可能降低操作风险。此外，操作风险还可能引发市场风险、信用风险和流动性风险等。

（五）其他形态的风险

1. 政策风险

从宏观经济的角度，需要采用一些政策手段来对经济进行调节，如财政政策、货币政策、汇率政策等。这些政策的采用是为了达到一定的目的，但人们在选择政策时难以做到两全其美。一种政策具有积极作用的同时往往也有着副作用，如刺激就业的同时就会有价格的波动；实现价格的稳定，可能同时会带来经济的萧条和失业。往往是两者相比，取其正面作用大的一种。另外，在金融市场中，有着许多不确定性因素对政策的采用效果产生影响，使得结果未必尽如人意。金融风险通过政策的作用以另一种形式表现出来。

（1）在财政政策上的表现。

财政是国家为实现其职能的需要对一部分社会产品进行的分配活动，它体现着国家与其有关各方面发生的经济关系。国家财政资金的来源，主要来自企业的纯收入。其大小取决于物质生产部门以及其他事业的发展状况、经济结构的优化、经济效益的高低以及财政政策的正确与否。财政支出主要用于经济建设、公用事业、教育、国防以及社会福利。国家合理的预算收支及措施会促使股价上扬，重点使用的方向也会影响到股价。人们的预期心理对政策效果影响较大，心理预期的作用往往会降低政策的效果。财政政策对股市的影响如下：如果财政规模扩大，只要国家采取积极的财政方针，股价就会上涨；相反，国家财政规模缩小或者显示将要紧缩财政的征兆，则投资者会预测未来经济不景气而减少投资，因而股价就会下跌。虽然股价反映的程度会依当时的股价水准而有所不同,但投资者可根据财政规模的增减,作为辨认股价转变的根据之一。

（2）在货币政策上的表现。

以国债市场为例,在现代经济条件下,要想有效地实施货币政策,必须有一个发达的国债市场为依托。对于金融机构来说,发达的国债市场是其实施流动性管理的基础。在中国,过去金融机构没有意识到这一点。最近,随着与国际接轨步伐的加快,随着市场风险的增大,随着金融监管的逐渐成熟,随着金融机构的内部控制系统逐渐健全,金融机构普遍发现,要想在风险可控的原则下有效地管理自己的资产和负债,其持有的资产中必须有相当份额的高流动性、无风险的资产,这种资产非国债莫属。日前,中国人民银行已经注意到,包括工、农、中、建四大国有商业银行在内的我国金融机构,都在逐渐地调整它们的资产和负债结构。调整的主要方向就是增大对债券的持有,减少贷款,以提高资产和负债的流动性。

（3）在汇率政策上的表现。

汇率体现了货币之间的价值关系。在固定汇率制度下,汇率几乎不能波动,只能由各国政府进行调控。在1973年布雷顿森林体系崩溃之后,各国转向采用浮动汇率制度。在金融国际化和存在大量国际游资的情况下,各国外汇市场上的汇率变动的不确定性很大。例如,在亚洲金融危机期间,国际游资对泰国金融市场的冲击就迫使泰国改变外汇政策。在此过程中我国没有受到冲击,很重要的一个原因就是我国的外汇政策与其他东南亚国家不一样。资本项目下资金不能自由兑换,使国际游资不能破门而入,加上大量的外汇储备,我国政府可以轻松保持外汇市场的稳定。

东南亚国家在外汇政策上的失误,使得金融风险被放大,最终发展成为金融危机。墨西哥金融危机就是在不适宜的时机(政局动荡、外国投资者信心减弱、经济严重依赖进口、贸易连年逆差、外资流入、中短期投机性资金比重过高等情况下)宣布比索贬值而引发的。20世纪70年代以来,亚洲发展中国家和地区纷纷进行金融体制改革,放宽金融管制,减少政府干预,依靠市场机制优化资源的有效分配。但在金融改革的过程中,在强调减少政府对金融体系干预的同时,不能因此而忽视政府的调控作用。

（4）在其他金融政策上的表现。

一个国家在制定金融发展政策方面,一般不是简单地使用一种政策。除了上述的几种政策以外,还有信贷政策、金融监管政策等。金融风险或多或少地都会在这些方面得到表现。例如,在放松金融管制的同时,应相应地建立和完善金融监管制度。在将银行体系从严格的经济管制中解放出来的过程中,如果缺少有效的金融管理和银行监督,可能导致一些产业集团利用银行的私有化和国际化而获得对一些银行的控股权,并利用它们向集团所在的企业发放过度的贷款,从而助长营私舞弊现象的发生,也有可能使一些金融机构因不适应金融秩序的变革而陷入困境。

2. 科技风险

金融市场的电子化发展,为金融业提供了划时代的广阔前景,金融企业可以经营更大规模的金融交易,可以用更快的速度处理金融交易,可以用电信手段迅速跨国传输全球金融信息,可以将复杂的国际金融跨国交易变成"个性化"或者"傻瓜交易"。互联网更是一个没有时间、地域限制的虚拟金融市场,为金融交易的全球化提供了交易平台。但是,互联网很难确定交易合同的签订地和履行地,从而电子化合同的管辖权也就无法确定。随着科技的发展,各种利用计算机攻击金融网络的犯罪越来越多,损失也越来越大。因此,利用法律对金融网络犯罪进行打击迫在眉睫。由于金融电子化对法律带来了空前的挑战,法律只有改变自身才能适应新的形势;同时,也只有通过法律的规制,才能把金融电子化的发展引向正确的轨道,才能适应世界经济一体化、金融市场全球化和网络化的要求,降低金融风险,促进金融业的快速发展。

3. 法律风险

法律风险(Legal Risk)指的是经济主体在金融活动中由于法律方面的问题而遭受损失的可能性。它可以是因为经济主体没有适当履行其对客户的法律和条规职责,或行为上触犯了相关法律规定,或者是其交易合同不符合法律或金融监管部门的规定,甚至是各类犯罪和不道德行为给金融资产造成了极大威胁和损失等。

法律风险随着金融活动在现代经济社会中的不断渗入而进入新的、不熟悉的业务领域。实质上,法律风险还包括监管风险。这是由于法律风险将破坏正常的监管活动,而不同国家和地区的监管条例也存在巨大差别,对监管条例的不恰当理解就有可能遭遇相应的惩罚。不可否认的是,一些投机者会利用法律空隙和漏洞来牟取暴利,这更加大了监管当局规范市场行为的难度。

4. 国家风险

国家风险(Country Risk)指的是经济主体由于国家政治、经济、社会等方面的重大变化而遭遇损失的可能性。产生国家风险的因素有很多,结构性因素、货币性因素、国家政治因素、外部经济因素和流动性因素等都是可能的"祸源"。国家风险一般具有两个突出的特点:

第一,属于国际金融活动的副产物,即只存在于国际经济金融活动中,一个国家范围内发生的金融风险不列入国家风险范畴;

第二,范围广泛,既然发生了国家风险,国家范围内几乎所有经济主体,包括政府、个人、企业(包括金融机构)等都避免不了遭受国家风险的"侵袭"。

政治风险和经济风险是两类最重要的国家风险。政治风险是指由于一个国家内部政治环境或者是国际关系等因素的不确定性,而造成其他国家的经济主体遭受损失的可能性,其导火索可以是一次政治动乱、一场罢工事件等;经济风险则是指由于一个国家的经济方面不确定性因素的变化,而造成其他国家的经济主体遭受损失的可能性,其导火索可以是国民收入水平的变动、经济发展状况的突然变化、恶性通货膨胀的爆发以及外汇储备的变动等。

除了上述提到的各类比较常见的风险以外,随着金融市场的进一步创新发展,出现了一些新型风险,例如,金融信托风险、金融租赁风险、资产证券化和互联网金融风险等。在后文中我们会分别做适当介绍。但最重要的还是上述前四种风险,即市场风险、信用风险、流动性风险和操作风险。值得注意的是,各种风险之间并不是相互独立的,而是相互作用的。其中,市场风险和信用风险是最具技术性和最核心的内容,也是金融风险研究的重点。

第二章　金融风险管理理论和方法概述

教学要点

知识要点	掌握程度	相关知识
金融风险管理的含义	了解	风险控制
金融风险管理的分类	掌握	内部与外部管理、宏观与微观管理
金融风险管理的目标	掌握	宏观与微观目标
金融风险管理的组织体系	重点掌握	内部与外部管理组织体系
金融风险管理的流程	重点掌握	风险识别、风险计量、风险监测、风险管理与控制、风险管理反馈与调整
金融风险的识别方法	掌握	现场调查法、流程图法、幕景分析法、故障树分析法
金融风险的计量方法	重点掌握	灵敏度分析法、VaR 方法、情景分析、压力测试、风险调整资本收益率
金融风险管理控制策略	掌握	风险分散、风险对冲、风险转移、风险规避、风险补偿
金融风险预警指标	掌握	微观审慎指标、宏观审慎指标

课前导读

　　了解我们国家金融行业的一些不足,从而激发自主学习动力以及民族担当意识。了解风险可能给国家和个人带来的巨大灾难,增强危机意识,激发对于风险控制的高度的社会责任感。

　　不管是 2008 年的全球经济危机还是 2020 年以来的新型冠状病毒感染疫情在全球范围的蔓延,结合国际政治经济形势,剖析我国金融体系面临的各种外部挑战,了解中国在金融风险管理方面的成就,尤其是在党的领导下成功抵御了世界金融危机,保障了国家金融安全,感悟国家治理能力的不断提升,深刻认识中国特色社会主义制度的优越性。

第一节　金融风险管理的内涵和目标

一、金融风险管理的内涵

(一) 金融风险管理的概念

风险管理从狭义角度讲是指风险计量,即对风险存在及发生的可能性、风险损害的范围和程度进行估计和衡量;从广义角度讲是指风险控制,包括监测及制定风险管理规章制度等。总体来讲,金融风险管理是指人们通过实施一系列的政策和措施来控制金融风险以减轻或消除其不利影响的行为。金融风险管理的内涵是多重的,对金融风险管理的含义应从不同角度、不同层面加以理解。

根据管理学的定义,经济行为主体的管理行为是为实现一定的目标而对其经济经营活动采取的计划、组织、协调、控制的完整过程。对金融风险进行管理也应是一整套系列性、完整性的管理行为,包括对金融风险的预测、识别、度量、策略选择及评估等内容;但是,由于金融风险具有复杂、善变的特性,这一系列的管理行为并不是孤立地发生,它们相互融合、交互产生,以在动态管理行为中有效减少或消除金融风险产生的损失,维护经济行为主体的目标实现为己任。

值得注意的是,金融风险管理有一个重要的内在含义,即经济主体要以最小的代价去实现金融风险程度的降低。降低金融风险是进行金融风险管理的目的,但管理是需要成本的,要在力所能及的范围内支付一定的代价,从而获取较小程度的损失,规避大范围、深层次的金融风险。与此含义最为紧密相关的是保险风险的管理:保险往往强调要控制风险损失发生的频率和大小,通过有效控制,损失的分布更为集中,从而降低不确定性;而购买保险所付出的代价就是保险费,保险费与经济主体的平均损失呈正相关关系,平均损失越大,需要支付的保险费越高。但是,支付了保险费并不意味着这部分代价将得到充分的利用,亦即投保的风险不一定发生,即使发生了也不一定能够全额弥补经济行为主体的损失。因此,掌握金融风险管理所支付代价的尺度是非常重要的。

(二) 金融风险管理的分类

为了全面认识金融风险管理,有必要了解金融风险管理的分类,从不同角度去理解金融风险管理的实质,以获得较深层次的认识。

1. 金融风险内部管理和外部管理

根据管理主体的不同,金融风险管理可以分为内部管理和外部管理。这里管理主体的判别标准在于实施金融风险管理措施的是否为经济行为主体本身。

金融风险内部管理是指经济行为主体针对自身存在的危险因素进行一系列的管

理措施行为。进行金融风险内部管理的经济行为主体可以是个人、企业、金融机构、政府等,尤其是金融机构,其自身的风险管理一直以来是众人所关注的话题。由于金融机构专门从事金融业务,所面临的金融风险(不论是显性的还是隐性的)毋庸置疑是最为突出的,其风险管理水平的高低不仅关系到自身健康持续经营的问题,更关系到社会金融经济秩序的稳定性,是一国经济中牵一发而动全身的关键所在。当然,金融机构的风险管理水平存在差异性,这需要金融机构不断加强内部建设,建立全面风险管理机制,在保证安全运营的前提下追求盈利目标的最大化。

金融风险外部管理是指经济行为主体之外的机构或组织对其进行的风险管理行为,包括监督机构的风险监管、行业自律组织的管理等。一般情况下,进行金融风险外部管理的组织机构不参与金融市场中的交易,因而,不是受险主体对自身的风险进行管理,而是对金融市场的参与者的风险进行约束,制定一系列行为规范或者对管理对象进行风险警示,以达到约束风险管理对象行为的目的,并尽可能地减小风险损失。其中,政府监管通常是以国家权力为后盾,其管理行为具有强制性、全面性和权威性。

2. 微观金融风险管理和宏观金融风险管理

根据涉及的范围不同,金融风险管理可分为微观金融风险管理和宏观金融风险管理。这也是众多的金融风险管理书籍中常用的分类法。

在进行管理时,微观金融风险管理和宏观金融风险管理的风险管理"整体"观念是不同的。微观金融风险管理以个人、单个企业和金融机构等作为"全局"来进行相应的风险布局措施,而宏观金融风险管理中囊括许许多多的单个经济主体,是一个有机集合体的概念,其风险管理行为更为复杂、多变,要求管理者具有战略性、全局性、动态性和开放性的管理观念。

微观金融风险只是对个别金融机构、企业或部分个人由大到小地产生不同程度的影响,对整个金融市场和经济体系的影响较小。有效的微观金融风险管理可以使经济主体以较低的成本减少或避免金融风险可能造成的损失,可以稳定经济活动的现金流量,保证生产经营活动免受风险因素的干扰,并提高资金使用效率,为经济主体做出合理决策奠定基础,有利于金融机构和企业实现可持续发展。

宏观金融风险则可能引发金融危机,对经济、政治、社会的稳定可能造成重大影响,因此,宏观金融风险管理既有助于维护金融秩序、保障金融市场安全运行,又有助于保持宏观经济稳定、健康发展。因此,有效的宏观金融风险管理能够防患于未然,为经济运行创造良好的环境,促使社会供需总量与结构趋于平衡,并以此促进经济健康发展。

二、金融风险管理的目标

金融风险管理通过消除和尽量减轻金融风险的不利影响,改善微观经济主体的经营管理,从而对整个宏观经济的稳定和发展起到促进作用,其管理目标需要立足于宏观和微观两个层面。

(一)宏观金融风险管理的目标

从国家层面来看,宏观金融风险管理的目标是保持整个金融系统的稳定性,避免出现金融危机,维护社会公众的利益。但具体来说,宏观金融风险管理的目标主要从两个方面来体现:第一,稳定性目标,即保持金融市场的稳定性,保持人们对国家金融体系的信心;第二,促进性目标,即促进金融市场有序、高效率地发展,促进各经济主体健康、稳健地经营。

对于稳定性目标,可以将其视为一国进行宏观金融风险管理所需达到的基本标准,因为宏观金融风险管理的最终目的就在于尽可能地减小或规避风险,避免经济行为主体遭受巨大损失。保持金融系统原有秩序的稳定性或者维持基础条件不至于恶化是宏观金融风险管理的最基本要求,即进行金融风险管理是抱着不断进步的态度,最终达到金融秩序及其资源的不断优化,从而使金融风险被约束在极小的范围内。对于促进性目标是在稳定性目标的基础上更高层次的要求,不仅包括维持良好的金融秩序,还包括由各类资源的优化配置所形成的更为有效的风险约束机制的建立。

(二)微观金融风险管理的目标

不同于宏观金融风险管理的目标设置,微观金融风险管理的目标设置受到多方因素的影响。微观经济行为主体的经营都是以获取最大经济利益为目的的(公益性市场参与者除外),因此,其金融风险管理目标确定的基础是进行有效的成本—收益分析。可以说,微观金融风险管理目标的确定是微观风险管理主体在不同的风险管理方式之间进行成本—收益分析的结果,要尽可能以最小的成本来获取风险的减少或消除,同时取得尽可能多的收益。

一般而言,微观金融风险管理的目标是采用合理、经济的方法使微观经济行为主体的风险损失降到最低。它可以是保证资金顺畅流动以使生产正常进行、稳健安全地运营、树立良好形象,以及识别和处理潜在损失等,可以概括为以下两个方面。

1. 风险控制目标

风险即意味着不确定性,过多的不确定性不利于经济行为主体在进行金融经济交易时锁定收益,获取较好的预期效用。经济主体进行金融风险管理的最明显动机即为将风险控制在既定的(承受能力之内的、尽可能小的)范围之内。一般而言,一些定量指标即可反映此种对风险的控制效果,如存款准备金、资本充足率、资产负债比率、单项资产占比以及资产负债比重的各种缺口等。

2. 损失控制目标

减少风险损失或消除风险是经济主体进行金融风险管理的最终目的。一般而言,经济主体可以根据自身的主、客观条件等实际情况,通过转移、保值等方式将损失减少到最低限度。举例来说,生产型企业将保证生产的正常运行定为风险管理目标,这实质上是在预防资金流动等环节中的金融风险发生,最终将可能产生的金融风险损失控制在尽可能小的范围之内。

第二节　金融风险管理的组织体系

金融风险管理组织体系包括经济行为主体内部管理组织体系与外部管理组织体系两个部分。内部管理组织体系意指经济行为主体,即在金融风险管理对象内部进行风险控制时的各部门组织形式(与经济行为主体的公司治理状况有关)、各项风险管理措施和体制,以及由这些组织和体制集合而成的有机管理整体。它是微观金融风险管理的重要组织形式。外部管理组织体系则与宏观金融风险管理有关,它是独立于经济主体之外的且对经济主体的金融风险状况具有监督、控制和指导作用的外部组织形式。内部与外部的管理组织体系相结合,构成了完整的金融风险管理组织体系,在机构组织上确保了金融风险管理的全面性。

一、内部管理组织体系

金融风险管理的内部管理组织体系是经济行为主体进行金融风险管理的重要机体,它与经济行为主体(机构)内部的公司治理紧密联系。作为受险主体,其内部控制机制的完善程度对金融风险管理的有效性有着关键的作用。一般地,机构性质的经济行为主体及其公司治理结构的各部分都与风险管理具有一定的关联。有人甚至认为,当代公司治理的核心是进行风险管理(当然,这里面的风险不只是金融风险)。对于一个公司制经济行为主体而言,其股东大会、董事会以及各业务部门都与金融风险管理有关联。下面我们以商业银行为主要参考对象来更详细地认识金融风险管理的内部管理组织体系。

(一) 股东大会

股东大会是股份制机构中具有最高权力的机构,代表着经济行为主体意志的机关。它可以通过行使各种职权来行使一定的、与金融风险管理相关的事务,如决定对风险具有基础性影响的经济主体的经营方针和投资决策;选举和更换董事和监事;审议董事会和监事会的报告;审议经济主体的年度财务预算和决算方案等。可以说,股东大会对经济行为主体的整体金融风险进行控制,并对金融机构的风险管理体制进行优选。

(二) 董事会及其专门委员会

董事会对股东大会负责,任命管理层,确定经济行为主体的经营目标和经营战略,承担经济主体的最终责任。它的目的在于确保经济行为主体的健康运行,从而确保实行有效的风险管理。应特别注意的是,董事会下设有风险管理的关键部门——风险管理委员会,由数名董事组成,承担董事会的日常风险管理职能,定期向董事会报告有关风险管理的问题等。而风险管理委员会通常会设置有风险管理部,其设置与公司规模大小、遭遇风险的高低程度有关联。例如,大规模企业需要设置专职的风险管理部门负责日常和紧急状况下的风险处理,而容易发生安全生产责任事故或者生产流程存在严重风险的经济主体就需要重视风险管理部的顺畅运作。

(三) 监事会

监事会对金融机构的一般事务及会计实务进行监督,是商业银行的监督机构,对股东大会负责。监事会负责对董事、高级管理人员履行职责的行为进行监督,对违反法律法规、银行章程或者股东大会决议的董事、高级管理人员提出罢免的建议;当董事、高级管理人员的行为损害银行的利益时,要求董事、高级管理人员加以纠正;对银行经营决策、风险管理和内部控制等经营管理行为进行监督,尽最大可能防范潜在的风险损失。

(四) 管理层

管理层,可分为高级管理层、中级管理层和基层管理层,其对金融风险管理的责任层级不同,但都起着不可或缺的重要作用。

1. 总部的高级管理层

高级管理层,负责将董事会的战略级经营投资决策逐级细化至具有一定可操作性的管理方案、计划、组织形式等。一般地,经济行为主体的总经理是金融风险管理具体操作的最终责任人,同时也与各职能部门(如财务部门、科技部门、人力资源部门以及各级业务部门等)的经理一道负责领导经济行为主体的金融风险管理工作。

2. 各分支机构的中级管理层

分支机构实行垂直风险管理,设立风险管理官,协助分支机构经理管理风险。各职能部门在机构负责人的领导下,对本机构业务经营中的风险进行管理和控制。分支机构也可设立独立于前台业务部门的风险管理职能部门,对前台业务各环节的风险进行监测和控制。

3. 基层管理层

基层管理者对从事基础业务操作的下属员工进行管理,通过具体指导员工工作行为、编制员工手册等手段,从最基本的微小行为来监控金融风险的发生。

(五) 风险管理部门

负责风险管理的部门要专门制定银行的风险管理政策和程序,提交高级管理层和董事会审查批准,研究开发风险度量模型和风险预警系统来识别、计量和监测风险,监测相关业务经营部门和分支机构的风险管理情况,并指导和监督业务部门的日常风险管理工作,及时向董事会和高级管理层提供独立的风险报告。风险管理部门应该做到职责明确,与承担风险的业务经营部门保持相对独立,并且具备履行市场风险管理职责所需要的人力资源、物力资源。负责风险管理部门的工作人员应当具备相关的专业知识和技能,并充分了解本行的业务、本行所承担的各类风险,以及相应的风险识别、计量及控制的方法和技术。

(六) 审计部门

其他与金融风险管理相关的内部组织形式还有审计部门。它位于经济行为主体各层级中,自上而下、独立且具有一定权威性地对经济行为主体的业务经营等活动进行审核、检查。高层内部审计部门直接对董事会负责,向董事会做审计报告;各分支机构的业务经营地域范围内也设置有内部审计部门,它们对上层审计部门负责,不受各分支机构的管辖。除此之外,经济行为主体还可以通过外聘审计师、会计师的形式来加强金融风险管理,以达到对风险的及时发现、积极处理的目的。

以上介绍的是与经济行为主体内部有关联的主要组织形式。我们总结一下,一个合理、科学的金融风险内部管理组织体系可以被分为 3 个层级:第一个层级,董事会与风险管理委员会处于经济主体金融风险管理的高层,制定和处理有关风险的战略级事务,决定和引领管理层和基层的风险管理工作方向;第二个层级,风险管理部,风险管理委员会下设的、独立于日常交易管理的实务部门,负责具体金融风险管理策略的制定和工作的协调、实施,它的两个分部战略组和监控组,分别负责风险管理政策、制度、风险度量模型和标准的制定及具体管理的实施,监督控制经济主体内部金融风险和评估各业务部门的风险管理业绩等;第三个层级,业务系统,与整个经济行为主体的金融风险管理状况直接相关,具体负责本业务部门的风险管理操作,它既与第二个层级的风险管理部相独立,又与其建立有机联系,执行风险管理部制定的有关风险管理制度和策略,并给予支持和协助,例如,及时向风险管理部汇报、反馈有关信息等。商业银行金融风险管理的内部管理组织体系如图 2-1 所示。

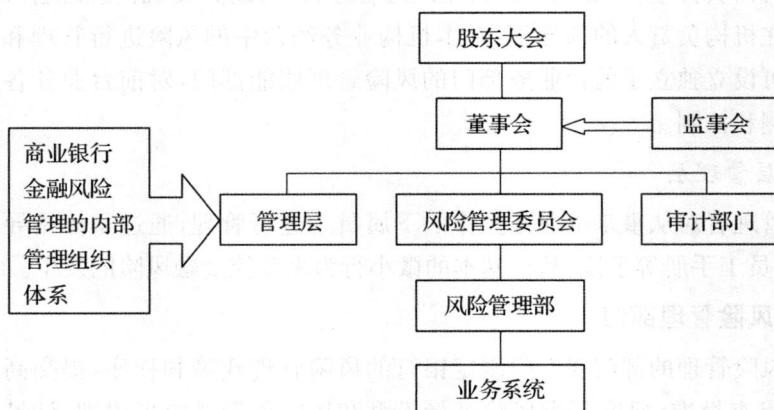

图 2-1 商业银行金融风险管理的内部管理组织体系

　　此外,针对金融机构这一重要金融风险聚发传导地,中国人民银行制定了《加强金融机构内部控制的指导原则》,这一指导原则为金融机构建立了循序渐进的三道监控防线以供参考(见图2-2)。

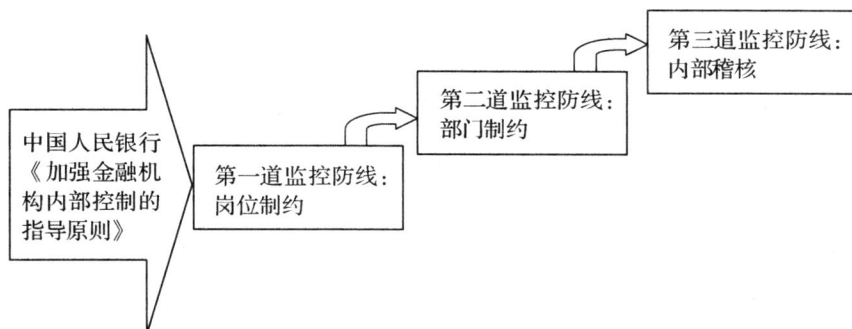

图2-2　金融机构三道监控防线

　　第一道监控防线:岗位制约,即建立完善的岗位责任制度以及规范的岗位管理措施,通过实行双人、双职、双责制度,确保金融机构的业务操作是在职责分离、交叉核对、资产双重控制和双人签字等约束措施下进行的,以此保证不同岗位之间相互配合、督促和制约。

　　第二道监控防线:部门制约,即建立起相关部门和相关岗位之间的互相监督制约的机制和工作程序来控制金融风险的发生,如商业银行的业务部门的数据处理程序受到科技部门的控制,信贷部门的贷款规模受到资金计划部门的约束等。

　　第三道监控防线:内部稽核,往往由金融机构顶部的稽核部来执行,通过对机构内部各岗位、各部门和各项业务实施全面的监督,及时发现问题与风险潜伏处,向有关部门真实反映情况,并且还需要协助有关部门纠正错误、填补漏洞等,保证各项规章制度的正确执行和各项政策的准确实施,从操作等层面上避免不当行为、消灭风险隐患。

二、外部管理组织体系

　　经济行为主体中只有内部的金融风险管理组织体系是不全面的,有效率的金融风险管理少不了强力有效的外部监督组织,包括行业自律组织和政府监管机构。

(一)行业自律组织

　　行业自律组织是由一定数量的同行业经济行为主体以自愿原则组成的行会性质的自我管理组织,其目的在于维护本行业的业务运作秩序和营造有效的竞争环境,起到防范行业内风险的作用。行业性组织可以按不同的金融行业设立,也可以混业设立。其具体形式是多种多样的,其内部可以设置若干职能部门,如金融同业公会、行业协会、金融业委员会等,其下还可以针对各行业的特点,设立专门的子协会或委员会。

　　这些行业自律组织从各方面对金融业的风险管理发挥作用:首先,确立行业内部的规章制度、公约、章程和准则等,由行业自律组织内部用来规范经济主体行为、防范风险的产生,如同业竞争规则、业务运作规范、从业人员资格和职业道德规范等;其次,传播和推广行业内先进的风险管理方法和工具,并与行业内经济主体建立委托代理关系,负责培养一定的行业专才;此外,行业自律组织代表会员与政府监管部门沟通,一方面可以执行一些不宜由政府部门实施的管理职能,另一方面可以根据本行业的实际情况向监管部门报告出现的问题,并适时地提出合理建议;最后,行业自律组织还可以对遭受金融风险损失的会员给予一定的救助或做出相应的处理。

(二)政府监管机构

政府监管机构可由中央银行或特定的银行、证券、保险等监管机构担当。一般地,它们担负着防范和解决宏观金融风险的重大责任,人们将其称为金融监管。有效的金融监管对国家金融风险管理能够起到反馈与警示的作用,甚至能够减缓国际金融危机对本国经济的冲击,起到事前预防、事后救助的作用。尤其是当一国经济发展迅猛,人们享受着经济增长的丰厚利益之时,长期隐伏的金融危机将日益逼近。这是由于在追求经济、金融高速发展的背景下,国家的金融监管机构往往疏于对政府金融管理失误的监督,却不遗余力地去执行政府对各金融部门的管理政策。

一般地,一国金融监管体系基本上符合以下基本原则:监管部门职责明确、合理分工,并保持较高的独立性,但同时与其他有关部门相协调;尽量精简组织框架体系以降低成本、提高监管效率;与他国积极开展国际金融监管合作等。各国的金融监管组织体系各具特色,这是由于各国历史、国家制度、政府组织体系、文化传统、风俗习惯、金融结构和金融市场成熟程度的差异,甚至地理环境的差异等种种因素造成的。

2003年4月,中国人民银行监管司等部门从中央分离出来,成立独立的中国银监会,履行银行业监管职责,推动了银行的专业化发展。从此,中国人民银行(央行)、银监会、保监会和证监会,"一行三会"的分业监管体制正式被确立。

但是,随着外资对我国金融市场的投资需求,"一行三会"的监管模式已经不能满足我国金融市场的快速发展,也不能满足我们自身要发展混业经营的需求。央行、银监会、保监会和证监会各干各的,从而一方面导致监管空白,新机构、新业务归属不明,如互联网金融;一方面导致监管重叠,如银监会、保监会和证监会对债券业务都有审批权,但是标准不统一,造成监管盲区,监管效率低下。因此,需要打破金融行业分业的监管。于是,2018年4月,中国银行保险监督管理委员会(China Banking and Insurance Regulatory Commission,简称中国银保监会或银保监会)正式挂牌成立。2023年5月,中央设立了新的金融监管机构——国家金融监管总局,对金融业进行全方位管理,标志着我国金融监管领域机构改革迈出重要一步。国家金融监管总局对除证券业之外的金融业实行统一的监督管理,2023年10月,中央金融工作会议首次提出了建设金融强国,实行"一行一局两会"的监管模式,顺应了我国金融机构未来进行混业经营的大趋势,充分做好了全面监管的准备。

第三节　金融风险管理的流程和方法

金融风险管理的流程较为复杂,总的来看,现代风险管理的全过程可以大致分为风险识别、风险计量、风险监测、风险管理与控制以及风险管理反馈与调整五个主要环节。

一、风险识别

(一) 风险识别的概念

管理风险的第一个环节是对风险的识别,是指对经济主体面临的各种潜在的或者存在的金融风险进行认识、鉴别和分析。风险识别所要解决的主要问题是确定哪些风险须予以考虑,以及分析引起金融风险的原因、类型、性质及其后果。它不是简单、片面地指经济行为主体对已存在损失的一种确认,而是通过建立系统化、制度化的风险识别机制,提高风险管理的主动性和反应速度,保证风险管理决策的有效性,提升经济资本的配置效率。国际知名商业银行往往建立科学的金融风险识别程序和相应的金融风险识别系统,为金融风险的评估准备数据信息基础。

风险管理者首先要分析经济主体的风险暴露(Exposure)。金融风险的暴露是指金融活动中存在金融风险的部位以及受金融风险影响的程度。风险管理者可以针对具体的资产负债项目进行分析,还要对经济主体的资产负债进行整体上的考察。风险管理者不仅要考察表内业务的风险暴露,还要关注表外业务的风险暴露,如承诺、保证等业务以及金融衍生品的风险暴露。通过对风险暴露的判断与分析,风险管理者就可以确定风险管理的重点。

风险管理者还要进一步分析金融风险的成因和特征。不同的金融风险具有不同的特征,有的可以通过投资分散降低或者消除风险,有的则无法消除。风险管理者对风险的性质进行分析,可为制定风险管理策略提供理论基础。

(二) 风险识别的方法

1. 现场调查法

现场调查法(Method of Scene Investigation)是指金融风险识别主体对有可能存在或遭遇金融风险的机构、部门和所有经营活动进行详尽的现场调查来识别金融风险的方法。现场调查法是金融风险识别的常用方法,在金融风险管理实务中被广泛应用。

现场调查法一般包括以下几个步骤:

(1) 调查前的准备工作。了解相关的背景、资料,确定调查目标、调查地点、调查对象,同时编制现场调查表,以确定调查内容;确定调查步骤和方法;根据调查的内容与时效性确定调查需要花费的时间及调查开始的时间。调查前的准备工作是确保现场调查成功的前提和基础,其中关键是确定调查需要花费的时间以及调查的开始时间,核心是确定现场调查的内容,这可以通过编制一个现场调查表反映出来。

(2)现场调查。现场调查时,金融风险管理人员可以通过访问、实地观察业务活动及查阅相关文件档案等方式完成先期编制的现场调查表所列举的项目。当然,也可以根据现场调查发现的新信息适时调整需要调查的项目和关注的重点,为尽可能成功地完成金融风险识别后续工作获得准确、全面的资料和信息。

(3)调查报告。现场调查完后,金融风险管理人员应立即对现场调查获取的资料和信息进行整理、研究和分析,在此基础上根据现场调查的目的撰写调查报告。

现场调查法能够在金融风险识别中得到广泛应用不仅是因为该方法简单、经济,更主要的是通过现场调查可以直接获得进行金融风险识别的第一手资料,在某种程度上可以确保资料和信息的可靠性。然而,现场调查法也有一些缺陷,如进行现场调查需要花费大量的人力、物力,同时现场调查没有固定的方法可循,因而需要调查人员具有敏锐的观察力,更重要的是风险调查人员的能力和水平在一定程度上决定了调查的结果,这对调查人员来说是比较大的挑战。

2. 流程图法

流程图法(Flow Charts Method)是按照业务活动的内在逻辑关系将整个业务活动过程绘制成流程图,并借此识别金融风险的方法。根据业务活动的不同内容、不同特征及其复杂程度,可以将风险主体的活动绘制成不同类型的流程图,如按照业务内容可以绘制成生产流程图、销售流程图、会计流程图等。一般而言,风险主体的规模越大,业务活动越复杂,流程图分析就越具有优势。

流程图法主要包括以下 4 个方面:

(1)分析业务活动之间的逻辑关系;

(2)绘制流程图;

(3)对流程图做出解释;

(4)金融风险管理部门通过观察流程图,识别流程中各个环节可能发生的风险以及导致风险的原因和可能引发的后果。

流程图法的优点是能把复杂问题分解成若干个简单明了、易于识别和分析的单元。缺点是绘制流程图往往需要绘制人员充分了解和把握业务活动之间的逻辑关系及业务流程的各个阶段,并具有抽象、概括、提炼主要流程的能力;一些业务流程非常复杂,可能导致流程图的绘制很难顾及所有细节,而流程图绘制过程中的任何疏漏和错误都有可能导致金融风险识别时出现不准确、不全面的情况。

3. 幕景分析法

幕景分析法(Method of Scene Analysis)也称情景分析法,是一种识别引致风险的关键因素及其影响程度的方法。幕景分析法的操作过程如下:先利用有关数据、曲线及图标等资料对未来状态进行描述以便于考查引起有关风险的关键因素及其影响程度;再研究当某些因素发生变化时,又将出现何种风险,即将导致何种损失与后果。幕景分析法主要包括情景构造和情景评估。情景构造是情景分析的基础,主要包括历史模拟情景法、典型情景法和假设特殊事件法。情景评估是指完成情景构造后,评估该情景的发生对资产组合价值变化的影响和后果。幕景分析法的结果大致分两类:一类是对未来某种状态的描述;另一类是描述一个发展过程及未来若干年某种情况一系列的变化。它可以向决策者提供未来某种机会带来最好的、最可能发生的和最坏的前景,还可以详细给出 3 种不同情况下可能发生的事件和风险。幕景分析法研究的重点是:当引发风险的条件和因素发生变化时,会产生什么样的风险,导致什么样的后果等。幕景分析法可以扩展决策者的视野,使得决策者能充分考虑不利情景的影响,重视评估偶然事件,特别是极端事件的危害。在金融风险管理中,压力试验方法就是常用的一种可测定极端事件风险的幕景分析法。

幕景分析法的主要优点在于可以识别和测定资产组合面临的最大可能损失。主要缺点可以从幕景分析的操作过程和结果来观察:从操作过程来看,该方法的实施效果很大程度上依赖于有效情景的构造和选择,而有效情景的构造和选择需要良好的判断能力、丰富的经验和技巧;从结果来看,情景分析不能给出不同情景实际发生的可能性,只是指出了特定情景产生的损失大小。

4. 故障树分析法

故障树分析法(Method of Fault Tree Analysis)是把所研究系统的最不希望发生的故障状态作为故障分析的目标,然后找出直接导致这一故障发生的全部因素,再找出造成下一级事件发生的全部直接因素,直到那些故障机理已经搞清楚为止。通常把最不希望发生的事件称为顶事件,不再深究的事件称为基本事件,而介于顶事件和基本事件之间的一切事件称为中间事件,用相应的符号代表这些事件,再用适当的逻辑关系把顶事件、中间事件和基本事件连接成树形图,即得到故障树。它表示了系统设备的特定事件(不希望发生事件)与各子系统部件的故障事件之间的逻辑结构关系。以故障树为工具,分析系统发生故障的各种原因、途径,提出有效防止措施的系统可靠性研究方法即为故障树分析法。故障树分析法利用图解的形式将可能出现的、比较庞大复杂的故障分解成不同层次的小故障,并对各种引起故障的原因进行不同层次的分解。

当直接经验很少时,可以考虑运用故障树分析法进行风险识别,该方法适用于对复杂系统的风险描述和风险识别,而且该方法由于基于客观事实因而具有很大的可靠性。当然,该方法也存在一定的缺陷,主要在对于该方法的掌握和使用需要花费大量的时间,而且一旦对于某个环节或层次上的小故障或原因的识别存在偏差,就有可能导致最后结论出现大的偏差。

5. 其他分析法

除了上述 4 种常见的金融风险识别方法外,还可以采取以下方法:

（1）风险清单分析法。按照直接损失风险、间接损失风险和责任损失风险来编制记载了人们已经识别的最基本的各类损失风险的风险清单表，运用规范的方法，检查风险管理对象所面临的风险，并视情况采取各种措施的方法。

（2）财务报表分析法。通过分析资产负债表、利润表和现金流量表三大财务报表的各类数据来分析风险管理对象的各类财务信息，从而发现所面临的金融风险的方法。

（3）因果图法。从导致风险事故的因素出发，推导出可能发生的结果的方法。

二、风险计量

风险管理过程的第二个环节是对风险进行合理的测度。在前述所有风险中，操作风险比较侧重定性分析和制度建设而技术性偏低，因此风险测度主要关注市场风险、信用风险和流动性风险。

（一）市场风险的度量

一般来说，一个较为完整的市场风险度量体系至少包括三个组成部分：灵敏度分析（Sensitivity Analysis）、在险值（Value at Risk，VaR）、情景分析（Scenario Analysis）与压力测试（Stress Test）。每个组成部分在市场风险度量体系中都具有独特而不可或缺的作用：灵敏度是市场风险度量的基础模块，是进行套期保值与风险对冲的基础；VaR给出了在给定条件下市场风险的集成风险额；而情景分析与压力测试给出了给定情景和极端情况下风险因子共同变化可能产生的结果，可以补充前两者的不足。近年来市场风险的度量技术深入发展，但这三个方法一直是最主流和最基础的市场风险度量方法。

1. 灵敏度分析

灵敏度分析是指在保持其他条件不变的前提下，研究单个市场风险因子的变化对金融产品或资产组合的收益或经济价值产生的可能影响。最常见的灵敏度指标包括衡量股票价格系统性风险的 β 系数、衡量衍生产品风险的希腊字母，以及衡量利率风险的久期和凸性等。

灵敏度分析的特点是计算简单且便于理解，是最早发展起来的市场风险度量技术，应用广泛。但灵敏度分析也具有一定的局限性，主要表现在较复杂的金融资产组合的风险因子往往不止一个且彼此之间具有一定的相关性，需要引入多维风险测量方法。

除此之外，灵敏度分析只能反映金融产品价值对特定风险因素的敏感程度，却不能反映总体的市场风险。在险值、情景分析与压力测试就在这方面弥补了灵敏度分析的不足。

2. 在险值

在险值（VaR）是指在一定概率水平 $\alpha\%$（置信水平）下，某一金融资产或证券组合价值在未来特定时期内的最大可能损失。例如，美洲银行（Bank of America, BOA）在 2006 年度报告中披露了这一年该银行基于市场的交易组合①（Market-Based Trading Portfolio）的每日 VaR 值，在 99% 的置信水平下平均为 4 130 万美元。这意味着，从事前看，美洲银行 2006 年度因市场波动而每天平均损失超过 4 130 万美元的概率只有 1%；或者说该银行以 99% 的可能性保证，该年度每一特定时点上的投资组合在未来 1 个交易日内，由于市场价格变动而带来的损失平均不会超过 4 130 万美元。

　　VaR 最早由 JP 摩根公司内部风险管理部门于 20 世纪 80 年代后期提出，1993 年开始推向市场，成为金融机构衡量市场风险的重要指标，受到广泛认可。1993 年 7 月，国际性民间组织 30 小组（G roup of 30）发表《衍生产品：惯例与原则》，建议以 VaR 作为市场风险衡量手段，尤其可以用来衡量场外金融衍生产品的市场风险。1995 年，国际银行业监管的权威组织巴塞尔委员会同意具备条件的银行采用内部 VaR 模型计算市场风险的资本金要求，此后巴塞尔协议市场风险的内部模型法始终以 VaR 作为最重要的基础。1995 年 12 月，美国证券交易委员会也发布报告，建议美国有关机构采用 VaR 模型作为三种可行的披露其衍生交易活动信息的方法之一。此后，VaR 成为金融市场风险管理中的主流方法和主要指标，是市场风险管理中最重要的方法之一。本教材将在后面章节对此进行专门介绍。

　　3. 情景分析与压力测试

　　尽管由 VaR 能够知道有 $\alpha\%$ 的可能在未来特定时期内的损失不会超过多少，但并不能由此知道当（$1-\alpha\%$）的小概率发生时，实际损失将有多少。情景分析和压力测试正是在这个方面对 VaR 模型的一个补充。

　　情景分析是指假设多种风险因子同时发生特定变化的不同情景，计算这些特定情景下的可能结果，分析正常市况下金融机构所承受的市场风险。常用的情景通常包括基本情景、最好情景和最坏情景。情景可以人为设定，可以直接使用历史上发生过的情景，也可以从对市场风险要素历史数据的统计分析中得到，或通过运行在特定情况下市场风险要素的随机过程得到。值得注意的是，灵敏度分析是单一风险因素分析，情景分析则是一种多因素同时作用的综合性影响分析。因此，在情景分析的过程中，要注意考虑各种头寸的相关关系和相互作用。

　　压力测试则可以被看作风险因子发生极端不利变化情况下的极端情景分析。在这些极端情景下计算金融产品的损失，是对金融机构极端风险承受力的一种估计。具体来看，极端情景包括历史上曾经发生过的重大损失情景和假设情景。假设情景又包括模型假设或模型参数不再适用，市场价格巨幅波动，原本稳定的关系（如相对

―――――――――――――――

　　①　对银行而言，基于市场的交易组合即在短期内有目的地持有以便转手出售、从实际或预期的短期价格波动中获利或锁定套利利润的组合头寸，如自营头寸、代客交易头寸和做市交易形成的组合头寸等，通常被称为交易账户，以与银行传统的存贷款业务相区别。

价格、相关性、波动率等)的稳定性被打破,市场流动性急剧降低,相关关系走向极端的＋1或－1,外部环境发生重大变化等情景。一般来说,在设计压力情景时,既要考虑市场风险要素变动等微观要素敏感性问题,还要考虑到宏观经济结构和经济政策调整等宏观层面的因素。

与VaR相比,情景分析与压力测试不够体系化,也比较不正式。同时,这两种方法所需的工作量巨大,每次仅能说明特定事件的影响程度,却无法说明事件发生的可能性,因而不能成为最核心的市场风险度量方法。由于VaR只给出了一个概括性的风险损失数值,并不指明风险的来源、方向和具体结果,而情景分析与压力测试刚好弥补了这一不足,因此,情景分析与压力测试被认为是VaR的重要补充。情景分析与压力测试能够帮助金融机构更全面地了解市场风险状况,因而成为市场风险测度的重要组成部分。[①]

4. 风险调整资本收益率

(1) 背景和意义。

风险调整资本收益率(Risk-Adjusted Return on Capital,RAROC)是国际上银行业用来考察资本配置的核心技术手段。它是由信孚银行(Banker Trust)于20世纪70年代开发的风险管理系统,主要用来衡量银行业绩与考查资本配置,并于90年代被国际先进银行广泛使用。这种测度工具使银行可以高效地分配其经济资本,并在风险调整的基础上衡量经营业绩。《巴塞尔协议》也强调一种趋势,即一直以来在金融和风险方面作用明显不同的金融机构正在逐渐融合,因此,风险管理要提升到更广泛的方面。

经风险调整的收益率克服了传统绩效考核中盈利目标未能充分反映风险成本的缺陷,使银行的收益与风险直接挂钩、有机结合,体现了业务发展与风险管理的内在统一,实现了经营目标与绩效考核的统一。使用经风险调整的收益率有利于在银行内部建立良好的激励机制,从根本上改变银行忽视风险、盲目追求利润的经营方式,同时能激励银行充分了解所承担的风险,自觉地识别、计量、监测和控制这些风险,从而在审慎经营的前提下拓展业务,创造利润。

(2) RAROC的计算。

$$RAROC = \frac{风险调整预期净收益}{经济成本} = \frac{净收益 - 预期损失}{经济成本}$$

RAROC通过从收益中减去预期损失实现对分子的风险调整,分母为经济成本即风险成本,从而实现了对分母进行风险调整。在实际应用中,尤其是对于投资类业务,经济成本通常用VaR代替,故也被称为在险资本收益率(Return on Capital at Risk,ROCAR)。由此,RAROC即收益与VaR值的比值,其含义可以看成单位风险下的最大收益。例如,投资者投资某股票,冒着股价下跌1元的风险,预期股价最多能涨几元。如果RAROC>1,那么投资该股票是可行的;如果RAROC<1,那么该项投资就不可取。使用这种方法的银行在对其资金使用进行决策的时候,不以盈利的绝对水平作为评判基础,而是以该资金投资风险基础上的盈利贴现值作为依据。式中的VaR也可以用其他的风险度量代替,如在险资本CaR。RAROC的思想是:将风险带来的未来可预计的损失,量化为银行当期的成本,并据以对银行当期盈利进行调整。

我们都知道,在进行一项投资时,风险越大,其预期的收益或亏损也就越大。投资如果产生亏损,将会使银行资本受到侵蚀,最严重的情况可能导致银行倒闭。这样,一方面银行对投资亏损而导致的资本侵蚀十分敏感;另一方面银行承担这些风险是为了盈利,问题的关键在于如何在收益与风险之间寻找一个恰当的平衡点,这也是RAROC的宗旨所在。决定RAROC的关键是潜在亏损即风险值的大小,该风险值或潜在亏损越大,投资报酬贴现就越多。

(3) RAROC的作用。

RAROC可用于业绩评估,如果交易员从事高风险的投资项目,那么即使利润较大,由于VaR值较大,那么RAROC值也不会很大,其业绩评价也就不会很高。实际上,前些年出现的巴林银行倒闭、大和银行亏损和百富勤倒闭等事件,都可归因于对局中人(Player)的业绩评价不合理所致,即只考虑到某人的盈利水平,没有考虑到其在获得盈利的同时也承担了大量的风险。RAROC方法用于业绩评估,可以较真实地反映交易人员的经营业绩,对其过度投机行为进行限制,有助于避免大额亏损现象的发生。

应用RAROC报告不同业务的盈利性和风险状况,计算风险调整业绩,引导风险定价,根据风险—收益状况,在不同的部门、产品和客户间分配经济资本。

(4) RAROC的限制。

RAROC方法在实际操作中仍有尚待克服的困难,其中最重要的一点就是经济资本的计算。当我们衡量经济资本时,必须将所有的风险都考虑进去,这就意味着需要将所有风险量化,但是,当量化风险的能力不足时,就无法正确计算出RAROC。

(二)信用风险的度量

如前所述,信用风险主要包括两个部分:一是交易对手违约或信用状况发生变化的可能性大小;二是违约造成的损失多寡。相应地,信用风险的度量也包括两个方面:第一,违约概率(Probabilities of Default,PD)和信用状况发生变化的概率,其中以违约概率的度量为主;第二,违约损失率(Loss Given Default,LGD)的估计。其中,违约概率的估计一直是信用风险度量的重点,也是风险管理的要点之一,本教材将在后面章节对此进行更详细的介绍。

(三) 流动性风险的度量

市场流动性风险和资金流动性风险的度量方法不同,但无论是哪种流动性风险,目前为止都尚未形成权威的度量方法或模型,使用者大多根据自身经验与判断选择相应的指标方法。

1. 市场流动性风险的度量

在市场流动性风险的测度上,存在着众多衡量指标。一种比较直观的分类方法就是根据金融资产实现流动性的价格(即交易成本)、数量、时间等性质,把流动性测度方法分为价格度量法、交易量度量法、价量结合度量法以及时间度量法。例如,买卖价差是价格度量法中最典型的衡量指标,它度量了当前市场上最佳卖价与最佳买价之间的差额,一般认为买卖价差越小,流动性越好,流动性风险越小。换手率是常见的交易量度量指标,一般认为换手率越高,流动性风险越小。价量结合指标则将价格与交易量结合起来反映市场流动性,如 Amihud 指标 $\dfrac{|r_{i,t}|}{M_{i,t}}$,式中 $|r_{i,t}|$ 与 $M_{i,t}$ 分别为证券 i 在 t 日的收益率和交易金额。显然,Amihud 指标越大,说明为了完成既定的交易,价格需要发生较大的波动,流动性风险越大。最后,时间度量法将交易完成所需时间或交易带来的价格波动消失的速度作为衡量市场流动性的重要指标,如执行时间、交易频率、两次相邻交易的价差等。但这些指标均存在或多或少的缺陷,目前尚未形成权威的市场流动性度量方法。

2. 资金流动性风险的度量

由于银行的高负债经营性质,资金流动性是银行的生命线之一,因此在商业银行的经营管理中形成了较为完善的资金流动性风险度量体系,主要由三个层次组成:

(1) 流动性比率/指标。流动性比率/指标是各国银行监管当局与商业银行广泛使用的方法之一。常见的指标包括贷款总额/存款总额、流动性资产/总资产[①]、易变性负债/总资产[②]、流动性资产/易变性负债、核心存款/总资产[③]、贷款总额/总资产和(现金+应收存款)/总资产等。

(2) 流动性缺口分析。所谓流动性缺口分析(Liquidity Gap Analysis),是指通过比较未来特定时间段内到期的资产和负债来度量未来的融资需求。表 2-1 给出了流动性缺口分析的一个例子。

---

① 流动性资产,一般指到期期限较短、信用风险低、变现能力强的资产,如现金、同业存款、证券投资和已证券化的抵押贷款等。

② 易变性负债,一般包括批发性存款、利率敏感型存款和其他一旦经济条件变化就有可能大量流失的短期负债,也称为非核心存款。一般来说,易变性负债所占比例越高,流动性越差。

③ 核心存款,是指那些相对稳定、对利率变化和其他条件变化不敏感的存款。一般来说,核心存款比例越高,流动性越高。

表 2 - 1　流动性缺口分析表

到期时间	少于 10 天	10 天至 3 个月	3 个月至 6 个月	6 个月至 1 年	1 年至 5 年	5 年以上	总额
资产	10	15	12	8	60	0	105
负债与资本	50	20	20	2	5	8	105
净现金流出(资产—负债)	—40	—5	—8	6	55	—8	0
累计净流出	—40	—45	—53	—47	8	0	0

从表 2 - 1 可以看到,流动性缺口分析根据剩余到期时间划分,然后分别针对不同到期期限计算资产与负债的差额。值得注意的是,这里的到期时间通常是指实际到期时间,而非合同到期时间。例如,经验表明大多数活期存款都在银行存放两年以上,因而常被作为长期负债看待。又如,在特定时间段内虽未到期,但可以不受或受较少损失就能变现的资产通常被计入该时段的到期资产。

在表 2 - 1 的例子中,短期内存在负债高于资产的负缺口,这说明该银行借短贷长,这正是商业银行的常见现象。借短贷长固然存在流动性风险,但有利于提高利润。因此,商业银行通常需要监测流动性缺口,将其维持在一定的警戒线之上。

流动性缺口分析的一个缺点在于其偏于静态,无法捕捉未来资产负债变动的影响。因此,流动性缺口分析通常与下文的现金流预测一起使用,互为补充。

(3)现金流预测。现金流预测是指对未来一定时期内的现金流入和流出进行预测和分析,评估未来的资金流动性状况和风险程度。在商业银行的流动性风险管理中,通常预测未来较短一段时间内的资产运用总额(如贷款需求)与资金来源(如存款来源)的差额,再与流动性缺口分析中得到的相应期限的静态缺口加总,考察未来的流动性状况。

三、风险监测

风险监测是风险管理流程的重要环节,对风险的日常控制、动态管理具有重要作用。风险监测是指通过对各类风险指标的日常监控,对风险状况及其控制技术措施的效果进行动态、持续的管理。实施有效的风险监测需要注意两个问题:一是高级管理层必须确保本机构的风险有统一的内涵,同时,设计的监测、评估和报告风险的工作机制应被严格执行;二是这个工作机制应与本机构的业务活动规模和风险承担规模相匹配。

金融风险的监测有垂直系统和横向系统两种方式。垂直系统由宏观(如中央银行、各商业银行总行等)、中观(如省级银行、商行等)、微观(如地级、县级及合作银行)三个子系统构成,其监测的组织形式及风险情况的传递一般有自上而下或自下而上两种。横向系统由各金融机构内部开发的风险监测系统构成,通过量化和建模方法,甄别出风险因素,对其进行早期预防和管理,从源头遏制风险的发生,将损失降低到最低限度。我们将在下一节详细介绍金融风险预警的一些内容。

四、风险管理与控制

金融风险管理流程的第四个环节是对风险的有效管理与控制。完成风险计量后,需要确定适当的风险管理策略,不同的风险可以采取不同的风险管理策略。总的来看,风险管理与控制策略主要包括下列 5 种。

(一)风险分散

风险分散,是指通过多样化的投资来分散与降低风险。马科维茨的资产组合理论最早系统地提出了风险分散的策略与思想。长期实践证明,资产的非系统性风险的确可以通过分散化的投资加以降低乃至消除。

(二)风险对冲

风险对冲,又称套期保值,是指针对金融资产所面临的风险,利用特定资产或工具构造相反的风险头寸,以减少或消除其潜在风险的过程。与风险分散策略不同,风险对冲既可以管理非系统性风险,也可以管理系统性风险。进一步来看,风险对冲可以分为金融机构内部自我对冲和外部市场对冲。一个进行有效风险管理的金融机构通常先寻求风险的内部对冲,再通过外部市场对冲风险的净头寸,可以有效地降低风险管理成本。

长期以来,风险对冲是管理市场风险的有效方法。近年来,由于信用衍生产品的不断创新和发展,风险对冲也被广泛应用到信用风险管理当中。具体来看,市场风险的对冲策略包括久期、值、Delta 和 Gamma 的套期保值等,其关键之处在于套期保值比率的确定。信用风险的对冲则主要通过信用衍生产品市场进行,本书第九章将对此进行介绍。总的来看,风险对冲已经成为应用最广泛也是最重要的风险管理策略,这与金融衍生产品和金融工程技术的发展与创新是分不开的。金融衍生产品的低成本、高杠杆和流动性优势,极大地提高了风险对冲的准确性、时效性和灵活性,降低了风险管理成本,在现代风险管理的发展中起到了不可或缺的作用。

(三)风险转移

风险转移,是指通过购买某种金融资产或是其他的合法措施将风险转移给其他经济主体。在一定的意义上,风险转移与风险对冲有共同之处。风险对冲一般通过市场交易的金融工具或证券进行,而风险转移主要通过购买保险、担保和信用证等工具将风险合法转移给第三方。

(四)风险规避

事实上,很多风险并不是一个人或一个机构一定要面对的。当一个人或一个机构对某种风险没有比较优势,这种风险又不是与其天然相伴的,就可以选择风险规避,避免涉足这种风险。有的金融机构在面对风险时,选择退出市场或只承担有限风险,这也是一种风险规避。其最常见的表现形式为风险头寸限额管理,包括信用限额和市场交易限额等,这是对风险进行事前控制的主要方法之一。

(五)风险补偿与准备

风险补偿是指事前对所承担的风险要求较高的风险回报。对于无法分散、对冲、转移和规避的风险,市场主体可以通过在交易价格上附加风险溢酬的方式,获得所承担风险的价格补偿。风险准备则是指针对预期的损失提取相应的准备金,以抵补未来可能发生的损失,保证金融机构的顺畅运作。

五、风险管理反馈与调整

风险管理反馈与调整是指,在金融风险管理与控制基础上,对风险管理实施策略后进行检查、反馈与调整。风险管理者要督促相关部门严格执行风险管理的有关规章制度,确保风险管理方案落实和实施。因此,管理者需要定期或者不定期地对各业务部门进行全面或者专项检查,发现隐患迅速加以纠正或者补救。同时,管理者还要对风险管理方案的效果进行评估,测定实际效果与预期效果之间的差异,并根据内部条件与外部环境的变化,对金融风险管理方案进行动态的调整。下面我们以商业银行常用的风险报告为例,较为详细地了解一下风险管理反馈与调整的具体内容。

风险报告是对风险的识别、计量、监测及管理策略效果的综合反映。在金融风险管理中,要建立全面、严格、及时的风险报告制度及反馈制度,对银行面临的各类风险进行研究、分析,并按照相应的报告制度及时、全面、真实地向业务负责人、风险总监(或风险主管)、高级管理层、董事会提供风险管理的整体情况,为合理配置资本和制定风险效益战略提供决策支持,各分支机构要确保金融风险管理各环节的记录真实、完整,按时报送风险报告。风险报告至少包括以下信息:

(1)风险的整体状况。这包括风险的主要分布状况、损失情况、重要风险事件及其风险诱因描述。

(2)风险计量和控制的结果。这包括风险指标的敏感程度、识别出的重大风险、揭示机构面临或潜在的关键风险、风险的严重程度和采取的控制措施及执行效果。

(3)资本金水平。在风险报告中,要根据风险计量结果及其变动情况评估风险资本水平,说明资本充足性。

(4)加强风险管理的建议。要针对风险结果提出加强风险管理的对策,提出风险计量及控制方法的修正意见。

风险报告也要有反馈机制。各级风险管理机构要建立通畅的监测信息反馈机制。各级管理层要高度重视检测过程中的问题,及时整改、主动纠错,防止同样错误反复发生。相关部门要对被查部位进行复查,保证问题整改到位。对发现的同一类型问题屡查屡犯的人员及机构,要对其违规行为进行处理。

第四节　金融风险的预警

经济预警思想最早出现在19世纪末20世纪初,如法国学者用不同颜色表示各种经济状况的气象式经济研究等。而经济预警思想的正式提出是在20世纪30年代,西方经济学家在资本主义经历了全面、深刻的经济危机后,开始对资本主义经济产生了警惕,出现了经济预警方面的研究。一般来说,预警具有动态性、先觉性和深刻性,是基于当前和历史的信息,利用各项先行指标的发展趋势,以预测未来的发展状况,定性和定量地判断风险强弱程度,并通知监管部门及决策人员尽可能及时地采取应对措施,以规避风险、减少损失。

一、金融风险预警的基本理论

(一)金融风险预警机制的概念

金融风险预警机制是以现实中的金融活动为对象,在一定的经济、金融理论的指导下,采用一系列的科学预警方法、技术、指标体系以及预警模型,对整个金融运行过程进行监测,并针对监测结果所获得的警情和警兆发布相应警示的金融决策支持系统。主要内容包括以下三个方面:

(1)预警方法,是指导预警指标选取、预警模型构建与比较以及预警结果分析的技术方法;

(2)预警指标,是指能够提前、广泛、显著及量化金融风险的各项经济、金融统计指标;

(3)预警模型,是指在选取预警指标及其样本的基础上,借助各种统计方法及计量经济模型,建立自变量(预警指标)与因变量(金融危机发生的可能性)之间的直接或间接的函数关系等。

金融风险预警机制的主要功能是:可随时掌握金融机构动态,并有效评估其风险;可及早发现金融机构问题,并凭以采取适当的监管措施;为实地检查重点及检查频率提供参考,以降低监管成本,提高金融监管功效。

(二)金融风险预警的方法

1.景气指标预警法

景气指标预警法是最早出现的金融风险预警方法,其基本原理是结合经济发展的各个方面,选择一组能够反映经济发展状况的敏感指标,将这些指标进行数据处理,通过适度修正形成一个综合性的指标。景气指标分为先行指标、同步指标和滞后指标3类。通常情况下,对风险进行预警主要采取先行指标。由于先行指标超前于预警对象,因此可以根据先行指标与预警对象存在的相关性对其进行预警。

景气指标预警法的优点在于可以正确地评价当前宏观经济的状态,恰当地反映经济形势的变化。该方法可以预测宏观经济运行发展趋势,在发生比较严重的经济形势变化或转折前及时发出预警信号。但景气指标预警法主观性比较强,而且很难准确地把握所有的重要信息,在预警的过程中,对一组指数变化的情况,很难分清引起变化的具体经济指标,此时不利于对具体的经济变量进行调控。

2. 指标体系评分预警法

指标体系评分预警法是将具有相关关系的一组金融预警指标建立起一个指标群,并对其进行数据处理。在指标体系评分预警法中,最重要的就是确定指标的权重,因为用于预警的指标权重直接关系到预警法或模型的灵敏性。目前对于指标权重的设定及量化的方法主要包括层次分析法和多层次模糊综合判断法。

指标体系评分预警法的优点在于其给定一个分值,便于理解。该方法可以将各方面因素按照各自的影响程度进行排序,筛掉一些影响比较小的指标,进而对风险的防范和预警起到参考作用。但是,指标体系评分预警法需要大量的时间对影响因素进行筛选,而且指标体系的建立过程非常复杂,导致人力成本和时间成本都非常高。

3. 模型预警法

随着金融风险预警研究的发展,模型预警法已经成为对金融危机预警的最重要、使用最广泛的方法之一。其基本思路是:从经济学原理出发,利用经济计量学方法,以警情指标为因变量,以警兆指标为自变量,建立警情预测模型。例如,较为常见的KLR信号法。KLR信号法是通过选择一系列的指标,根据所预警的对象的历史数据确定与预警对象有显著联系的变量,然后为每一个选定的先行指标根据历史数据确定一个安全的取值范围,如果超过这一范围就意味着出现危机,从而发出一个危机信号。危机信号越多,代表危机发生的可能性越大。

二、金融风险预警指标

金融风险预警指标体系是由进行金融监测预警活动的一系列相互联系、相互依存的金融监测预警指标所组成的指标群,具有科学性、联系性、实用性、可行性的特征。一个完善的金融风险预警指标体系既要具有较好的代表性,又要具有较好的可操作性;既能对长期的金融风险进行预警,又能对中短期的金融风险进行预警。预警离不开指标,建立金融风险预警机制,指标体系的研究和设置是最重要的部分。恰当地选择指标并编制指标体系不仅能正确评价当前金融风险运行的状态,而且能准确预测未来发展趋势并及时反映金融调控效果。因此,建立金融风险预警指标体系具有重要意义。

(一)国外学术界对金融风险预警指标研究情况

国外对金融风险预警指标的研究主要集中在两个方面。一方面为与金融机构经营状况有关的微观金融指标。例如,1929 年以后,美国金融当局建立了"CAMELS 评级体系",是对金融机构的资本充足率、资产质量、管理水平、盈利性、流动性和市场风险敏感度 6 项指标进行分析评判,确定其经营稳定性的一种综合评判体系。因为这 6 项指标的英文缩写为"CAMELS"(骆驼),所以称为"骆驼评级体系";另一方面为宏观经济状况指标。基于度量系统性风险程度的被解释变量和其他影响系统性风险指标构建了不同国家或地区的金融系统性风险预警指标体系,见表 2－2。

表 2－2　不同国家或地区的金融系统性风险预警指标体系

1. 微观金融指标	
Altman(1968)	Z-Score 模型(基于一些金融指标来评估银行的资产质量、收益表现和流动性)
Edwards(1989)	中央银行国外资产/基础货币、净国外资产、对公共部门的国内信贷/总信贷、信贷增长、财政赤字/GDP、经常项目/GDP
Collons(1995)	国际储备/GDP、真实 GDP 增长、通胀等
Frankel&Rose(1996)	主要集中在外债方面:公共部门负债/总负债、国外直接投资/总负债,信贷增长等
Honohan(1997)	不良贷款
Kaminsky ＆ Reinhart (1998)	汇率、同业拆借利率、存款占 M_2 的比率、股票总市值等
Gonzalez-Hermosillo (1999)	不良贷款和资本充足率
Hawkins ＆ Klau(2000)	国内信贷/GDP、负债增加/GDP、负债/国内对私人部门信贷
Lehar(2005)	银行规模、资产收益率(Return on Assets,ROA)、股票价值、长期债务等
Davis&Karim(2008)	实际 GDP 增长、贸易条件变化、实际利率、通货膨胀率、M_2/外汇储备私人部门信贷/GDP、银行流动性储备/银行总资产,真实国内信贷增长等
Gagnon(2009)	政府证券回报、汇率、消费物价、真实 GDP、经常项目等
Barrell,Davis,Karim & Liadze(2010)	资本充足率、流动性比率及资产价格
2. 宏观经济状况指标	
IMF	金融稳健指标(FSIs)、宏观审慎指标(MPIs)
世界银行	金融部门评估(FSAs),既有宏观经济指标也有银行指标;与 IMF 建立了金融部门评估的综合评估规划框架(FSAP);国家信贷风险部门的风险评级模型,包括宏观经济绩效的结构、宏观经济指标和外部虚弱性、外债和它的可持续等
BIS	金融压力指数、外部脆弱性指数、银行体系脆弱性指数

续　表

Goldstein, Kaminsky & Reinhart(2000)	贸易条件、进口、出口、国际储备、真实汇率对趋势的偏离、外国和国内存款真实利率的差异、M₁、货币乘数、国内信贷对 GDP 的比率、存款的真实利率、贷款对存款利率的比率、商业银行存款存量、广义货币对总国际储备的比率、产出指数、股票价格指数、经常项目差额等
Illing & Liu(2003)；Hakkio & Keeton(2009)；Duca & Peltonen(2011)	金融困境指数

（二）我国金融预警指标体系

一个完善的金融稳定评估系统至少要包括 3 个层次的审慎指标：微观审慎指标、宏观审慎指标和市场审慎指标。整个金融体系稳健的基础是金融机构的稳健，因此可以反映金融机构运行状况的微观指标就成为金融安全预警系统的核心指标。实现宏观经济的平衡是金融系统稳定运行的根本条件，如果宏观平衡被打破就会导致金融风险甚至金融危机，因此，可以说宏观审慎指标是金融安全预警系统的基础指标。微观审慎指标和宏观审慎指标是通过改变市场参与者的预期和行为来发生作用的，因此，市场指标就成为二者的中间指标。

1. 微观审慎指标

微观层面的审慎指标是根据具体金融机构的审慎指标汇总和综合而成的，根据金融企业经营风险的独特规律和综合评价指标体系的设置原则，综合评判金融企业经营风险程度的指标体系应包括资本充足性指标、资产质量指标、盈利能力指标、管理质量指标、流动性风险指标 5 项指标。

（1）资本充足性指标。资本充足性风险是指由资产的质量恶化、呆滞、受损等因素引起的资不抵债、破产倒闭的风险。资本充足性包括资本充足率、资本与总资产比例和核心资本充足率 3 项。资本充足性是衡量金融机构稳健与否的重要因素之一，因此，自有资本的充足程度在预警系统中占有重要地位。

（2）资产质量指标。在我国，目前国有商业银行不良贷款占贷款总额的比例较高，对国有商业银行的发展产生了很大的障碍。作为衡量银行资产质量的指标主要有不良贷款率、银行不良资产分布情况、贷款欠息率、贷款展期率、贷款集中程度等。资产质量问题一直为各国政府重点监测的指标，在我国也应当成为现阶段金融监管当局预警的重点。

（3）盈利能力指标。对于盈利能力，主要通过资产利润比例和资本收益率两个指标来进行考核。

（4）管理质量指标。一般来说，管理质量的好坏是很难进行量化表示的，通常是依靠主观判断。不过可以通过将某些量化指标作为标准进行参考，如人均收益、金融机构的进入和退出数量、支出结构等。此外，还可以将金融机构违规事件的发生数量和涉案金额作为参考标准。

（5）流动性风险指标。流动性风险是指由于金融企业负债在总资产中的比例过高，资产负债的结构长期和短期不平衡，资产流动性偏低所引起的支付危机和挤兑风险。流动性风险可以用存贷款比例、流动比例和备付金比例来度量。

2. 宏观审慎指标

宏观审慎指标的选取要满足两个要求：第一，所选取的指标能够很好地诠释宏观经济环境的变化；第二，对于金融危机的发生具有很高的敏感性。也就是说，指标既要能够反映宏观经济的总体特征，又要能够准确地反映金融市场的微妙变化。

（1）失业率。失业率是反映经济总体情况的重要指标之一，具体是指失业人数占劳动力总人数的百分比，反映了社会的充分就业状况。失业率与经济增长率具有反向的对应变动关系。当失业率上升到一定水平时，就会严重扰乱社会稳定、阻碍经济的发展。在国际上，每一个国家能够承受的失业率水平也没有一个统一的标准，承受程度与各国的社会制度、文化历史和经济水平是有直接联系的。2013 年 9 月 9 日，中国首次向外公开了调查失业率的有关数据来源。按照我国人力资源和社会保障部公布的数据，近 5 年我国城镇登记失业率基本在 4.5% 和 6% 之间波动。

（2）通货膨胀率。通货膨胀率能够直接反映出一个国家的物价上涨水平，这个指标与货币危机的发生也具有直接的联系。只有建立综合物价指数才能够对通货膨胀风险进行有效预警。综合指数不仅要反映消费品的价格水平，还要能够反映投资品的价格水平，以及每个指标对于风险发生的影响程度。国际上普遍认为正常的通货膨胀率的区间是 2%～3%，我国目前的通货膨胀率为 2% 左右。

（3）国际收支平衡指标。一般认为，本国在一定时期内国际收支的平衡状况和外汇储备可以作为评判该国金融稳定性的主要指标。例如，国际收支出现较大的顺差就会导致国内承受巨大的通胀压力，反之则会导致国内经济衰退。这项指标主要包括以下 3 类：经常项目逆差占 GDP 之比、外汇储备指标、外债结构指标。

（4）GDP 增长率。具体是本年度相比上一年度实际 GDP 的增长幅度，这个指标是反映某个国家经济发展水平中最为重要的一个指标。实际 GDP＝名义 GDP/GDP 平减指数。这个指标很好地刻画了国家经济增长速度，能够显示经济的总体发展水平。

（5）广义货币 M_2 增长率。这个指标的具体表达式为：M_2 增长率＝M_2/GDP。金融风险水平的增加和金融深化问题都可能引起 M_2 增长率的增大。因为广义货币的快速增长一方面意味着储蓄存款快速增长，另一方面意味着银行的不良贷款数量在增加。因此，该指标的数值并非越大越好。

3. 市场审慎指标

市场审慎指标介于微观审慎指标和宏观审慎指标之间，反映市场波动性的指标，包括利率、汇率、股价、商品价格及其他金融产品价格的波动。在这里主要针对股票市场的波动性进行分析，同时将显示危机的传染性和市场预期的指标纳入考虑范围。

（1）利率。利率可以用来表示资产的价格。金融机构作为金融市场中资金供需双方的中介机构，其资产负债绝大多数是通过利率来计价的。如果资产和负债对利率变动的敏感程度不一致，就可能诱发利率风险。可以从潜在利率风险和现实利率风险两个角度对综合利率风险进行考察。对现实利率风险的考察可以采用存款综合利率指数和贷款综合利率指数等指标；对潜在利率风险的考察可以采用利率敏感性分析和消费物价指数等指标。

（2）汇率。汇率表示的是货币的对外价值。贸易商品的价格受到汇率的影响，如果汇率频繁发生波动，不利于对外贸易的稳定发展，也会对国内的物价水平产生不良影响。2013年9月29日，上海自由贸易区正式挂牌成立，自由贸易区的试点内容涉及金融方面的包括利率市场化、汇率自由汇兑、金融业的对外开放、产品创新等，也涉及一些离岸业务。随着我国经济开放程度的不断增大，汇率的变动对宏观经济产生的影响也越来越大，观察这项指标对金融风险的预警意义也将更加重大。

（3）股价指数。一般可以用股价指数的平均值变动情况来对股票市场的动态变化进行描述。如果股价指数每日的波动徘徊在−10％～10％以内则表明处于安全状态；如果连续每日的波动超过10％，或者每日波动5％左右但是累计周期内达到20％以上就表示金融状态处于危险区间；如果长时间超过30％就可以认为局部市场发生了金融危机。

（4）股票市盈率。股票市盈率是一个风险指标，它综合反映了某一时期内投资股票在成本与收益这两个方面的特征。市盈率反映了市场对企业盈利的看法。应该说，对中国股市市盈率高好还是低好的回答不可能是绝对的。理论上市盈率低的股票适合投资，因为市盈率是每股市场价格与每股收益的比率，市盈率低的购买成本就低。但是市盈率高的股票有可能在另一侧面上反映了该企业良好的发展前景，通过资产重组或注入资金使业绩飞速提升，结果是大幅度降低市盈率，当然前提是要对该企业的前景有个合理科学的预期。

（5）证券化率。证券化率是指一国各类证券总值与该国GDP的比率，计算公式为：证券化率＝股票市价总值/GDP（％）。证券化率的高低是与一个国家总体经济中证券市场的重要性相联系的，它主要是用来对证券市场的发育程度进行衡量。

三、金融风险预警模型

预警模型是在选取特定样本的基础上，借助计量分析方法，通过实证分析建立的预警指标（自变量）与金融危机发生可能性（因变量）之间直接的或间接的函数关系。构建金融风险预警系统离不开风险预警模型，利用计量经济技术对模型进行检验，可以克服推断的主观性并提高分析判断的精度。国际货币基金组织的研究也表明，从1990年以后发生的金融危机来看，基于模型的预警方法比非模型方法的准确性要高得多。

随着对金融风险研究的深入，金融危机预警的模型方法不断发展。在已有的金融危机预警研究成果当中,影响范围广、可操作性强且广泛得到认可的 3 种经典模型分别是:弗兰克尔(Frankel)和罗斯(Rose)于 1996 年提出的 FR 概率模型(Probit/Logit Model);萨克斯(Sachs)、托尼尔(Tornell)和韦拉斯科(Velasco)于 1996 年建立的横截面回归模型(STV 模型);卡明斯基(Kaminsky)、利松多(Lizondo)和莱因哈特(Reinhart)于 1998 年创建并经过卡明斯基于 1999 年完善的信号法模型(KLR 模型)。近年来,伴随着数量经济学的发展,金融风险预警模型借鉴了诸多数量经济的研究成果,预警模型方法不断改进与创新。例如,纳言(Nag)和米特拉(Mitra)于 1999 年使用人工神经网络建立金融风险预警机制;布莱赫尔(Blejer)和舒马赫(Schumacher)于 1998 年,科尼利厄斯(Comelius)于 2000 年根据 VaR(风险价值)计算方法来分析中央银行的清偿力和风险敞口。

下面着重介绍后两种现代金融风险预警模型。

(一)人工神经网络模型

人工神经网络(Artificial Neural Network,ANN)是近期发展最快的人工智能领域研究成果之一。它是一种平行分散处理模式,由多个神经元组成,其信息处理功能是由网络单元的输入输出特性、网络的拓扑结构(神经元的连接方式)所决定的。徐建峰、高会丽和胡燕京等人在 2002 年把人工神经网络模型应用于金融风险预警系统的构建,改进了传统的 BP 神经网络模型,验证了此方法在金融预警方面的可行性,然后对建立的风险预警 BP 神经网络模型进行训练检测,最终得出一个可行的预警模型。

人工神经网络与传统方法相比,在求解方式上是不同的。人工神经网络对问题的求解是利用"训练"来进行的,首先以同系列的输入例子和理想的输出为样本进行训练,根据一定的训练算法对网络进行足够的训练,使得人工神经网络能够学会包含在"解"中的基本原理,最后当训练完成,该模型便可以用来求解类似的问题。BP 神经网络模型采取的是误差反向传播模式,是最具代表性的神经网络模型,在应用方面也最为广泛。它的主要计算步骤如下:

(1)为了避免网络过早进入饱和状态,一般将连接权重设为比较小的随机数;

(2)选取一个模式输入网络,然后计算网络输出值;

(3)计算输出值与期望值的误差,然后利用反向传播的方式调整权重;

(4)对训练集中的每个模式重复上述过程,直到整体误差令人满意为止。

人工神经网络模型具有较好的模式识别能力,可以克服统计预警等方法的限制。因为它具有容错能力,对数据的分布要求不严格,具备处理资料遗漏或错误的能力。又由于它具有学习能力,可随时依据新准备的数据资料进行自我学习、训练,调整其内部的储存权重参数以应对多变的经济环境。但是,限于专业上的原因,人工神经网络模型还存在一定的不足,如控制收敛速度、学习因子的选择等。

(二)VaR 和压力测试法

VaR 就是在一定置信水平下资产在一定期间内的最大可能损失值。它可以把各种资产组合以及金融机构总体的市场风险具体化为一个简单的数值,让使用者能十分清楚地了解其资产在某段时间所面临的最大风险。布莱赫尔和舒马赫在模型中考虑了几个风险暴露因素,包括汇率的波动性、国际市场利率和国家风险。虽然他们没有使用数据来估计这个模型,但在模型中,应用于中央银行的方差—协方差 VaR 方法已被详尽地开发出来。因为中央银行对固定汇率的放弃根源于清偿力损失带来的脆弱性,用中央银行的清偿力作为危机指标的替代变量就很有说服力。因此,使用 VaR 方法度量的清偿力指标就很可能成为度量金融危机可能性的良好指标。近年来,VaR 方法被引入银行风险管理领域,在金融风险控制机构业绩评估以及金融监管等方面被广泛运用。目前,美国一些著名的商业银行和投资银行,甚至一些著名的非金融机构(如 IBM 公司)已采用 VaR 方法。

压力测试是假设市场在最不利的情况(如利率、汇率突然急升或股市突然重挫)下,分析其对资产组合的影响效果,将资产组合所面临的极端但可能发生的风险加以认定并量化。

实施一次具体的压力测试一般来讲有以下 6 个步骤:

(1) 确认资料的完整性、正确性及实时性;

(2) 建立压力情境事件;

(3) 定义各风险因子;

(4) 选择、执行压力测试的方法;

(5) 依照新压力情境重新进行资产组合的评估;

(6) 解释分析压力测试的结果。

其中,压力情境事件是指一些可能对银行的资产质量、盈利及资本充足性等产生重要影响的不利条件,它往往由金融机构通过分析历史上的不利事件产生,或由相关专家根据经验假设产生,如本国经济衰退、主要经济体经济衰退等。风险因子是对资产组合未来的收益会产生影响的变量。我国银行业常见的风险因子为违约概率(Probability Default,PD)、违约损失率(Loss Given Default,LGD)及违约风险暴露(Exposure at Default,EAD)3 个主要风险因子。进行压力测试的方法,大致可区分成以下方式进行:

(1) 敏感性分析。敏感性分析即单一因素分析,此方法的主要思想是通过改变模型中的某个或某组特定的风险因子来观测模型结果的变化,从而得知相应的资产的变化。

(2) 情景分析。情景分析即多因素分析,同时考虑多因素变化对资产质量的影响。资产组合的评估是指评估在这些不利的情况下银行的损失大小、盈利能力变化等,以衡量银行的稳健性和安全性。问题的关键在于确定这些不利情况下的情景参数(GDP 下降、利率上升、失业率上升、房价下跌、股指下跌等)和风险因子(PD、LGD、EAD 等)之间的联系,以及风险因子对资产组合价值、损失等的影响关系。

🔑习 题

1. 假设某金融机构的某笔贷款业务中,每贷出 1 元就能够获得 0.012 元的收益,若未预料到的违约率为 8%,违约发生时的预期损失率为 85%。请计算该贷款的 RAROC 率。若银行要求的股东回报率为 20%,银行会考虑该项贷款吗?请说明理由。

2. 假设某银行的资本是 100 亿元,它的经济资本的总量最大可以达 100 亿元,且该行设立两个事业部,分别为事业部 A、事业部 B。事业部 A 的 RAROC 是 10%,事业部 B 的 RAROC 为 25%。请分析该银行进行投资可以采取的不同配置方案有几种,并分别计算不同配置方案下,该银行整体的 RAROC 值。

第三章　商业银行风险管理

教学要点

知识要点	掌握程度	相关知识
商业银行风险的种类	掌握	信用风险、市场风险、操作风险、流动性风险
商业银行风险管理方法	重点掌握	风险分散、风险对冲、风险转移、风险规避、风险补偿
国际商业银行风险管理协约	重点掌握	巴塞尔协议
商业银行流动性含义	掌握	商业银行资产流动性、商业银行负债流动性
商业银行流动性储备	了解	资金来源、资金运用
商业银行流动性购买	重点掌握	窗口贴现、同业拆借、回购协议、发行大额可转让存单、欧洲货币存款与国外资金市场
商业银行操作风险的种类	掌握	英国银行家协会、巴塞尔委员会
商业银行操作风险的度量	重点掌握	基本指标法、标准化法、高级计量法

课前导读

　　随着 20 世纪 70 年代以来出现的金融自由化、全球化和金融创新的发展,商业银行因为资本金规模大、辐射力强、覆盖范围广,面临的不确定性和风险环境也日益复杂化。特别是我国市场经济体制还存在很多有待完善的地方,大量威胁银行体系安全的因素还未得到合理的解决,同时银行体系改革转型的过程也暴露出了很多问题。所有这些因素都直接威胁着我国银行体系甚至整个经济命脉的稳定。因此,风险管理对我国银行业进一步深化改革具有非常重大的意义。

　　学习本章,掌握商业银行风险管理的组织和流程;了解商业银行风险管理基本架构的重要性;运用所学的知识服务于国家的经济建设,勇于承担社会责任。

第一节　商业银行风险管理概述

一、商业银行风险的基本种类

商业银行风险根据表现形式不同可分为信用风险、市场风险、操作风险、流动性风险、国家风险、声誉风险、法律风险和战略风险等。

（一）信用风险

信用风险是指获得银行信用支持的债务人,由于种种原因不能或不愿遵照合同规定按时偿还债务而使银行遭受损失的可能性。信用风险是商业银行传统的主要风险,随着商业银行业务的扩张和日趋多样化,不仅与传统贷款有关的信用风险仍然是商业银行的一项重要风险,而且贴现、透支、信用证、同业拆借、证券包销、担保等业务中涉及的实际信用风险也是商业银行风险管理的重点。

（二）市场风险

市场风险是指因金融资产价格和商品价格波动而给商业银行表内头寸和表外头寸造成损失的风险。市场风险来源于所属的经济体系,具有明显的系统性风险特征,因此难以通过分散化投资完全消除。市场风险可以分为利率风险、汇率风险、股票价格风险和商品价格风险,其中利率风险按照来源不同可以分为重新定价风险、收益率曲线风险、基准风险和期权性风险。利率波动会直接导致金融资产价值变化,影响银行的安全性、流动性和效益性。因此,利率风险管理是我国银行市场风险管理的主要内容。

（三）操作风险

操作风险是指由不完善的或有问题的人员、系统、流程或外部事件所造成损失的风险。它主要有内部欺诈,外部欺诈,聘用员工方法和工作场所安全性有问题,客户、产品及业务操作有问题,实物资产损坏,业务中断和系统失灵,执行、交割及流程管理不完善等7种表现形式。操作风险具有非营利性、可转化性(可转化成市场和信用风险),故较难识别。

（四）流动性风险

流动性风险是指银行掌握的可用于即时支付的流动资产不足以满足支付需要,从而使银行丧失清偿能力的可能性。例如,如果商业银行的大批债权人同时要求兑现债权,银行就可能面临流动性风险。流动性风险的危险性较大,严重时甚至会导致商业银行破产倒闭。虽然流动性风险常常是商业银行破产倒闭的直接原因,但实际情况往往是其他各类风险长时间潜藏、积聚,最后以流动性风险的形式爆发出来。所以,对流动性风险的分析必须以对其他各类风险的分析为基础,从总体上考察商业银行的流动性风险。

(五)国家风险

国家风险是指商业银行与非本国居民在国际经贸与金融往来中,由于别国经济、政治和社会等方面的变化而遭受损失的可能性。国家风险是最复杂、最难以捉摸,也是最危险的风险之一。它的大小取决于借款国偿还外债的能力及意愿。

(六)声誉风险

声誉风险是指由于银行在操作上存在失误,违反有关法规,资产质量低下,不能支付到期债务,管理不善以及不能向公众提供高质量的金融服务等,因此对银行在声誉上造成的不良影响。声誉风险对银行损害极大,因为银行的业务性质要求它能够维持存款人、贷款人和整个市场对自己的信心。巴塞尔银行监管委员会将声誉风险列为商业银行必须妥善管理的八大风险之一。

(七)法律风险

法律风险是指当银行正常的业务经营与法律变化不相适应时,银行就面临不得不转变经营策略而导致损失的风险。银行要承受不同形式的法律风险,包括因不完善的、不正确的法律意见及文件而造成同预计情况相比资产价值下降或负债加大的风险。同时,现有法律可能无法解决与银行有关的法律问题;有关某一银行的判例可能对整个银行业务产生更广泛的影响,从而增加该行本身乃至其他银行或所有银行的成本。

(八)战略风险

战略风险是指经营决策错误、决策执行不当或对行业变化束手无策,对银行的收益或资本形成现实和长远的影响。战略风险在属性上更加普遍和宽泛。银行董事会和执行管理层所采取的战略决策都会对其他风险种类产生影响。如果银行战略的规划和执行出现无效或不当,飞速的技术变革、激烈的同业竞争都会进一步加剧银行所面临的各种风险。

综合上述分析,我们把商业银行风险分类归纳如图 3-1 所示。

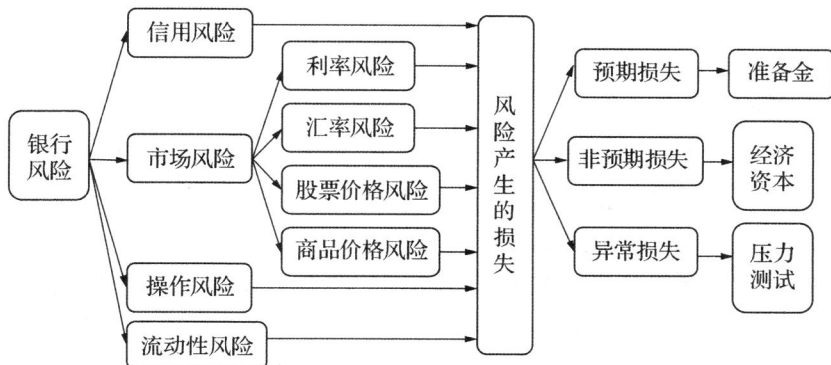

图 3-1　商业银行风险分类

二、商业银行风险管理方法

(一) 风险分散

风险分散又称风险组合,是指将许多类似的,但不会同时发生的风险集中起来考虑,从而使这一组合中发生风险损失的部分能够得到其他未发生损失部分的补偿。更确切地讲,风险分散是通过承担各种性质不同的风险,利用它们之间的相关程度,取得最优风险组合,使这些风险加总得出的总体风险水平最低,同时又可获得较高的风险收益。具体就商业银行而言,风险分散是指商业银行将资金分配于贷款和证券投资时,尽量把贷款和证券的种类分散,选择一些互相独立的,即相关系数极小的贷款与证券,避免集中于某种贷款或证券上。这样,由于各类资产在资产总额中只占一个极小的比重,其盈亏的波动就可以在一定程度上相互抵消,从而保证商业银行最终有一个比较稳定的收益水平。

分散策略主要包括以下几个方面:

(1) 资产种类分散。我国的商业银行应将资产分散在各类贷款和各类证券上。这样,银行的资产损失风险就不会集中在某一类贷款和证券上,从而避免某一类贷款或证券发生损失而引起全部资产损失的风险。

(2) 行业分散。商业银行应将资金投资于各行各业。这些行业既包括受经济技术因素影响风险较大但又正在发展的新兴行业,也包括发展比较稳定的衰退行业。将资金投资于不同的行业,银行就可把某一衰退行业所带来的损失用其他繁荣行业的投资收入来弥补。

(3) 地区分散。商业银行应将资金既投资于经济发达的地区,又投资于经济正在快速发展的地区和经济落后、极需开发的地区,或者把资金投资于全国乃至全球不同的地区。这样,银行就可以避免因某一地区经济萧条或自然灾害带来投资损失而引起全部投资因为高度集中导致加剧损失。

(4) 客户分散。商业银行进行资产投资应不分客户大小,将资金向不同规模、不同行业、不同地区的客户发放贷款等。这样,银行在投资中既可以从一些信誉好的客户中取得较高的收益,又可以避免因某些客户资金紧张、还款困难导致投资全部损失。

(二) 风险对冲

风险对冲是指商业银行通过进行一定的金融交易来对冲其面临的某种金融风险。银行所从事的不同金融交易的收益彼此之间呈负相关,当其中一种交易亏损时,另一种交易将获得盈利,从而实现盈亏相抵。

除了通过现货交易进行对冲外,金融衍生工具的创新为经济主体提供了对冲风险的有效手段。套期保值者通过在远期、期货市场上建立与现货市场相反的头寸,以冲抵现货市场价格波动的风险。换句话说,套期保值者可以采取与现货市场交易相反的方向进行远期、期货交易,将未来的价格固定下来,使未来价格变动的结果保持中性化,以达到保值的目的。远期利率协议、远期外汇交易、外汇期货、利率期货、股指期货、股票期货等金融衍生产品均可用于对冲汇率、利率及证券价格未来波动的风险。金融期权交易不仅可以用于套期保值,而且可以使期权买方获得可能出现的意外收益。另外,随着信用衍生工具的发展,风险对冲不仅可以用于对冲市场风险,也可以用于对冲信用风险。

(三) 风险转移

风险转移是一种事前的风险管理手段,是指在风险发生之前,通过各种交易活动,把可能发生的风险转移给其他人承担,避免自己承担风险损失。

风险转移与风险规避相比是一种更积极主动的风险控制手段,因为这种手段并不消灭风险源,只是改变风险承担的主体,即将风险全部转移出去,原风险主体不再承担任何风险导致的损失,却有可能保留风险带来的部分收益。风险转移实际上是一种交易,是一种风险的买卖活动,因此该过程是需要成本的,转让人需要支付给受让人一定的补偿,有时还需要付给中介人一定的费用。风险转移的结果是风险的转移方与被转移方都获得自己满意的风险—收益状态。

风险转移的方式主要包括以下几种:

(1) 担保。当客户的信誉程度较低时,商业银行应要求客户寻求担保人对其进行担保,由担保人对债务承担连带责任。通过这种方式,便可以将客户的信用风险转移给担保人。

(2) 保险。保险作为一种重要的风险转移方式,只要商业银行与保险公司签订合同,保险公司对商业银行承保,便可以把银行可能遭受的损失转移给保险公司承担。

(3) 转让。转让即风险主体将有风险的资产转让给其他人,从而所附带的风险也被相应地转移,达到控制风险的目的。尤其对于金融资产而言,转让是一种经常被使用的风险转移方式。

(4) 期货与期权交易。利用期货与期权交易达到风险转移的管理方式被广泛采用。但需要注意的是,期货与期权虽然有巨大的风险防范作用,但是这也只能转移风险,不能消除风险。特别是期权与期货是重要的投机工具,因此,它们都包含着巨大的潜在危机。

(5) 指数化。指数化基本上是一种针对市场风险的转移方式,是指利用市场中的经济变量的指数来调整价格和利益分配的一种方式。其中一个典型的例子是保值补贴存款。它根据通货膨胀率来制定保值补贴率,以此给一定期限内的定期存款的存款人以补偿,降低存款人所面临的通货膨胀风险。

(四) 风险规避

风险规避是指在风险发生之前，风险管理者应发现从事某种经营活动可能带来风险损失，因而有意识地采取规避措施，主动放弃或拒绝承担该风险。与风险转移相同，风险规避也是一种事前的风险控制手段。

选择规避风险还是承担风险是管理者风险决策的结果。风险规避是一种保守且较简单的风险控制手段。但是，在现代的经济社会中，风险丛生，一味地规避风险只能反映出管理者不思进取；而且，从经济成本的角度讲，规避风险意味着放弃了可能取得的风险收益，实际上就是一种损失。所以，我们应当认真地权衡收益与风险，只是对于极不安全或者得不偿失的风险才采取规避态度。具体地说，就是要在由风险所引起的损失与承担风险获得的收益不能抵消时，设法应用风险规避的手段；反之，则不要采取这种手段。

除了应对信用风险外，规避策略也可应用于汇率风险和利率风险等市场风险的管理。经济行为主体如果难以预期利率的变动趋势，就可以缩小利率敏感性缺口和持续期缺口，直到消除缺口，使自己面临的利率风险为零；经济行为主体还可以利用货币互换交易避免汇率风险，或者利率互换避免利率风险。

(五) 风险补偿

风险补偿是指风险主体利用资本、利润、抵押品拍卖收入等形式的资金，弥补其在某种风险中遭受的资产损失，使风险损失不会影响风险主体正常经营的进行，不会损害其形象与信誉。风险补偿是一种事后的风险控制，也是一种被动的风险控制。

建立商业银行信贷风险准备金提留制度是补偿的主要措施之一。风险准备金按信贷资金总额的一定比例从贷款收益中提留，某些风险性大的贷款项目按其贷款总额的一定比例提取。提取信贷风险准备金既要考虑企业的承受能力，又要兼顾准备金数量的要求，否则基金将不具备足够的抗御风险的能力。风险准备金主要用于弥补信贷资产损失。商业银行应设立专门管理机构，建立一套严密的财务、会计和审计制度，对准备金实行专户专项管理。

商业银行风险管理流程如图 3-2 所示。

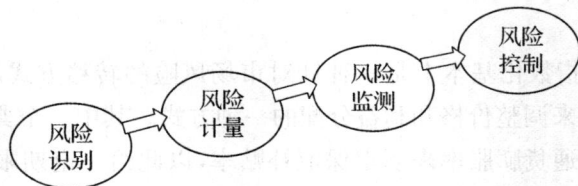

图 3-2 商业银行风险管理流程

第二节　国际商业银行风险管理协约——巴塞尔协议

一、巴塞尔协议Ⅰ

(一)《巴塞尔协议》产生的历史背景

《巴塞尔协议》产生于全球银行业经历重大变革的时期。从当时的国际金融形势来看,首先,银行业务的全球化与各国银行的激烈竞争,监管机构迫切要求有统一的标准来管理银行;其次,解决 20 世纪 80 年代初爆发的国际债务危机希望渺茫,要求各发达国家的银行必须联合行动;最后,新的融资工具和融资形式层出不穷,利率、汇率乃至国家风险越来越大,在这种情况下,银行面临的风险如何衡量与测算就需要有国际统一的标准。

1975 年 2 月,巴塞尔银行监管委员会(以下简称"巴塞尔委员会")成立,它为国际银行业发布监管原则和建议、讨论监管问题提供了舞台。1975 年 9 月,巴塞尔委员会颁布了第一个《巴塞尔协议》,即《对银行的外国机构的监管》。《巴塞尔协议》第一次规定了对跨国银行的监督责任,为国际银行业与国际金融市场的安全和稳定创造了基础。

1988 年 7 月,巴塞尔委员会正式颁布了《统一国际银行资本计量与资本标准的协议》(即《巴塞尔协议Ⅰ》)。最初制定该协议有两个重要目标:一是通过制定银行的资本与风险加权资产的比率,规定了资本充足率的计算方法和计算标准,以保障国际银行体系健康而稳定地运行;二是制定统一的标准,以消除国际金融市场上各国银行之间的不平等竞争。该协议第一次建立了一套完整的、国际通用的、以加权方式衡量表内与表外风险的资本充足率标准,界定了银行资本的组成,这对于推进全球银行监管的一致性和可操作性具有划时代的意义。

(二)《巴塞尔协议Ⅰ》的组成

《巴塞尔协议Ⅰ》就银行的资本与风险资产的比率,确定了国际认可的计算方法和计算标准,其内容主要由资本的组成、资产风险加权的计算、标准化比率的目标这几个部分组成。

1. 资本的组成

银行的资本组成分为核心资本和附属资本两部分。其中,核心资本又称一级资本,应占银行全部资本的 50% 以上;附属资本也称二级资本,其作为资本基础的第二档,不能超过核心资本。附属资本包括未公开储备、重估储备、普通准备金和普通呆账准备金、带有债务性质的资本工具、长期次级债务。巴塞尔委员会还明确了从一级资本和总资本中的扣除项。

2. 资产风险加权的计算

（1）表内项目。《巴塞尔协议Ⅰ》把表内项目的风险划分为4级，见表3-1。

表3-1　不同类别资产的风险权数

风险权数	资产类别
0	• 现金持有 • 经济合作与发展组织（Organization for Economic Co-operation and Development, OECD）国家中央政府的债权 • 以本国货币定值并以此币对中央政府和央行融通资金的债权
20%	• 应收现金 • OECD国家注册的银行及受监督的证券机构的债权 • 非OECD国家注册的银行余期在1年以内的债权 • 多边开发银行的债权 • 对非本国的OECD国家公共部门机构（不包括中央政府）的债权
50%	• 住宅抵押贷款
100%	• 对私人机构的债权 • 非OECD的国家注册的银行剩余期限大于1年的债权 • 不动产 • 厂房和设备

（2）表外项目。《巴塞尔协议Ⅰ》把表外项目的风险按"信用换算系数"划分为4级，见表3-2。

表3-2　不同类别资产的风险权数

风险权数	资产类别
0	• 期限为1年以内的，或者是可能在任何时候无条件取消的承诺
20%	• 短期的有自行清偿能力的与贸易有关的或有项目（如有优先索偿权的装运货物作抵押的跟单信用证）
50%	• 与交易相关的或有项目（如履约担保、投标担保、认股权证和为某些特别交易而开出的备用信用证） • 票据发行融通和循环包销便利 • 期限为1年以上的承诺（如正式的备用便利和信贷额度）
100%	• 直接信用代用工具（如一般负债保证和承兑） • 销售和回购协议以及有追索权的资产销售 • 远期资产购买，超远期存款和部分缴付款项的股票和代表承诺一定损失的证券

3. 标准化比率的目标

巴塞尔委员会提出了标准化比率的目标是资本与加权风险资产的比率为8%（其中核心资本成分至少为4%）。

二、巴塞尔协议Ⅱ

20世纪90年代以来,国际银行业的运行环境和监管环境发生了很大的变化,随着国际金融危机的爆发、扩散以及金融衍生产品的增多,要求监管机构对银行资本金的监管能够更好地反映银行的风险状况,银行和金融监管当局也需要更多的、可供选择的衡量资本充足的方法。这就要求巴塞尔委员会的资本充足框架具有更大的灵活性来适应金融体系的变化,以便更准确、更及时地反映银行经营活动中的实际风险水平及其需要配置的资本水平。

1999年,巴塞尔委员会公布了修改《巴塞尔协议Ⅱ》的框架性文件并开始征求意见,此后又在2001年和2003年发布了征求意见第二稿和第三稿。2004年6月,巴塞尔委员会正式通过《在国际上统一资本计量和资本标准:修订框架》,即《巴塞尔协议Ⅱ》的定稿。

《巴塞尔协议Ⅱ》全面继承以1988年《巴塞尔协议Ⅰ》为代表的一系列监管原则,继续延续以资本充足率为核心、以信用风险控制为重点,着手从单一的资本充足约束,转向突出强调银行风险监管。图3-3所示为《巴塞尔协议Ⅱ》的结构。

三大支柱									
1.最低资本金要求								2.监管部门的监督检查	3.市场约束
风险权重							资本的定义		
	信用风险		操作风险			市场风险			
标准法	内部评级法	资产证券化	基本指标法	标准法	高级计量法				

图3-3 《巴塞尔协议Ⅱ》的结构

《巴塞尔协议Ⅱ》的主要内容可以概括为三大支柱:最低资本金要求、外部监管和市场约束。

(一)第一支柱:最低资本金要求

《巴塞尔协议Ⅱ》在第一支柱中维持了原有资本的范围和计算方法,但强调的应用范围扩大到全面并表后的作为银行集团母公司的控股公司,通过并表的方式在最大限度上涵盖银行集团内部所有的银行业务和其他有关金融业务。如果所有或所控制的证券或金融实体不并表,所有对这些实体的股权和其他监管资本投资都必须从集团中扣除,这些实体在附属机构中的资本投资和资产也必须扣除。对于单笔超过银行资本总额15%的投资以及此类对非银行机构的投资总额超过银行资本规模60%的投资都要从银行资本中扣除。

《巴塞尔协议Ⅱ》考虑了信用风险、市场风险和操作风险,总资本的比率的分母由

3部分组成:所有信用风险加权资产,以及12.5倍的市场风险和操作风险的资本。

1.《巴塞尔协议Ⅱ》中两种信用风险的基本计量方法

(1)标准法。

标准法建议风险管理水平较低一些的银行使用外部评级结果来计量风险,计算银行资本充足率。与《巴塞尔协议Ⅰ》中的风险权数进行比较,它的主要进步是去掉了对于非OECD国家的歧视,采用按外部评级的高低进行加权,更为灵敏地反映银行的风险状况。标准法风险权数标准见表3-3。

表3-3 标准法风险权数标准

机构类别	AAA~AA⁻	A⁺~A⁻	BBB⁺~BBB⁻	BB⁺~B⁻	B⁻以下	未评级
主权(国家)评级	0	20%	50%	100%	150%	100%
银行类方法1	20%	50%	100%	100%	150%	100%
银行类方法2	20%	50%	50%	100%	150%	50%
公司评级	AAA~AA⁻	A⁺~A⁻	BBB⁺~BB⁻	BB⁻以下	未评级	
	20%	50%	100%	150%	100%	

(2)内部评级法。

巴塞尔委员会提出的内部评级法允许银行在评估资产组合的信用风险时,应用银行自己对借款人资信情况的评估,前提条件是,银行的评估方式和信息披露必须符合一系列严格标准,并获得监管当局的批准。其内部评级过程和标准也应当受到监管机构的监督。

在内部评级法下,商业银行必须根据其业务的风险特性,将银行的账面资产定义为公司类、债券类、银行类、零售类、项目融资类和股权类6类资产,由银行对每个借款人的资信情况进行评估,并将结果转换为对未来潜在损失量的估计值,以此构成确定最低资本要求的基础。内部评级法的基本体系结构如图3-4所示。

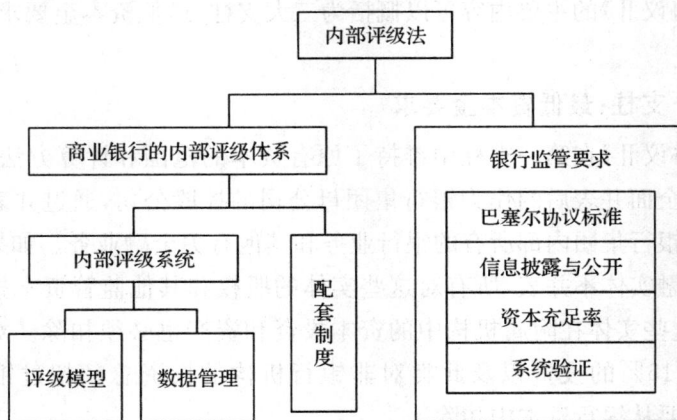

图3-4 内部评级法的基本体系结构

内部评级法的关键是如何根据内部评级系统确定 4 个风险要素,即违约概率、违约损失率、违约风险暴露和有效期限。它们是计算风险加权资产的重要参数。其关系如表 3-4 所示。

表 3-4 风险要素参数同风险加权资产的关系

资本充足率					
风险加权资产(RWA)				资本	
风险权重(RW)			各风险敞口资产	核心资本	附属资本
违约概率 (PD)	违约损失率 (LCD)	有效期限 (M)	违约风险暴露 (EAD)		

风险要素的测算和确定是整个内部评级法的重点,也是难点。它们的测算需要整个商业银行评级系统的协调和配合,包括数据的准备、模型的使用和开发,以及结果的验证和反馈等一系列复杂烦琐的工作,本书就不详细论述,只提供简要定义如下:

① 违约概率。违约概率是指未来一段时间内借款人发生违约的可能性。

② 违约损失率。违约损失率是指预期违约的损失占违约敞口的百分比。

③ 违约风险暴露。违约风险暴露(也可称为违约风险敞口)是指由于债务人的违约所导致的可能承受风险的信贷业务的余额。

④ 有效期限。巴塞尔委员会希望内部评级法对风险具有更高的敏感性,因此明确地把期限看作一项重要的风险因素。在其他风险因素不变的前提下,期限越短,风险就越小。

《巴塞尔协议Ⅱ》允许银行对公司类资产、主权类资产,以及银行类资产使用初级内部评级法和高级内部评级法两种方法。在初级内部评级法中,银行测算与每个借款人相关的违约概率,其他数值由监管部门提供。在高级内部评级法中,则允许内部资本配置方式较发达的银行自己测算其他必需的数值。无论在初级内部评级法中还是在高级内部评级法中,风险权数的范围都比标准法更加多样化,因而也更具有风险敏感性。初级内部评级法与高级内部评级法的区别如表 3-5 所示。

表 3-5 初级内部评级法和高级内部评级法

数 据	IRB 初级法(基础法)	IRB 高级法
违约概率(PD)	银行提供的估量值	银行提供的估量值
违约损失率(LGD)	委员会规定的监管指标	银行提供的估量值
违约风险暴露(EAD)	委员会规定的监管指标	银行提供的估量值
期限(M)	委员会规定的监管指标或者由各国监管当局自己决定允许采用银行提供的估计值(但不包括某些风险暴露)	银行提供的估计值(但不包括某些风险暴露)

2.《巴塞尔协议Ⅱ》中操作风险的基本计量方法

关于操作风险,巴塞尔委员会认为操作风险是指由不完善或有问题的内部程序、人员及系统或外部事件所造成损失的风险。为应对操作风险可能带来的损失,银行也要像对待信用风险那样,将操作风险的资本准备,列入资本监管的第一支柱,并保有相应的最低资本金,这是《巴塞尔协议Ⅱ》不同于旧协议的重要特点之一。对操作风险资本金的计算,《巴塞尔协议Ⅱ》提出了由简到繁的 3 种计算方式:基本指标法、标准法、内部计量法。银行要增加 12% 的资本作为操作风险的资本金配置,在使用内部计量法的情况下,可以相应减少一部分操作风险的资本金配置。

(二) 第二支柱:外部监管

巴塞尔委员会认为监督检查是最低资本规定和市场纪律的重要补充,具体包括以下几个方面。

1. 监督检查的四大原则

(1)原则一。银行应具备与其风险状况相适应的评估总量资本的一整套程序,以及维持资本水平的战略。

(2)原则二。应检查和评价银行内部资本充足率的评估情况及其战略,以及银行监测和确保满足监管资本比率的能力。若对最终结果不满足,监管当局应采取适当的监管措施。

(3)原则三。监管当局应希望银行的资本高于最低监管资本比率,并应有能力要求银行持有高于最低标准的资本。

(4)原则四。监管当局应争取及早干预从而避免银行的资本低于抵御风险所需的最低水平,如果资本得不到保护或恢复,则需迅速采取补救措施。

2. 检查各项最低标准的遵守情况

作为检查内容之一,对最低标准和资格条件的检查是第二支柱下监管检查的有机组成部分,监管当局必须确保上述条件自始至终得到满足。

3. 监管应查的其他内容包括监督检查的透明度以及对银行账簿利率风险的处理

《巴塞尔协议Ⅱ》更为强调各国监管当局结合本国银行业的实际风险对本国银行进行灵活的监管。由于不同国家的具体金融环境和金融体制存在较大差异,因此巴塞尔委员会开始强调各国监管机构承担更大的责任。例如,在《巴塞尔协议Ⅱ》中,各国监管当局可以根据各国的具体状况,自主确定不低于 8% 水平的最低资本充足率要求,同时许多风险衡量的水平和指标需要各国金融监管当局根据实际状况确定,而且金融监管当局还要能够有效地对银行内部的风险评估体系进行考察。这样,各国金融监管当局的重点,将从原来的单一的最低资本充足水平转向银行内部的风险评估体系的建设状况。

（三）第三支柱：市场约束

市场约束具有强化资本监管，帮助监管当局提高金融体系安全的潜在作用。因此，《巴塞尔协议Ⅱ》增加了有关信息披露的强制性规定和建议，并在 4 个领域制定了更为具体的定量及定性的内容，这 4 个领域包括适用范围、资本构成、风险暴露的评估和管理程序以及资本充足率。

《巴塞尔协议Ⅱ》认为银行应具有经董事会批准的信息披露政策，该政策应当阐述银行公开披露财务状况和经营状况的目的和战略；另外，银行还应该实施一定程序来评价其核心披露与补充披露的适当性，包括信息披露的频率（大型银行应按季度披露信息）。不经常披露信息的银行要公开解释其政策，监管当局还要对其做出反应，纠正问题。监管当局的反应力度，取决于不披露的性质、影响和期限长短。一般来讲，监管当局应对银行管理部门进行"道义劝说"、批评，严重的可以进行罚款。

三、巴塞尔协议Ⅲ

美国次贷危机的爆发和蔓延，暴露了金融市场的缺陷和金融监管的漏洞；作为国际银行业监管基础的《巴塞尔协议Ⅱ》，也因监管标准的顺周期性和监管要求的风险覆盖能力不足而面临实质性调整的需要。2008 年 4 月，金融稳定论坛（Financial Stability Forum，FSF）向七国集团（G7）财政部部长和中央银行行长提交的报告中指出"监管框架及其他政策措施存在问题，如《巴塞尔协议Ⅱ》框架等，也是金融机构风险敞口加大、过度涉险及流动性风险管理薄弱的因素之一"，并建议"强化对资本、流动性和风险管理的审慎监管"。在此背景下，为了进一步加强对银行部门的监管和风险管理，巴塞尔委员会以《巴塞尔协议Ⅱ》为基础，制定了一套全面的改革措施，即《巴塞尔协议Ⅲ》。

2010 年 9 月 12 日，巴塞尔委员会召开中央银行行长及监管当局负责人会议，就《巴塞尔协议Ⅲ》的基本框架达成一致。2010 年 11 月，二十国集团领导人首尔峰会正式通过了该框架。《巴塞尔协议Ⅲ》主要包括以下 3 个方面的内容。

（一）提高资本标准的要求

1. 重新定义资本框架

《巴塞尔协议Ⅲ》简化了资本框架的定义，重新突出了普通股、资本缓冲等的重要性。它对银行资本的重新定义具体表现在以下三个方面：

（1）银行的一级资本必须充分考虑在"持续经营资本"的基础上吸收亏损，其核心形式是普通股和留存收益，剔除少数股东权益、无形资产等项目；不满足普通股核心资本标准的资本工具，自 2013 年 1 月 1 日起将不计入普通股核心资本。

（2）银行的二级资本在银行破产清算资本的基础上吸收损失，并取消了二级资本结构中的所有子类别。

（3）银行的三级资本被废除，以确保市场风险要求下的资本质量与信贷和操作风险要求下的资本质量看齐。

具体而言,《巴塞尔协议Ⅲ》规定,截至2015年1月,最高亏损吸收资本形式由普通股构成的核心一级资本占银行风险资本的下限将从现行的2%提高至调整生效之后的4.5%;包括普通股和其他基于更严格标准的合格金融工具的一级资本,在同期内将从4%提高到6%。

2. 建立资本留存缓冲

《巴塞尔协议Ⅲ》规定,银行必须在最低资本充足率的基础上,建立总额不低于银行风险资产2.5%的资本留存缓冲(Capital Conservation Buffer)资金池,以满足扣除资本扣减项后的普通股要求。建立资本留存缓冲资金池的目的是确保银行维持缓冲资金以弥补银行在经济和金融处于压力时期的损失。当银行在经济或金融处于压力时期,资本充足率越接近监管最低要求,越要限制收益分配。这一框架将强化良好的银行监管目标并且解决共同行动的问题,从而阻止银行即使是在面对资本恶化的情况下仍然自主发放奖金和分配高额红利的(非理性的)分配行为。

3. 建立逆周期资本缓冲

根据经济环境,建立比率为0~2.5%的普通股或者是全部用来弥补损失的资本,也就是逆周期资本缓冲(Countercyclical Capital Buffer)。建立逆周期资本缓冲是为了达到保护银行部门承受过度信贷增长的宏观审慎目标。对任何国家来说,缓冲机制仅在信贷过度增长导致系统性风险累积的情况下才产生作用。逆周期资本缓冲一旦生效,将被作为资本留存缓冲的扩展加以推行。

(二) 对系统风险的关注和对杠杆率的限制

1. 对系统风险的关注

《巴塞尔协议Ⅲ》引入了"系统重要性银行"这一概念,并对对整个银行体系带来系统性风险的银行提出特别资本要求,使其具有超出一般标准的吸收亏损的能力。按照资产规模来看,资产规模在5 000亿美元以上的银行均可被归为此类。《巴塞尔协议Ⅲ》对系统重要性银行的附加资本充足率要求为1%,这一附加资本可以由非核心一级资本(即一级资本中普通股以外的部分)来承担。

2. 对杠杆率的限制

考虑以杠杆率指标作为最低资本要求的补充。杠杆率指标与资本充足率的主要差别是,杠杆率是风险加权的指标,资本充足率可以通过人为操纵来达到监管要求,而杠杆率对风险不敏感,较难操纵。因此,为了减少监管套利,《巴塞尔协议Ⅲ》在最低资本要求之上补充了一个基于风险中立的杠杆比率,这是一项逆周期措施,设定一级资本占非权重资产的杠杆比率下限为3%,以此降低银行的顺周期性,并于2013—2016年的过渡期内就该百分比进行测试。根据过渡期的测试结果,2017年上半年进行最终调整,并在合理评优和校准的基础上,从2018年1月起纳入《巴塞尔协议Ⅲ》的最低资本要求中。

（三）强化流动性监管

《巴塞尔协议Ⅲ》引入新的流动性监管指标：流动性覆盖率（Liquidity Coverage Ratio，LCR）和净稳定资金比率（Net Stable Funding Ratio，NSFR）（见表3-6）。流动性覆盖率指优质流动性资产储备与未来30日的资金净流出量之比，该比率的标准是不低于100％，2015年1月开始实施。引入这一指标的目的在于保证国际活跃银行具有长达30天的高质量流动资产，以应对短期机构性或系统性压力情景，同时可抵御银行批发性融资（包括担保融资）的大量流出。净稳定资金比率是指可用的稳定资金与业务所需的稳定资金之比，该比率应大于100％，目的在于促使银行在压力情景下进行更长期限的融资，减少对不稳定融资来源的依赖，2018年1月前开始实施。

表3-6　《巴塞尔协议Ⅲ》的流动性监管指标

项　目	流动性覆盖率	净稳定资金比率
监管目标	对短期流动性风险的监测	调整期限错配、稳定资金来源
分析基础	资产负债表	现金流量表
作用	保障银行基本的流动性	促进银行使用更长期的结构性资金来源以支持资产负债表内、外风险暴露和资本市场业务活动
目的	通过确保机构拥有足够的优质流动性资源来提高应对短期流动性风险的能力	通过让银行运行更加稳定、持久和结构化的融资渠道来提高其在较长时期内应对流动性风险的能力，防止银行在市场繁荣、流动性充裕时期过度依赖批发性融资
对应的压力场景	机构公众信用评级显著下降；储蓄的部分损失；无担保的批发资金的损失；担保资金头寸的显著增加；对衍生品交易提出追加抵押品要求；对契约型与非契约型的表外风险暴露提出高额提款要求	信用等级被调低；因风险造成的清偿或盈利能力下降；突发事件造成银行的声誉损失或者社会信任度下降

2012年6月，中国原银监会颁布《商业银行资本管理办法（试行）》，就商业银行风险监管标准提出了新的实施要求，以加强对银行业的风险监管，维护银行体系稳健运行。该办法自2013年1月1日起实施。根据《商业银行资本管理办法》的要求，我国商业银行的核心一级资本充足率比《巴塞尔协议Ⅲ》的标准高0.5％，系统重要性附加资本要求为1％，而《巴塞尔协议Ⅲ》并未做明确要求。总体而言，我国银保监会的要求比《巴塞尔协议Ⅲ》更严厉。《商业银行资本管理办法》实施后，若不能达到最低资本要求，将被视为严重违规和重大风险事件，银保监会将采取严厉的监管措施。

四、《巴塞尔协议Ⅲ》的修订

2017年12月，巴塞尔委员会公布了对《巴塞尔协议Ⅲ》的诸多修订改革，这一版本按照以前惯例,也被称为《巴塞尔协议Ⅳ》,但是要注意,《巴塞尔协议Ⅳ》目前并不是新的一套完整的监管框架,而是市场和业界对《巴塞尔协议Ⅲ》框架一系列重大修订和更新的非正式称呼。新版协议框架于 2022 年 1 月 1 日起执行。

《巴塞尔协议Ⅳ》着重提高标准风险权重资产(RWA)计算模型的稳健性,限制银行内部资本模型的使用范围,同时对杠杆率和最低资本要求有额外的修改。总的来说,监管的方向在于侧重标准资本计算模型,限制并规范银行内部模型。下面简单介绍其中三方面修订内容。

(一)最低资本要求

商业银行使用内部模型计算的风险加权资产(RWA)不能低于其标准化方法计算出的 RWA 的 72.5%,即银行最低资本要求需达到标准模型 RWA 的 72.5%。这一规定旨在确保使用内部模型的银行持有一定水平的最低资本,避免资本水平过低。72.5% 的比率从 2022 年 1 月 1 日起逐年增加,第一年的最低要求为 50%,第二年为55%,直至第六年(2027 年)达到 72.5%。

(二)信用风险中,标准法的修改

商业银行在计算风险敞口时,外部信用评级要重新定位。具体计算风险权重的差异如表 3-7 所示。

表 3-7　《巴塞尔协议Ⅳ》前后标准法中风险权重的计算对比

	《巴赛尔协议Ⅳ》之前的信用评级标准法	《巴赛尔协议Ⅳ》修订后的标准法
机构	评级:外部评级; 风险权重(RW):20%~150%	评级:a) 外部评级;b) 没有评级的风险敞口。 RW:a) 20%~150%;b) 50%~150%,三个评级 A,B,C
公司	评级:外部评级; RW:20% ~ 150%,没有评级则 100%	评级:管辖区域内 a) 允许外部评级;b) 不允许外部评级。 RW:a) 20% ~ 150%,如果未评级则100%,如果中小企业则 85%;b) 100%,如果是投资级别则 75%,如果中小企业则 85%
专业贷款	无	评级:a) 外部评级;b) 不允许外部评级。 RW:a) 同"公司"标准;b) 120%,如果是没有评级的服务、商品金融:100%,经营性项目融资;150%,项目前融资
零售	RW:75%,如果是中小企业,则乘以 0.7619(欧洲)	RW:75%,如果满足一定标准;100%,如果个人不满足一定标准
多边发展银行	评级:外部评级; RW:0%,或同"机构"	评级:外部。 RW:0%,满足一定的标准(如质量、流动性、期限);20%~150%,如果有评级;50%,如果没有评级

（三）资产证券化的修改

为了解决诸如对外部信用评级的过度依赖、缺乏风险敏感性、悬崖效应以及特定的风险敞口资本金不充足等问题，《巴塞尔协议Ⅳ》完善了资产证券化（Securitisations）框架，该框架已于 2018 年 1 月实施，具体见表 3-8。

表 3-8　资产证券化新的计算方法

对于资产证券化产品的监管资本的通用修改	如果是资产证券化，则采取 15% 的最低风险权重；如果是再证券化，则 100%。 多层级的模型，不同层级的风险权重从上到下逐步增加。 如果银行不能使用上面的模型，则使用一级资本扣减或 RW=1.25%
资产证券化（内部评级法）	按照监管要求来计算资产证券化资产池的资本金需求。 对于投资组合至少 95% 的比例来说，应该使用内部评级模型（IRB 模型）来估计 IRBA 参数
资产证券化（外部评级法）	根据资产证券化产品风险敞口的外部评级、清算顺序以及到期日的不同安排风险权重
资产证券化（标准法）	用一个监管公式来计算
隐含的修改	在大多数投资组合中，资本金需求增加了 在计算风险权重的时候增加了对数据的需求

第三节　商业银行的流动性风险

一、流动性的含义

商业银行的流动性，是指商业银行能够随时满足客户提存、贷款等需求的能力，包括资产流动性和负债流动性。在理解商业银行的流动性的时候，应当进一步明确以下几点：

（1）商业银行的流动性是获取可用资金的能力，它不仅包括现实的可用资金，也包括替代的可用资金；不仅涉及资产的流动性，也涉及负债的流动性。

（2）商业银行保有流动性的目的，不单单是满足客户的提存需求，同时也是满足客户的正当贷款需求。拒绝客户，尤其是基本客户的正当贷款需求，不仅会影响商业银行的利息收入及为客户提供多方位服务而带来的收入，而且会失去客户对商业银行的忠诚，进而影响商业银行未来的存贷款业务的增长。

（3）商业银行保有流动性要充分考虑到由此而形成的各类成本费用，要根据各种条件和经营状况，对各种流动性来源渠道做最经济的安排。

资产流动性是指商业银行持有的资产在不发生损失的情况下迅速变现的能力。传统的资产流动性资源主要包括现金和准备金、同业拆出、政府短期债券、商业票据、银行承兑汇票、资金回购、其他流动性资产等,如表 3－9 所示。

表 3－9　商业银行传统的资产流动性资源

项　目	说　明
现金和准备金	反映银行的现金状况,主要包括以下几个方面:① 多余收入;② 有多余代理行存款;③ 有应收未达票款;④ 存款下降少的准备金需求,其值等于存款下降额×(1－法定准备金需求率)
同业拆出	银行将超额准备金出售给其他银行,以增加收益。同业拆借(包括同业拆入和同业拆出),以一天为期,但容易续借
政府短期债券	这是今后广泛接受的流动性资源,具有以下几个特点:① 期限短;② 偿还风险小;③ 买卖活跃
商业票据、银行承兑汇票等	这是通过货币市场经纪人买卖的借款单位债务凭证,信用等级较高,在二级市场通常以折扣交易
资金回购	临时性买入政府债券和其他有价证券,同时以约定价格和时间卖出,买卖差价构成资金回购收益。资金回购实际上是银行向交易对方借出短期资金
其他流动性资产	这是符合以下条件的资产:① 到期期限和银行流动性需求一致;② 如果必要,银行可以很容易地减少这些资产规模

负债流动性是指商业银行能以较低的成本在市场上随时获得所需要的追加资金。商业银行传统的负债流动性资源包括再贷款(含再贴现和中央银行垫款)、同业拆入、大额可转让定期存单、欧洲货币和外国货币资源、证券回购、其他负债等,如表 3－10所示。

表 3－10　商业银行传统的负债流动性资源

项　目	说　明
再贷款(含再贴现和中央银行垫款)	中央银行向各类金融机构发放的短期贷款,其利率采用再贴现,对经常使用再贷款或使用太多再贷款的银行采取惩罚措施。申请再贴现或中央银行垫款需提供合格票据
同业拆入	买入其他银行的短期资金
大额可转让定期存单(CDs)	银行可以向拥有多余现金的公司发行大额可转让定期存单,在这种债务形式上银行通常提供高于市场利率的利率
欧洲货币和外国货币资源	许多银行可以在欧洲货币市场上以及外国资金市场上筹集资金。欧洲货币指存放在境外银行的货币。银行开展此项业务必须将有关风险控制在自己能够承受的范围内
证券回购	临时性卖出政府债券或其他有价证券,同时以约定时间和约定价格买回。证券回购实际上是银行向交易对方借入短期资金
其他负债	包括资本票据、不规范的银行承兑票据等。银行能否采取这种方式获取资金取决于:① 银行支付较高利率的能力;② 债权人对银行的信心

二、流动性风险的定义及其成因

（一）流动性风险

当商业银行没有足够的现金来满足客户取款、合理的贷款或者其他即时的现金需求时，就可能引发流动性风险。

商业银行的流动性风险有狭义和广义之分。前者是指商业银行没有足够的现金来满足客户取款的需求而产生的支付风险；后者除狭义内容之外，还包括商业银行的资金来源不足而未能满足客户合理的贷款需求或者其他即时的现金需求而引起的风险。如果一家商业银行面临流动性危机，它可能会失去许多潜在的盈利机会；如果流动性风险进一步加剧，这将引起客户在该银行大量提取存款（即挤兑），最终导致该银行的破产。

（二）流动性风险的成因

引起商业银行流动性风险的原因是多方面的，简略归纳为以下几点：

（1）"存短贷长"的资产负债结构引发的内在不稳定因素。

（2）客户投资行为的变化。

（3）突发性的存款大量流失。

（4）信用风险的影响。

（5）中央银行政策的影响。

（6）金融市场发育完备程度的影响。

（7）利率变动的影响。

三、度量流动性风险的财务比率

度量商业银行流动性风险的财务指标有很多，如现金比率、流动比率、存贷款比率、不良贷款率、核心存款与总资产比率、贷款总额与总资产比率、贷款总额与核心存款比率、流动资产与总资产比率、流动资产与易变负债比率、易变负债与总资产比率、存款增减变动额与存款平均余额比率、流动资产和可用头寸与未履约贷款承诺比率、证券市场价格与票面价格比率等。因为商业银行相关课程有详细介绍，本章就不再赘述。

四、流动性风险管理——流动性供给

流动性供给通常从流动性储备和流动性购买入手。前者要求银行必须保留一定的与预期流动性需要相匹配的现金资产或其他容易变现的资产，后者表明银行可以出售各种形式的债权来主动获得流动性，两者分别体现了流动性供给管理的资产和负债方式。

（一）流动性储备

资金池法是进行流动性储备的通常方法。商业银行将从各种渠道筹集来的资金汇集起来，然后按流动性的优先顺序分配资金运用，形成适当的资产组合。按照资金池法，商业银行常常优先满足一级储备，主要包括库存现金、同业存款、托收现金及在中央银行的储备存款等。一级储备构成了存款被提取的第一道防线，当客户提出非预期的贷款需求，而商业银行又觉得非贷不可的时候，一级储备是其考虑的首要流动性来源。其次，商业银行要安排好二级储备，主要包括其持有的短期政府债券和货币市场证券，二级储备构成了满足商业银行流动性需求的第二道防线。在满足一级储备和二级储备后，商业银行将剩余资金中的一部分用来发放符合质量要求的贷款，一部分用来购买长期有价证券。最后，作为固定资产投资，商业银行单独考虑，一般仅限于其资本量。除此以外，商业银行也可以根据不同资金来源的流动性、资金周转速度的快慢和法定准备金要求决定银行资产分配。如果资金来源是短期的并且是相对易变的，那么商业银行应将大部分资金投向一级储备、小部分资金投向二级储备或短期贷款。相反，如果大部分资金来源期限较长，其流动性较低，法定准备金要求也低，那么商业银行可将小部分资金用于一级、二级储备，大部分资金用于贷款和证券投资，如图 3-5 所示。

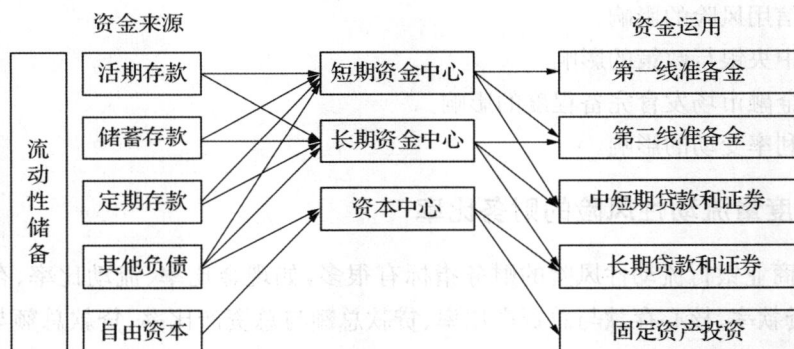

图 3-5　资产分配法示意图

（二）补充流动性的主要渠道

一般而言，流动性购买包括以下几个方面：

（1）窗口贴现。窗口贴现是商业银行获取短期资金的一种方法，通过向中央银行短期借款来调节银行的短期流动头寸，如临时性或季节性的流动性需求，但商业银行不能将该方法看成连续不断的资金来源。从市场方面来看，过度从中央银行借款会导致公众信心下降而引致提现加速，所以商业银行应该适度运用该方法。

（2）同业拆借。同业拆借主要用于弥补商业银行经营过程中因为某种突发因素或特殊因素所造成的临时流动性不足。它是一种允许储备不足的商业银行从存在临时闲置资金的其他银行买入短期资金，用以满足法定存款准备金及合格贷款需求的机制。

（3）回购协议。回购协议使商业银行可以用低风险的资产作为抵押来获取短期借款以满足即时流动性需求。其步骤是商业银行临时出售高质量、易流动的资产（如短期政府债券），同时根据协议，按预定价格或收益，在特定的未来日期购回原先出售的资产。

（4）发行大额可转让存单。可转让存单是一种表明承兑银行在特定的时间（通常是1个月至1年）按特定的利率支付存款资金的计息收据，面额较大，利率可固定也可浮动，具有高度流动性，在到期日前可以在二级市场上流通。

（5）欧洲货币存款与国外资金市场。欧洲货币市场在20世纪50年代起源于西欧，它的目的在于为主要跨国银行进行套期互换提供短期的流动性需要或者给最大的客户发放贷款。这种国际信贷期限从隔夜到一年不等，与海外分行间有活跃的二级市场，利率由国际市场决定。国外资金市场是银行在开放经济下通过本国以外的货币市场来筹集短期可用的流动性资金。一般而言，大银行能较方便地通过国外来源筹集到流动性资金，因为它们的声誉好，抵抗风险的能力强。

第四节　商业银行的操作风险

一、操作风险的定义与分类

与信用风险、市场风险相比，操作风险（Operational Risk）的概念还处于不断发展之中。对于操作风险，理论界尚缺乏统一、规范的定义，在实务中，金融机构对操作风险的理解也不尽相同。

国际上对操作风险的界定概括起来可分为狭义和广义两种。狭义的定义仅指存在于商业银行"运营"部门的操作风险，并将其界定为由于控制、系统及运营过程中的错误或疏忽而可能引致的潜在损失的风险。这些风险是商业银行可以控制的风险，但不包括外部事件。广义的定义是将操作风险定义为除市场风险与信用风险之外的一切金融风险。以下是两个具有代表性的定义：

（1）英国银行家协会（British Banker Association，BBA）从操作风险产生的来源角度对其所做的界定。

英国银行家协会把操作风险定义为"由于内部程序、人员、系统的不完善或失误，或外部事件造成直接或间接损失的风险"，它按照人的因素、流程、系统和外部事件等操作风险产生的4个主要来源对操作风险进行了界定，而且详细分了三级目录，非常方便操作风险的识别和计量，并能很清楚地从源头上进行控制。英国银行家协会关于操作风险的界定见表3-11。

表 3-11　英国银行家协会关于操作风险的界定

第一级:因素	第二级:定义	第三级:详细
人	雇员欺诈、犯罪	共谋犯罪;挪用客户资产;蓄意破坏银行声誉;洗钱;盗窃实物资产、知识产权;有预谋的欺骗;滥用授权;夸大交易量;市场操纵;影响价格不当行为
	越权行为、欺诈交易、操作失误	与未授权的对手进行交易;使用未授权的产品;超过限额;错误使用内部模型;超越交易规则;违法销售;忽视、缩减操作流程
	违反用工法	非法终止合同;歧视政策或差别对待;虐待员工;违反其他雇工法;违反健康与安全规定
	劳动力中断	罢工等劳工行动
	关键人员流失或缺失	关键人员流失;合适人员流失
流程	支付清算、传输风险,文件、合同风险	失败的、不适当的内部支付清算流程;和解失败的损失;证券支付的错误;超越权限;人员、系统处理资料能力不足;文件残缺;合同条款残缺;不合适合同条款;交易记录不全;模型风险;输入错误
	估价、定价风险,文件、合同风险	不适当的异常报告;会计记录错误,数据缺乏;风险管理报告不充分;不适当调整报告;财务报表不充分;税务报告不充分;股票交易、证券报告不充分;违反数据保护法、隐私保护法及相关法规
	执行策略风险	违反内部规章、流程;违反外部流程
	管理变动、出售风险	不适当的策略、计划建议;不合适的新产品流程;超出计划;产品选择不当;产品设计过于复杂;低水平的建议
系统	科技投资风险	不适当的体系
	系统开发和执行	战略风险(平台设计、供应商选择);业务需求的不当解释;与现有系统不兼容;硬件老化;软件老化;项目管理不当;超过时间、成本预算;程序设计错误;整合、移入、移出现有系统失败;系统与业务需求不符
	系统功能	功能规划缺乏;软件功能不全
	系统失败	网络失败;系统依赖风险;接口失败;硬件失败;软件失败;内部通信失败
	系统安全	外部系统安全;内部系统安全;计算机病毒;第三方程序欺诈

第一级：因素	第二级：定义	第三级：详细
外部事件	法律、公共责任	违反环境管理；违背信托、代理责任；法律解释；流言
	犯罪	外部欺诈、支票诈骗、伪造；客户开立账户诈骗；冒充银行分支机构；勒索；抢劫；洗钱；恐怖袭击；外部因素引起的业务中断；有形财产损失；纵火
	外部采购、供应商风险	供应商破产；违背职责；合同不当；违背服务协议；供应商交货风险；供应商、服务提供者的不当管理
	外部开发风险	为第三方提供外部开发风险
	灾难、基础设施	火灾；洪水；其他自然灾害；全国性灾难；交通事故；能源不足；外部通信中断；供水中断；建筑物
	政策调整	对于行业、国家政策的改变
	政治、政府风险	战争；财产征用；业务封锁；税制改革；法律上的其他变化

（2）巴塞尔委员会 2003 年在《巴塞尔协议Ⅱ》征询意见稿中提出的：操作风险是指由于不完善或失灵的内部程序、人员、系统和外部事件所导致的直接或间接损失的风险。

这个定义从操作风险损失事件出发，把操作风险损失事件分为内部欺诈，外部欺诈，就业政策和工作场所安全，客户、产品和业务操作，实体资产损坏，业务中断和系统失败，执行、交割及流程管理等 7 大类。这个定义的进步在于，既明确了操作风险的来源，又便于对操作风险建立统一的损失数据库标准进行量化管理，为操作风险分配资本金创造了条件。也就是说，这个定义既符合银行自身进行风险管理的需要，也满足了监管当局对操作风险进行监管的要求。正是基于此，这个定义已经被国际银行界普遍接受。巴塞尔委员会关于操作风险的详细界定见表 3－12。

表 3－12　巴塞尔委员会关于操作风险的详细界定

事件类型（1 级目录）	定　义	2 级目录
内部欺诈	故意骗取、盗用财产或违反监管规章、法律或公司政策导致的损失，此类事件至少涉及内部一方，但不包括性别、种族歧视事件	未经授权的活动；盗窃和欺诈
外部欺诈	第三方故意骗取、盗用财产或逃避法律导致的损失	盗窃和欺诈；系统安全性
就业政策和工作场所安全	违反就业、健康或安全方面的法律或协议，个人工伤赔付或者性别、种族歧视事件	劳资关系；安全性环境；性别及种族歧视事件

续　表

事件类型(1级目录)	定　义	2级目录
客户、产品和业务操作	因疏忽未对特定客户履行分内义务(如信托责任和适当性要求)或产品性质或设计缺陷导致的损失	披露和信任责任不良的业务或市场行为产品瑕疵
实体资产损坏	实体资产因自然灾害或其他事件丢失或毁坏导致的损失	灾害和其他事件
业务中断和系统失败	业务中断或系统失败导致的损失	系统
执行、交割及流程管理	交易处理或流程管理失败和因交易对手方及外部销售商关系导致的损失	交易认定,执行和维持监控与报告,招揽客户和文件记录个人、企业客户账户管理交易对手方外部销售商和供应商

二、操作风险的成因

操作风险形成和产生的原因较为复杂,从根本上说,来源无非是两个方面,即"人"与"物"。这里的"人"主要是指银行工作人员,包括董事会、管理层和基层业务人员。而"物"则是指银行业务的有形资产、计算机系统等软硬件设施以及技术等。下面将具体从 4 个方面对操作风险的成因加以讨论。

(一)金融腐败产生的操作风险

这里的金融腐败,主要是指银行内部人员利用银行业在地位、业务、资金配置等方面本身具有的优势,利用其提供的相对稀缺的金融服务向服务需求者设租和寻租的行为。可以把金融腐败看成一种行为,如业务员违规放贷,管理层失职、渎职,而这些行为无疑会增加商业银行产生操作风险的可能性甚至是必然性。

(二)道德风险产生操作风险

如果说金融腐败所产生的操作风险是在法律风险层次上进行讨论的,那么对道德风险所引起的操作风险,主要是就银行人员在道德风险层次上加以分析。道德风险的最为普遍的定义常见于信息经济学从委托—代理双方信息不对称的角度给其所下的定义:道德风险是指契约的甲方(通常是代理人)利用其拥有的信息优势采取契约的乙方(通常是委托人)所无法观测和监督的隐藏性行动或不行动,从而导致的(委托人)损失或(代理人)获利的可能性。对任何一个企业来说,在企业内部,道德风险的客观存在及其不易甄别导致了相应激励机制的设计。银行作为特殊的一种企业,道德风险的作用机制是相同的。事实上,在银行的操作风险中,道德风险分布于几乎所有的领域。因为只要有人的因素在内,就有道德风险的客观存在。众多的损失事件表明,道德风险的累积在很大程度上会导致银行内部控制的失效,从而增加了操作风险损失事件发生的概率。

（三）业务水平产生的操作风险

由业务水平不足所产生的操作风险就是指银行人员在业务操作过程中由于培训不足、业务不熟练、操作失误等给银行所带来的损失。除了经常性的小额损失之外，还有可能导致银行较大的风险暴露。

（四）技术水平产生的操作风险

科学技术改变了世界，也极大地影响到了银行业的生存和竞争方式。以计算机和通信技术为代表的第三次科技革命极大地改变了人们的生活方式，也深刻影响了世界银行业的格局，改变了商业银行的管理理念和运作方式。无论是数据存储、数据处理还是业务办理，现阶段的商业银行都大量使用和依赖科学技术特别是计算机技术。这样，一家商业银行是否具有足够强大的技术水平支持，就会对其各种业务有着重要的意义。这里的技术水平，泛指包括技术人员、技术设备、计算机硬件设施、系统和软件等一系列技术运用和支持水平。当银行的数据储存和备份、业务自动处理系统或者硬件设施出现故障时，技术水平所产生的操作风险也就产生了。

三、操作风险的度量

目前，对操作风险的管理还处于不成熟的阶段，正在从传统的定性分析为主向定量分析和定性分析相结合的现代风险管理模式过渡。操作风险的定性分析方法主要是各大银行根据自身对操作风险的认识而提出的方法，这里就不详细讨论了。

对风险进行量化管理是商业银行风险管理的趋势，市场风险、信用风险都已开发出成熟的度量模型。与之相比，操作风险的发生范围更广，损失资料更难以收集，因此操作风险的量化模型还远没有达成共识，正在讨论和发展之中。目前存在的操作风险度量方法主要是在《巴塞尔协议Ⅱ》的框架下。

（一）基本指标法

基本指标法又称单一指标法，是巴塞尔委员会确定的于初始阶段度量操作风险的方法。它不区分金融机构的经营范围和业务类型，只将单一的风险暴露指标与一个固定的百分比相乘得出监管资本要求。

该方法用总收入水平作为银行计量操作性风险的基础指标，总收入乘上一个比例指标来表示一个机构整体的操作风险水平。其计算公式为

$$KBIA = GI \times \beta \qquad (3-1)$$

式中，$KBIA$ 为基本指标法下的资本配置要求；GI 为前 3 年总收入的平均值，总收入为净利息收入加上非利息收入；β 为 17%～20%，该值由巴塞尔委员会设定。

基本指标法的优势在于方法简单，易于操作，几乎所有的商业银行都可以采用这

种方法计算操作风险。但是,简单易行的代价是资本要求对操作风险的敏感性下降,不能充分反映各金融机构的具体特点和资本要求。使用该方法计算出的资本要求一般较高,特别是由于各商业银行使用统一的 β 值,这样的话,对于具有不同风险特征和风险管理状况的商业银行来讲,它们每单位的总收入被要求配置相同的监管资本,无法实现监管与激励的相容。因此,巴塞尔委员会建议那些业务简单、规模较小的商业银行使用基本指标法,而对于业务复杂、规模庞大的跨国商业银行,巴塞尔委员会建议选用更高级的计量方法。

(二)标准化法

标准化法是基本指标法的一种改进方法,它与单一指标法的不同之处在于标准化法将金融机构的业务划分为 8 个业务类别:公司金融、交易和销售、零售银行业务、商业银行业务、支付与清算、代理服务、资产管理和零售经纪。在各业务类别中,总收入是一个广义指标,代表业务经营规模,因此也大致代表各业务类别的操作风险暴露。其计算公式为

$$KSA = \sum (GI_{1\sim 8} \times \beta_{1\sim 8}) \qquad (3-2)$$

式中,KSA 为用标准化法计算的资本要求;$GI_{1\sim 8}$ 为按标准化法的定义,8 个产品线中各产品线前 3 年的年均总收入;$\beta_{1\sim 8}$ 为由巴塞尔委员会设定的百分数,建立 8 个产品线中各产品线的总收入与资本要求之间的联系,β 值在巴塞尔委员会的文件附件中有具体列表,详见表 3-13。

表 3-13 各业务条线对应的 β 系数

业务条线	对应的 β 系数
公司金融(β_1)	18%
交易和销售(β_2)	18%
零售银行业务(β_3)	12%
商业银行业务(β_4)	15%
交付和清算(β_5)	18%
代理服务(β_6)	15%
资产管理(β_7)	12%
零售经纪(β_8)	12%
其他业务(β_9)	18%

与基本指标法相比,标准化法对业务类别进行了区分,反映了不同业务类别风险特征的差异(β_i 不同)。但是,标准化法没有对不同的风险类型加以区分。此外,与基

本指标法一样,该方法下监管资本的计算并不直接与损失数据相连,而且不能反映各个银行自身的操作风险损失特征,有较大的局限性。

标准化法适用于《巴塞尔协议Ⅱ》正式实施以前,那些还没有建立内部损失资料和不符合内部衡量法的银行。有些机构可能不愿收集所有业务类别的损失资料,特别是当前操作风险影响不大的业务种类,也可以采用比较简单的标准化法。但是,标准化法对风险不敏感,受评级机构的可信程度、信息的透明度、公司的治理状况的影响,而且不能促进银行操作风险管理的进一步发展。

(三) 高级计量法

高级计量法是变化比较大的一种方法。1999年6月颁布的《巴塞尔协议Ⅱ》提出的是内部衡量法。在2001年9月巴塞尔委员会的工作报告中,为了鼓励金融机构自行开发其他先进的计算方法,引入了更为广义的"高级衡量方法",取代原有的内部衡量方法,而内部衡量法只视为高级计量法的一种。现在的高级计量法指的是银行用定量和定性标准,通过内部操作风险计量系统来计算监管资本要求。在对高级计量法定量标准的规定中,巴塞尔委员会不规定用于操作风险计量和计算监管资本所需的具体方法和统计分布假设,但无论采用哪种方法,商业银行必须表明,操作风险计量方式符合与信用风险内部评级法相当的稳健标准。

随着衡量方法的发展,高级计量法可分为多种处理模式,如内部衡量法、损失分布法、极值法、记分卡法等。

1. 内部衡量法

内部衡量法是计量资本要求方法中对风险较为敏感的一种方法。在内部衡量法中,银行可以在服从于巴塞尔委员会规定的一系列定性和定量标准的条件下,建立起自己的内部风险计量体系。此方法主要通过导致损失发生的原因、事件和效果分析操作风险,而且更为细致地考虑了各个业务类别的操作风险类型差异。

$$风险资本 = \sum i \sum j [Y(i,j) \times EI(i,j) \times PE(i,j) \times LGE(i,j)]$$

$$(3-3)$$

式中,EI 为不同领域与不同风险类型组合的风险暴露指标;PE 为利用银行自己的内部数据计算的损失概率;LGE 为损失程度;Y 为将 i 类业务在 j 类风险事件下的预期损失转化成资本配置要求的转换因子;i 为业务种类;j 为风险类型。

这一方法鼓励银行根据本身的内部损失数据,通过建立适当的风险管理模型来计算应提取的操作风险资本金配置要求。具体来讲,《巴塞尔协议Ⅱ》草案中建议的计算资本金配置要求的步骤主要包括以下几点:

(1) 将银行业务划分为不同业务种类,并设定操作损失分类。

(2) 对每一业务种类与操作损失的组合设定风险指标 EI。

(3) 对每一业务种类与操作损失的组合,基于以往内部损失数据,设定参数 PE

及 LGE，$EI \times PE \times LGE$ 即为该组合的可预见损失 EL。

（4）对每一业务种类 i 与风险类型 j 的组合，监管机构设定一系数 Y，用以将计算得出的可预见损失转换为操作风险的资本金要求。

将所有业务种类与风险类型的组合所计算的资本金配置要求相加，即为银行的总操作风险资本要求。

2. 损失分布法

损失分布法的基本思路是以 VaR 为基础，给定一定的置信区间和持有期（通常是一年），银行根据自身情况，对业务类型和风险类型进行分类并收集内部数据，为每个业务类型和风险类型估计出两个可能性分布函数：其一，单一事件的影响（损失额度）；其二，次年事件发生的频率。然后，商业银行在这两项估计数据的基础上，计算出累计操作风险损失分布的概率。商业银行最终需要配置的操作风险资本要求就是所有业务种类和风险类型组合风险值的简单加总，VaR 直接度量了最大可能损失。

损失分布法是目前银行度量和管理操作风险的方法中相对复杂的一种，其运用主要涉及业务类型、风险暴露、风险观察期和 VaR 的综合运用。VaR 的核心是尽可能准确地描述金融时间序列的波动性，其计算主要关注 3 个方面的情况，即置信区间大小、持有期间长短以及未来资产组合价值的分布特征。

3. 极值法

极值法是一种崭新的方法，它不必要假设一个回报的初始分布，并且与传统的 VaR 计算方法都是考虑资产回报分布的全部不同，极值理论只考虑分布的尾部，这正是风险管理者所注重的，因为分布的尾部反映的是潜在的灾难性不可控事件导致的金融机构的重大损失。因此，把极值理论应用于银行操作风险量化分析不失为一种比较理想的方法。

极值理论在《巴塞尔协议 II》中没有提及，但由于其较好的实用性，在理论界和金融市场中得到认可。

4. 记分卡法

记分卡法是一种前沿的计算方法。该方法包括多项前瞻性的关于操作风险的数量指标，通过对这些指标的监测、度量和分析，金融机构能用这种方法来配置其他方法计算出的所需要的资本金。这种方法的优点在于能够对一线工作人员形成良好的正向激励，促使其积极管理操作风险。

但是记分卡法的有效性和可靠性完全取决于设计这种方法的专家，因为该方法所选取的指标和每项指标的权重都靠专家的经验来决定，有比较强的主观性和随意性，如果更换另外一批专家的话，就会有可能使整个方法的体系和结果都发生比较大的变化。

四、操作风险的管理过程

操作风险的管理过程是包含风险识别、风险评估和量化、风险控制、风险监控和风险报告5个部分的循环过程,如图3-6所示。

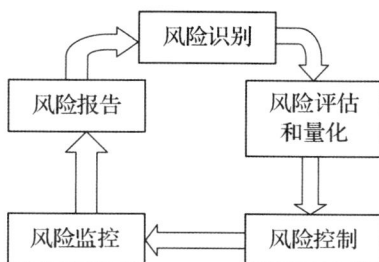

图3-6 操作风险的管理过程

其中风险识别、风险评估和量化、风险控制和风险监控4个部分已经在第二章做过详细说明,下面我们着重分析操作风险的第5个过程——风险报告,具体内容详见图3-7。

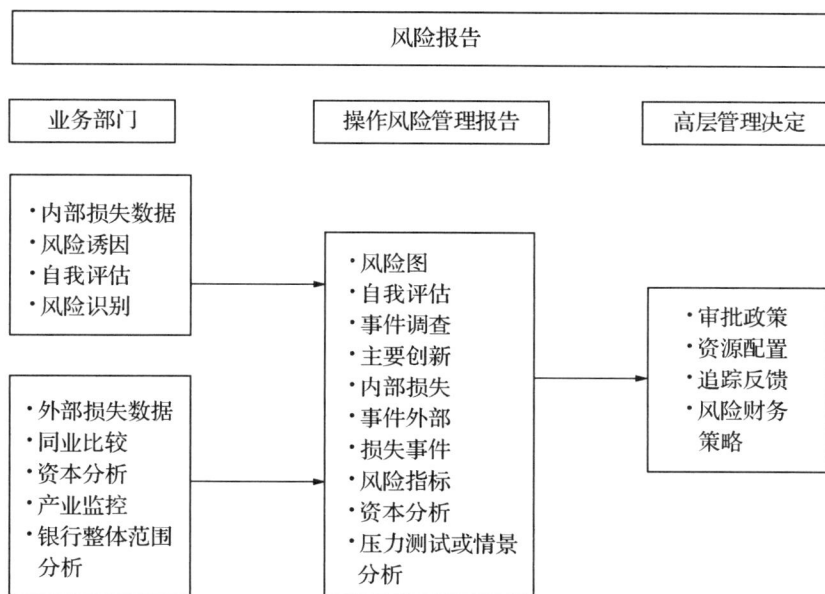

图3-7 操作风险报告流程

习 题

表 3-14 是某个商业银行的资产负债表，假设该银行没有表外业务。

表 3-14 某商业银行的资产负债表　　　　　　　单位:百万元

资　产		负债及所有者权益	
现金	10(0)	存款	490
政府债券	20(0)	次级债券	20
住房抵押贷款	300(50%)	普通股票	20
其他贷款	215(100%)	留存收益	15
资产总计	545	负债及所有者权益总计	545

请回答下列问题:

(1) 该银行的杠杆比率是多少?

(2) 该银行的核心资本与风险资产比率是多少?

(3) 该银行的总资本与资产比率是多少?

第四章 其他行业风险管理概述

教学要点

知识要点	掌握程度	相关知识
信托发展历程	了解	信托业务模式
金融信托业务关系	重点掌握	信托三方当事人之间的关系
金融信托风险管理	重点掌握	4个途径
金融租赁概念	重点掌握	租赁三方当事人之间的关系
金融租赁风险的评价	掌握	七大监管指标的规定
金融租赁风险的预警	了解	金融租赁公司风险识别预警指标体系
金融租赁保险	掌握	金融租赁保险的险种、金融租赁保险合同的内容
保险的概念	掌握	风险、风险管理与保险的关系
保险公司风险的形成机理	掌握	3种委托—代理关系、保险公司风险形成机理的3个层次
保险市场风险的识别	了解	经营性风险、人为性风险、环境性风险
保险市场风险的管理	掌握	宏观管理、中观管理、微观管理
资产证券化的概念	了解	广义和狭义含义
资产证券化的过程	掌握	ABS、ABS CDO
资产证券化的风险产生和管理方法	掌握	信用评级、资产证券化4种管理措施

课前导读

通过刻苦认真的学习,我们一方面要掌握对金融风险进行定量分析和对金融资产价格进行预测的方法,成为具备金融定量分析和复杂金融数据处理等能力,为政府、企事业单位提供适应金融科技发展和大数据需求的金融创新型、复合型、应用型专门人才;另一方面,我们要培养严谨求真的职业精神和矢志不渝、坚守底线的道德操守。金融专业的学生毕业后可能会进入银行、证券、保险、信托等金融机构工作,面临多种诱惑,所以我们要树立正确的人生价值观,以专业知识来提升服务意识和创新意识,促进职业责任感和使命感的养成。

第一节　金融信托

一、信托的发展历程

信托起源于英国,由于其具有特殊的制度功能而迅速被其他国家引进并得以壮大和发展,成为发达资本主义国家金融体系不可缺少的部分,与银行、保险、证券并称为现代四大金融支柱。信托公司所能开展的信托业务的范围是广泛的、种类是多样的,但由于不同的社会经济政治环境等因素,信托业务的主体模式呈现出多样性。例如,在英国,信托业以不动产信托业务为主;在美国,以有价证券信托业务为主;而在日本等缺乏信托传统的东亚国家,信托业务主要是金钱信托,也就是资金信托。目前,我国的信托业务主要集中在资金信托业务种类上。如表 4-1 所示。

表 4-1　信托业务的模式

英　国	美　国	日　本	中　国
以不动产信托业务为主	以有价证券信托业务为主	信托业务主要是金钱信托,也就是资金信托	主要集中在资金信托业务种类上

自 1979 年我国恢复金融信托业以来,信托业务已发展为机构数量最多、资产规模最大、从业人员最多的一类非银行金融机构,其曲折多变的发展历程一直延续到 2017 年。因为我国政府对信托牌照的限制,国内信托公司的数量从 2017 年开始一直稳定在了 68 家。这 68 家信托公司获得中国银保监会的批准,具有运营牌照。中国信托业协会发布数据:截至 2021 年,68 家信托公司注册资本总额 3 256 亿元,成为我国金融业务体系的重要组成部分,为整个国民经济持续、稳定和健康发展做出了积极的贡献。

2023 年 5 月 26 日,全国企业破产重整案件信息网发布裁判文书显示,重庆市第五中级人民法院认为,新华信托不能清偿到期债务,并且资产不足以清偿全部债务,符合宣告破产的法律规定。依照《中华人民共和国企业破产法》第二条第一款、第一百零七条规定,该院于 2023 年 5 月 26 日裁定宣告新华信托破产。至此,业内持牌信托机构也从之前的 68 家缩减至 67 家。新华信托成为我国自 2001 年《中华人民共和国信托法》(简称《信托法》)颁布之后首家宣告破产的信托公司。

中国现有的 67 家信托公司,其中的代表性公司有平安信托、上海信托、建信信托、华润信托、陕国投、建元信托、中信信托等。

二、金融信托业务风险的形成

(一) 金融信托的概念

信托,即信任委托,根据具体内容的不同可分为贸易信托和金融信托两种。贸易信托是以商品的代买代卖为主要内容的信托业务,而金融信托是以财产的管理和处理为主要内容的信托业务。金融信托具有融资性质,并将融资与融物相结合,融资与财产相结合。

本节研究的主要对象是金融信托风险。

金融信托是专门接受他人委托,代为经营、管理、收受和买卖有关货币资金及其他财产的一种特殊金融服务业务。金融信托具有灵活性、多样性和适应性的特点,因此与其他金融行业相比具有更大的风险。

(二) 金融信托业务关系

金融信托业务关系是一种所有权与经营权相分离的经济关系。它是以信用为基础的,具有多边性,较其他信用关系更为复杂。金融信托业务的经济关系涉及的当事人分别为委托人、受托人和受益人,他们之间相互完全信任是金融信托业务得以发生的最基本前提,因此,金融信托机构作为受托人,其自身具有的信任度就决定了其对于客户的吸引程度,从而决定了金融信托业务关系的成立。信托三方当事人之间的关系如图 4-1 所示。

图 4-1　信托三方当事人之间的关系

金融信托关系以法律的形式确定后,信托财产的所有权属于委托人,受益权属于受托人,而经营管理权属于受托人,使在信托财产和收益之间加入了第三者,导致经济法律关系更为复杂化,多了一道产生变化的可能。金融信托机构作为受托人处在委托人和受益人之间,除了要履行一般意义上的信用中介功能之外,还必须确保信托资产增值,这必然使其要承担更大的责任和义务,相应地要求其具有更为稳固的信任基础。

由此可见,金融信托业务是一种特殊而复杂的信用关系,客观上要求三方当事人都具有很高的信用,而这种要求本身就存在很大的不确定性。这种不确定性直接反映在每一项金融信托业务中,存在于金融信托机构的整个运作过程中,与金融市场的运行情况以及与微观经济环境和宏观经济环境紧密相关,同时它又受到社会、政治、文化、道德等诸多因素的影响。社会越是发展,关系就越复杂,这种潜在的不确定性就会越大,从而维护金融信托业务关系的难度也越大,风险自然就越大。

三、信托业务风险与银行负债业务风险的异同

(一)信托业务风险与银行负债业务风险的区别

作为"受人之托,代人理财"的信托业务,与传统信托公司所开展的银行负债业务相比,其风险承担机制是完全不同的。对于信托公司来说,债权人享受固定收益,并不承担信托公司经营所造成的任何损失和风险。当贷款难以及时或不能全部收回时,信托公司承担所有贷款经营风险。因此,在信托公司传统的银行负债业务中,信托公司承担了全部风险。

在真正的信托业务中,信托公司所承担的风险种类和风险范围是全然不同的。在信托合同的框架内,信托公司作为受托人代为管理和运用委托人委托的信托财产,并将获得的收益全部交付给委托人所指定的受益人。在信托业务中,信托公司只能按合同约定收取管理费,无权享有管理和运用信托财产所产生的收益,但也不承担除信托公司本身过失与责任之外的任何风险。因此,在真正的信托业务中,信托公司承担的风险一般是较小的。

在信托业务中,信托公司所承担的风险主要包括以下 3 个方面:

(1)在业务经营过程中,如果出现信托财产管理不当或过失的情况,信托公司将要承担赔偿责任,这将形成信托公司需要面临的第一风险。

(2)对某一信托业务来说,信托公司如果无法达到合同规定的预期收益,就有可能面临难以获取管理费的风险,这将使信托公司难以支付信托业务的管理成本。

(3)对某一信托公司来说,如果其管理的信托业务经营业绩普遍不佳,或部分信托业务经营业绩不佳,在市场信息充分的情况下,就有可能面临流失客户、丧失信托市场份额的风险。可以说,这样的风险对于信托公司的信托业务来说是非常致命的。

(二)信托业务风险与银行负债业务风险的共性

目前,我国信托业面临的较大问题是信托业务与银行业务趋同化,信托业务特色不突出。造成这种现状的主要原因一是社会经济、政治环境及体制;二是我国信托业发展时间较短,对于真正的信托业务认识不足、开拓不力。随着各方面条件的成熟,信托业将会迎来一个全新的发展时期。

目前,我国的信托业务主要集中在资金信托业务种类上,这也是我国信托业务在总体业务风险中具有银行业务风险共性的原因所在。该风险的共性主要表现在:信托资金在运用过程中具有与传统信托业务中的信托贷款、投资、融资租赁等金融业务所具有的同样性质的金融风险。所不同的是,这些金融风险由信托财产承担,而不再由信托公司直接承担,也就是由信托受益人和委托人承担。

在信托业务中,具体而言,受益人和委托人以信托财产所承担的风险主要包括以下 3 个方面:

（1）在信托公司经营过程中，客观环境因素的影响或经营管理水平所限，导致信托资金本金遭受损失所承担的财产损失风险。

（2）在信托公司经营过程中，客观环境因素的影响或经营管理水平所限，导致信托资金收益率低于同期银行存款利率或者其他投资收益率的机会成本而承担的收益风险。

（3）目前建立完善的信托产品流通市场还存在政策障碍，这使信托产品难以流通，使信托产品的投资人或拥有信托受益权的受益人无法对信托产品进行合理转让而造成的损失。

四、金融信托风险的表现形式

金融信托风险主要是指金融企业信托收益的不确定性或信托资产损失的可能性。可以说，金融信托风险是信托这一特殊经济活动的客观属性。一般来说，金融信托风险可以概括为经营风险、市场风险、道德风险、制度风险、政策性风险和其他风险，如图 4 - 2 所示。

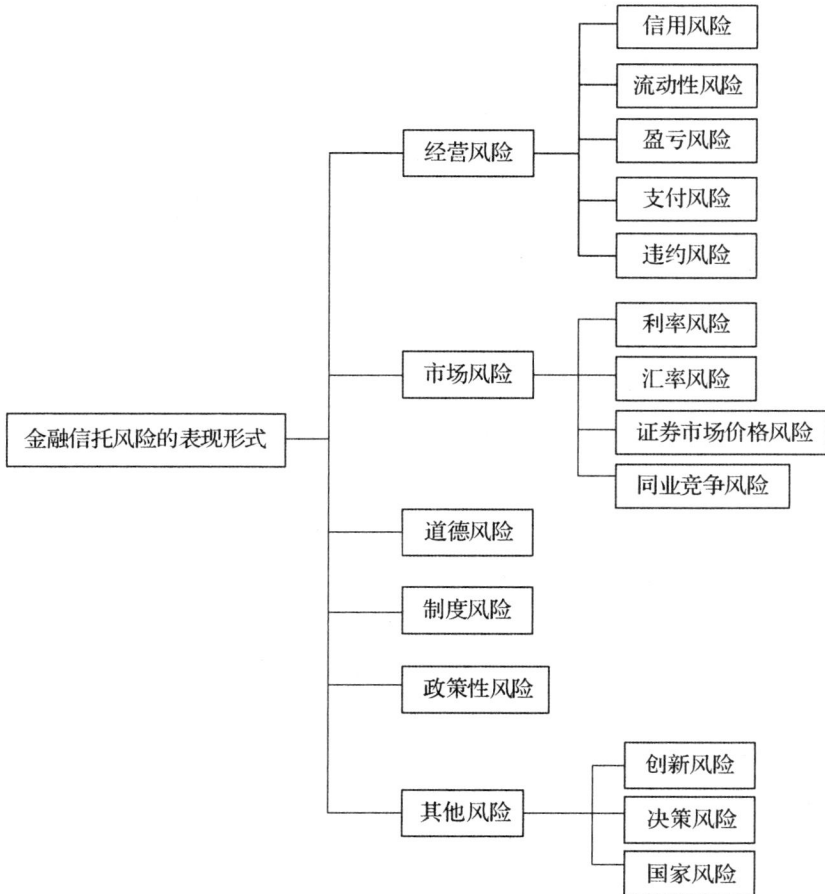

图 4 - 2 金融信托风险的表现形式

五、金融信托风险管理的途径

管理信托风险既有利于完善我国社会主义市场经济,深化金融体制改革,又有利于调整社会投资结构,避免整个社会投资风险。综合考虑各方面因素,风险的管理可从以下 4 个途径进行。

（一）完善信托法律制度

防范和控制信托业的风险必须以立法为先,目前我国的信托法律法规主要是"一法三规",即《中华人民共和国信托法》(2001 年)、《信托公司管理办法》(中国人民银行,2007 年)、《信托公司集合资金信托计划管理办法》(中国银监会,2009 年)和《信托公司净资本管理办法》(中国银监会,2010 年)。从法律上明确信托的定义、性质、经营方针和业务范围,信托机构设置条件和手续以及权利和义务等,规定委托人、受托人和受益人之间的经济利益关系,真正实现信托业与银行业的分业经营、分业管理,同时运用法律手段保障合法经营的权利,约束违章经营者的不正当行为,把守法、守信、稳健经营与开拓结合起来,走一条适应国家经济体制和增长方式转变要求的信托业稳健发展之路。

（二）积极开拓信托业务领域

目前,既要发展投资银行业务,又要充分发挥信托理财功能。例如,在我国推行信托基金、资产经营权信托等。信托业应从银行业务中解脱出来,利用自身在投资、融资、理财等方面的优势,真正发挥信托"受人之托,代人理财"的职能。

（三）健全信托业务的内部管理机制,提高科学管理化程度

一方面要健全组织体系;另一方面要强化资产负债管理。

要按照有效性、审慎性、全面性、及时性和独立性的原则建章建制,尽快形成一套权责分明、平稳制约、规章健全、运营有序的内部控制机制。另外,信托机构要制定一套完善的不良资产抢救措施,对已形成的不良资产做好摸底调查,分类排队,建立风险企业目录,并根据企业经营状况做出化解或补偿风险的计划,明确专人负责,实行层层领导责任制。采取合法、合理手段,剥离部分不良资产,减轻公司负重。

（四）加强信托业务外部监督机制

一是加强国家金融监督管理总局的监管机制,主要包括对信托机构的监管、对信托人员的监管以及对业务的监管。二是增强信托行业自律机制,主要包括个体自律和行业自律。个体自律是要求信托机构加强自身的战略管理、机制管理和操作管理,建立完善的业务操作规程和控制体系。行业自律要求信托同行之间加强沟通,建立健全行业标准,树立信托公司的对外形象,以提高信托业的整体绩效。三是引入委托人和受益人监督机制,加强委托人和受益人对受托人的监督。

第二节 金融租赁

目前,金融租赁已成为大量企业实现融资的一个很重要和有效的手段。在发达国家,它已经成为经济生活中非常重要的组成部分,金融租赁不仅是企业的融资工具,而且是一种促销手段、资产管理方式和特殊的金融产品。我国也逐渐形成了一个遍布全国、沟通海内外的金融租赁业务网络。

截至 2023 年年末,国家金融监督管理总局公布银行业金融机构法人名单显示,国内金融租赁公司合计达 70 家(含 3 家金融租赁专业子公司)。其中,资产规模在千亿元以上的金租公司共有 14 家,具体包括交银金租、国银金租、招银金租、工银金租、民生金租、华夏金租、建信金租、浦银金租、光大金租、兴业金租、江苏金租、华融金租、永赢金租、苏银金租。其中,作为金租行业龙头,交银金租在 2023 年 6 月末资产总额达 4 090.8 亿元,成为首家资产规模突破 4 000 亿元的金租公司,与第二名国银金租差距进一步拉开。

一、金融租赁的概念和特点

租赁即收费出租,也就是指出租人根据协议将物件交付给承租人使用,并在租赁期向承租人收取一定租金的商业行为。按照租赁的性质可分为金融租赁和经营租赁两种。本节研究的对象是金融租赁。

金融租赁也称融资租赁,是金融业发展过程中银行资本与工商业资本相互渗透与结合而成的产物,是一种通过契约将资金和设备紧密结合起来的资金融通方式。

金融租赁的本质是一种债权,欧洲金融租赁联合会对金融租赁的一般性定义是:"金融租赁是出租方和租赁方以书面形式达成协议,在一个特定的期限内,由出租方购买承租方选定的设备和设施,同时拥有设备和设施的所有权,而承租方拥有使用权。"

金融租赁是一种新型的融资方式,它具备现代租赁的各个特点,与传统的融资方式相比又具备其特殊之处,是一项相当复杂的系统工程。具体而言,金融租赁的特点如下:

(1) 金融租赁交易涉及三方当事人,即出租人、承租人和供货人,如图 4-3 和图 4-4 所示。出租人代承租人融通资金,向供货人购买承租人事先选定的设备,再租赁给承租人;供货人直接将设备运输给承租人,向出租人收取设备的购买货款;承租人

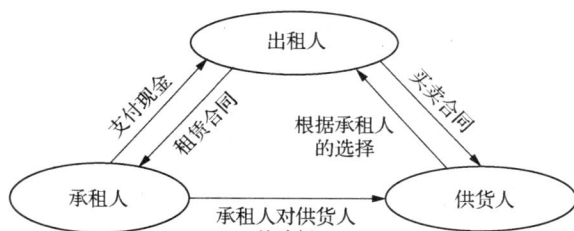

图 4-3 租赁三方当事人关系图 1

租用设备,向出租人支付租金。一般而言,银行等金融机构涉及的当事人多为两个。显然,金融租赁业务涉及的当事人较经营租赁多了一个,这无疑加大了金融租赁风险

的多样性。

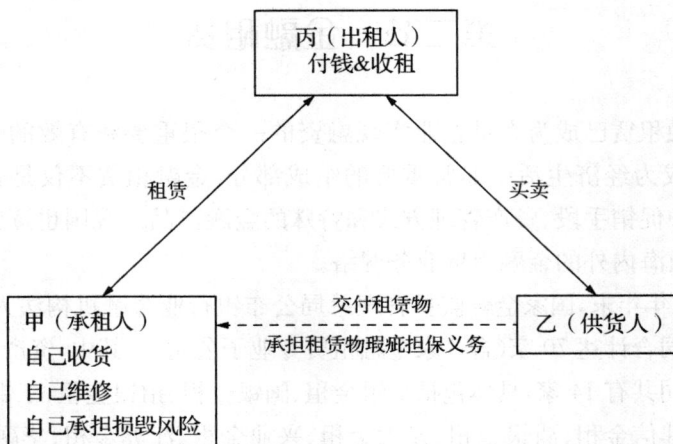

图4-4 租赁三方当事人关系图2

(2) 金融租赁需要订立两个或两个以上合约,一般包括租赁合约和供货合约,两者相互关联,同时订立。特别地,在国际转租赁交易中会涉及4个以上合约。

(3) 承租人具有选择设备的供货人的权利和责任。承租人一般预先选定供货人和需要的设备,然后出租人购买设备,交予承租人使用。但出于各方面考虑,出租人也可提出建议,供承租人选择。

(4) 金融租赁合约一旦签订生效,双方就必须按照合约执行,任何一方不可单方面随意终止合约。

(5) 租赁期内,设备(租赁物)的所有权属于出租人,设备的使用权属于承租人。但设备的保养、维护、保管等都由承租人负担,出租人不予负责。

(6) 灵活的租金支付方式。承租人可以与出租人协商确定租期及租金支付形式等。

(7) 租赁期满后,承租人对于租赁物一般具有3种选择权:留购、续租和退回。承租人可以预先在租赁合约中说明,也可以在租赁期满后与出租人协定。

二、金融租赁风险的产生

金融租赁的风险是指各种不确定或不可知的因素导致融资租赁行为过程中断,从而使任何一方当事人的利益不能实现预期或者存在受到损失的可能性。金融租赁是一种新兴风险业务,它的特点有一次性投资金额大、租赁周期长、投资回报期内不可预测因素多等。由于存在诸多不确定因素,金融租赁业务运作过程中,随时都会出现妨碍或者中断融资租赁行为的各种风险。与银行等其他金融机构相比,金融租赁的风险更大,不确定因素更多,形式更具多样化等。

金融租赁过程中租赁物的所有权和使用权处于分离状态以及租赁三方当事人利益的差异是金融租赁风险产生的客观条件。在融资租赁业务的运作过程中,租赁物的所有权属于出租人,而其使用权属于承租人。出租人融资购进租赁物是为了获得租金;承租人实施租赁行为的目的是希望以更低的成本来实现自身的经营成果;供货人则是希望通过这种方式销售更多的产品(租赁物),从而获取更多的收入。三方当事人的利益是紧密联系的,其间任何一方出现问题或者无法履行职责都会导致租赁业务无法顺利进行,都会使他方利益受到损失,从而导致租赁风险的产生。

除此之外,金融租赁业务本身广泛涉及金融、法律、国际贸易、交通运输、保险、物资供给以及业务经营管理等诸多领域,并且受到诸如自然环境等不可抗力因素的影响,所有这些因素都将导致金融租赁风险的产生。

三、金融租赁风险的构成

风险根据其性质可分为机遇性风险和纯粹风险。机遇性风险是指那些既有可能损失又有可能获利的风险。纯粹风险是指那些只有可能损失而不可能获利的风险。金融租赁风险一般可以分为经营性风险、信用风险、利率风险、汇率风险、技术落后风险、政治风险、法律风险、税务风险、自然灾害风险。其中,自然灾害风险就属于纯粹风险,如图 4-5 所示。

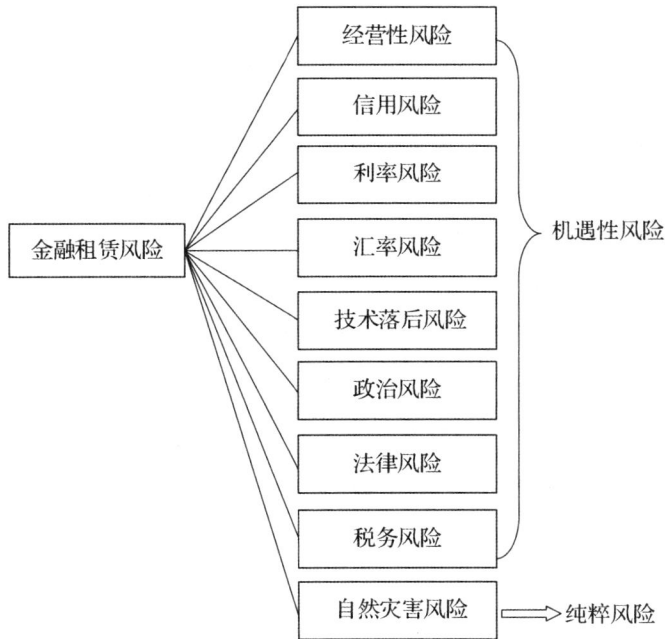

图 4-5　金融租赁风险

下面以复利等额年金法中的"后付租金"方法为例来说明利率变动对金融租赁产品资本化价值的影响,进而影响到金融租赁机构的收益率。

设每一租赁设备的概算成本为 PV,分 n 期偿付租金,每期利率为 i,未来各租期内的租金均为 R,租赁期满后无残值,则"后付租金"的每期年金为

$$R = PV \left/ \left[\frac{1-(1+i)^{-n}}{i} \right] \right. \tag{4-1}$$

式中,括号内的数值称为"年金现值系数"。

从而得出租赁设备概算成本的资本化价值为

$$PV = R \left[\frac{1-(1+i)^{-n}}{i} \right] \tag{4-2}$$

如果计算租金时利率为 5%,合同签订好后,假定利率调整为 3% 或 7%,那么该项租金的资本化价值和年金会发生什么变化呢? 从表 4-2 中的数据可以看出利率波动的影响。

表 4-2 每 1 元概算成本的年金和资本化价值

假设期数	按 5% 利率计算租金			如果利率上升至 7%		如果利率下降至 3%	
	年金系数	每期租金	资本化价值	每期年金	资本化价值	每期年金	资本化价值
4	3.546	0.282 0	1	0.282 0	0.955 2	0.282 0	1.048 2
5	4.329	0.231 0	1	0.231 0	0.947 1	0.231 0	1.057 9
6	5.076	0.197 0	1	0.197 0	0.939 0	0.197 0	1.067 2
7	5.786	0.172 8	1	0.172 8	0.931 3	0.172 8	1.076 6

表 4-2 中的数据明确说明,利率对租赁资产的资本化价值产生很大影响。目前,金融租赁业务中一般采取固定利率的方式,出租人根据租赁物的价格、融资成本和当前的市场利率来确定租金,一旦确定一般不做改变,以后就按照约定向承租人收取固定租金。因此,如果金融市场利率波动频繁,那么必然会引起融资成本的相应变动。当利率上升时,融资成本增加,租赁资产的资本化价值下降,导致金融租赁机构收益下降;当利率下降时,租赁资产的资本化价值会上升,会相应地增加公司潜在的资本需求,但是承租人仍将按照规定支付固定租金,无法享受到利率下降所带来的优惠。另外,租赁期越长,利率变动对租赁资产资本化价值的影响也越大。

四、金融租赁风险的评价和预警

根据中国银监会 2014 年 3 月颁布的《金融租赁公司管理办法》,金融租赁公司应当遵守七大监管指标的规定。

(1)资本充足率。金融租赁公司资本净额与风险加权资产的比例不得低于银监会的最低监管要求。

(2)单一客户融资集中度。金融租赁公司对单一承租人的全部融资租赁余额不得超过资本净额的 30%。

(3)单一集团客户融资集中度。金融租赁公司对单一集团的全部融资租赁业务余额不得超过资本净额的 50%。

（4）单一客户关联度。金融租赁公司对一个关联方的全部融资租赁业务余额不得超过资本净额的 30%。

（5）全部关联度。金融租赁公司对全部关联方的全部融资租赁业务余额不得超过资本净额的 50%。

（6）单一股东关联度。对单一股东及其全部关联方的融资余额不得超过该股东在金融租赁公司的出资额，且应同时满足本办法对单一客户关联度的规定。

（7）同业拆借比例。金融租赁公司同业拆入资金余额不得超过资本净额的 100%。

以上这七大监管指标可以在一定程度上反映公司的金融租赁风险，但是也不尽完全。金融租赁公司还应当建立一套完备的风险识别指标体系，使金融租赁风险能够得到更加量化的体现。金融租赁公司风险识别预警指标体系如图 4-6 所示。

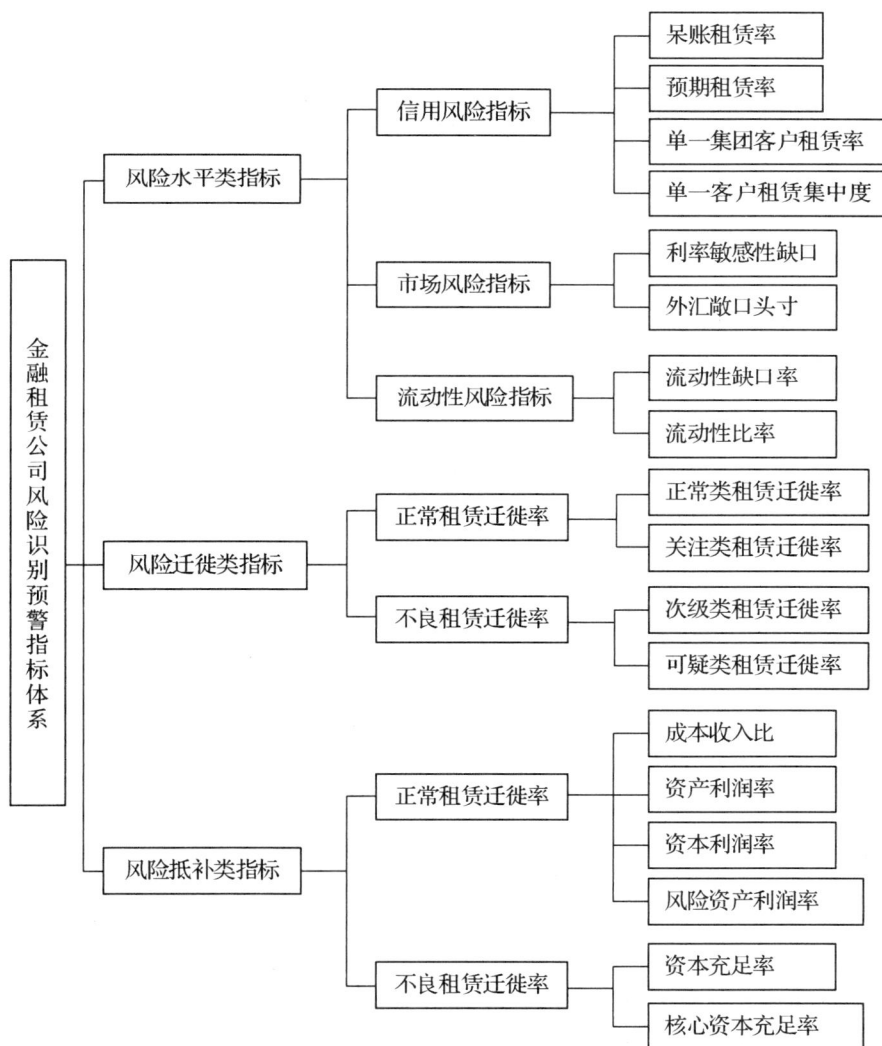

图 4-6 金融租赁公司风险识别预警指标体系

五、金融租赁保险

(一)金融租赁保险概述

金融租赁保险是对金融租赁标的物在运输、装卸、存储、安装、调试及在租赁期内标的物使用过程中可能遭受的损失进行经济补偿的一种有效措施。在金融租赁交易中,实际的投保人一般为承租人,如果出租人按照到岸价(CIF)提供租赁标的物,那么运输过程中的保险由出租人或者供货人投保,但其保险费作为一种租赁成本由出租人以租金方式承担。

金融租赁保险是金融租赁交易顺利开展的一项重要保障。金融租赁中存在的诸多风险是金融租赁保险产生的前提条件。但金融租赁交易中的风险各不相同,金融租赁保险并不能对所有风险进行承保,仅能承保其中的一部分风险,同时需要综合考虑各方面因素。

(二)金融租赁保险的险种

金融租赁保险主要可分为租赁物的运输保险和租赁期内租赁物的保险两种,如图 4-7 所示。

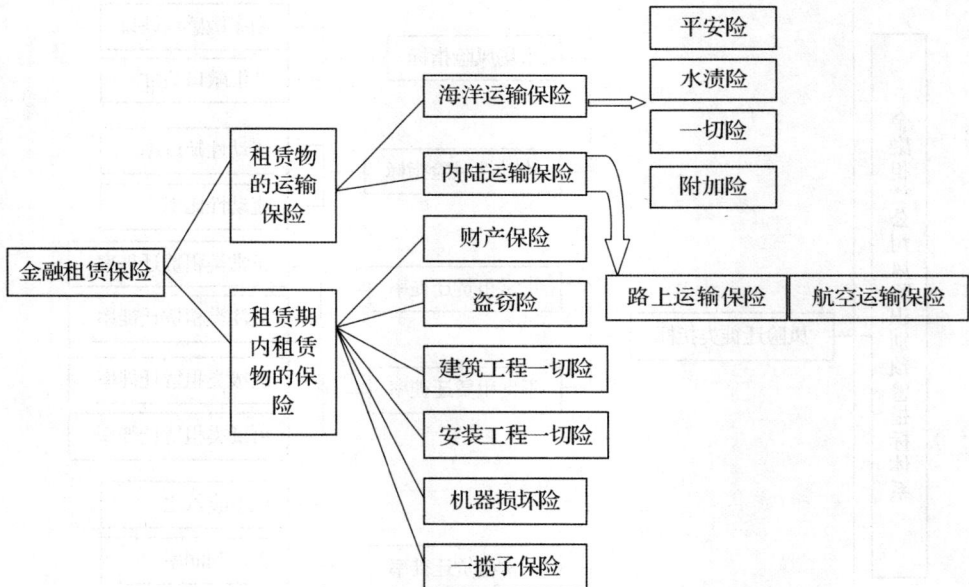

图 4-7　金融租赁保险的险种

按照租赁物的不同运输方式,租赁物的运输保险又可分为海洋运输保险和内陆运输保险。

海洋运输保险条款一般由保险公司自行制定。海洋运输保险包括平安险、水渍险和一切险 3 种基本险,另外还有附加险。

(1)平安险。平安险承保因自然灾害和意外事故引起的全部损失,另外再加上船舶搁浅触礁、沉没、碰撞、火灾、爆炸等因素引起的部分损失。

（2）水渍险。水渍险包括平安险，并负责保险标的物因恶劣气候等自然灾害因素而造成的部分损失。水渍险的责任范围比平安险的责任范围大，但是注意，水渍险不负责锈损、碰损、破碎及散装货物的部分损失。这种险主要适用于不易损坏的货物，如板、旧货物等。

（3）一切险。一切险不仅包括平安险和水渍险的各项责任，而且包括在海运时因各种外来因素对保险标的物造成全部损失或者部分损失的赔偿责任。一切险提供最充分的保障，因此进出口货物一般都投保一切险。一切险并非承保一切的风险，承保范围不包括由于货物本身特性或政治风险造成的损失。

（4）附加险。在投保了基本险后，还可以根据需要协商加保附加险，但它不能单独投保。

内陆运输保险包括陆上运输保险和航空运输保险。其基本保险责任与运输工具有关，承保范围包括运输过程中由自然灾害或意外事故造成的租赁物的损失，同时包括淡水雨淋、破碎、渗漏、偷窃、提货不着、包装破碎等附加险。具体地说，内陆运输保险主要有陆上运输险、陆上租赁物件运输一切险、陆上运输租赁物件战争险、航空租赁物件运输险、航空租赁物件战争险。

租赁期内租赁物的保险是以金融租赁物件本身为保险标的物的保险。特别是，在租赁期内租赁物的保险由承租人投保，保险收益权却属于出租人。该种保险主要包括财产保险、盗窃险、建筑工程一切险、安装工程一切险、机器损坏险、一揽子保险。

（三）金融租赁保险的合同

金融租赁保险合约是经济合同的一种，它明确规定了投保人（主要指出租人或承租人）和保险人各自的权利和应尽的责任。投保人向保险公司交付保险费，保险公司则按照合同规定，对投保人承担经济补偿责任。金融租赁保险合同主要包括保险标的、保险金额、保险责任和除外责任、保险费和保险期限等内容，如图4-8所示。

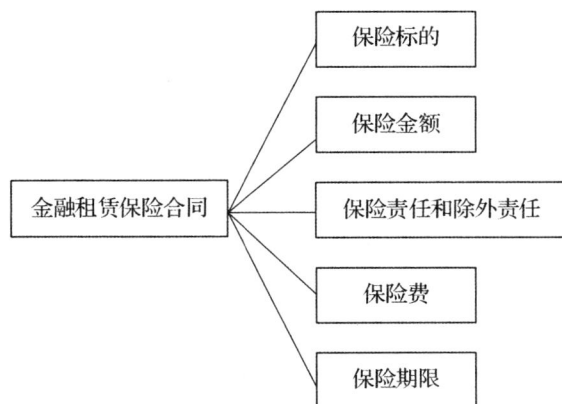

图4-8　金融租赁保险合同的内容

第三节 保 险

一、保险的概念

从经济学意义上来说,保险是指保险经营者在进行精确合理计算的基础上,以合同的方式,将多数经济主体的资金集中并建立保险基金,同时签订保险合同规定双方当事人的权利义务,如果遭遇合约规定的灾害事故而导致损失或人身伤亡,则给予经济补偿或者给付,从而分散社会经济与经营风险,保障社会经济生活稳定的一种经济行为与经济补偿制度。

正确地把握保险的含义,应该从以下几点加以理解:

(1)保险是一种集合包括单位或个人多数经济主体的力量共同抵御风险的行为,它是通过集中众多投保人所缴纳的保险费来补偿某一投保人风险损失的社会保障机制。从本质上来说,保险反映的是社会经济主体之间的互助合作关系和利益分配关系。

(2)保险的目的是分散和防范风险,保障经济的稳定和人民生活的安定。

(3)保险种类的设计及费率的确定等不能根据主观经验,必须经过科学合理的计算得出。

(4)保险人是经济补偿和保险金给付的承担者,以保费为主体而建立的专用基金是保险理赔的保证条件。

二、风险、风险管理与保险的关系

准确理解风险、风险管理与保险三者之间的关系,应该把握以下几点:

(1)保险是处理风险的一种方法,是社会风险管理体系的重要组成部分。

(2)风险管理意识在一定程度上是在保险意识的基础上增强起来的,风险管理源于保险,但其范围大于保险。

(3)保险业的发展极大地丰富与完善了风险管理体系。

三、保险公司风险的形成机理

在签订合约前后,掌握信息相对较少的市场参与者称为委托人,掌握信息相对较多的市场参与者称为代理人。根据此定义,在保险公司的经营活动中可以概括出以下3种委托—代理关系:业务人员与客户;经理与业务人员;股东与经理。

根据上面分析,保险公司风险的形成机理可以分为以下3个层次:

(1)由行为人的有限理性和外部的不确定性造成的决策风险。

(2)由信息不对称造成的逆向选择和道德风险。

（3）我国保险公司特有的委托人虚置致使第一、第二类风险加大，如图4-9所示。

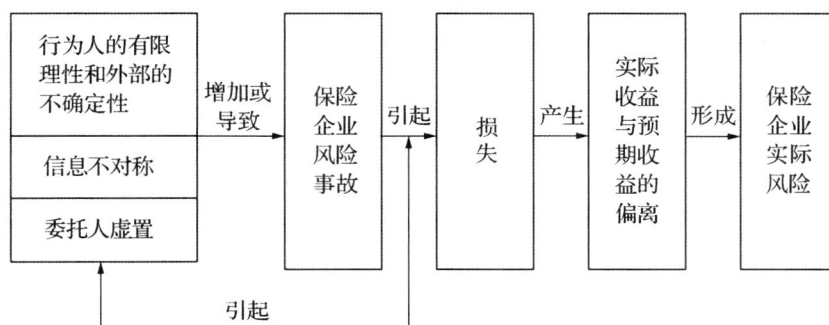

图4-9　保险公司风险的形成机理

四、保险市场风险识别

保险风险一般可以分为三大类，即经营性风险、人为性风险和环境性风险。具体内容见表4-3。

表4-3　保险风险分类表

保险风险		
经营性风险	人为性风险	环境性风险
决策风险 保险产品开发风险 定价风险 业务管理风险 承保风险 准备金风险 应收保费风险 投资风险 破产风险	道德风险 心理风险 逆向选择风险 从业人员素质风险	经济周期风险 市场竞争风险 政策性风险 巨灾风险 监管风险 法律风险

五、保险市场风险管理

前面已经分析了保险企业面临的各种风险，更为重要的是如何防范和控制这些风险。这些风险的控制和管理不仅需要保险公司内部的自我控制机制，更需要来自外部的市场约束和政府的宏观监管。保险业的监督管理分为以下3个层次：

（1）保险业风险的宏观管理，即通过立法的形式，对保险公司和保险市场实施监督管理。

（2）保险业风险的中观管理，即行业自律，通过制定行业规章，对保险公司在保险市场中的行为规范进行自我监督与管理。

（3）保险业风险的微观管理，即通过建立保险公司内部控制机制进行自我管理。

在以上 3 个层次的监督管理中，宏观管理侧重于原则性方面，中观管理侧重于技术性方面，微观管理则是局限于公司内部的经营活动，三者共同组成了完整的保险业风险的监督管理体系。

第四节　资产证券化

一、资产证券化的概念

（一）广义范畴

广义的资产证券化是指某一资产或资产组合采取证券资产这一价值形态的资产运营方式，它包括以下四类：

（1）实体资产证券化，即实体资产向证券资产的转换，是以实物资产和无形资产为基础发行证券并上市的过程。

（2）信贷资产证券化，就是将一组流动性较差的信贷资产，如银行的贷款、企业的应收账款，经过重组形成资产池，使这组资产所产生的现金流收益比较稳定并且预计今后仍将稳定，再配以相应的信用担保，在此基础上把这组资产所产生的未来现金流的收益权转变为可以在金融市场上流动、信用等级较高的债券型证券进行发行的过程。

（3）证券资产证券化，即证券资产的再证券化过程，就是将证券或证券组合作为基础资产，再以其产生的现金流或与现金流相关的变量为基础发行证券。

（4）现金资产证券化，是指现金的持有者通过投资将现金转化成证券的过程。

（二）狭义范畴

狭义的资产证券化是指信贷资产证券化。按照被证券化资产种类的不同，信贷资产证券化可分为住房抵押贷款支持的证券化（Mortgage-Backed Securitization，MBS）和资产支持的证券化（Asset-Backed Securitization，ABS）。

二、资产抵押债券

一个资产抵押债券（Asset-Backed Security，ABS）是由贷款、证券、信用卡应收付款、按揭、场地租用费等类似的资产现金流而产生的证券，有时甚至影视剧、音乐唱片的未来收入所产生的现金流也可以用来产生证券。证券的产生过程如图 4 - 10 所示，资产发起人首先将资产组合（如次级贷款组合）卖给一个特殊目的机构（Special Purpose Vehicle，SPV），或者由 SPV 主动购买可证券化的资产，然后 SPV 将这些资产汇集成资产池(Assets Pool),再以该资产池所产生的现金流为支撑在金融市场上发行有价证券融资,最后用资产池产生的现金流来清偿所发行的有价证券。具体操作过程中,可以将资产现金流分配到不同的份额(Tranche),并对份额进行出售。图4-10中债券共有3个份额:高级份额、中间份额和股权份额。资产组合的面值总共为1亿美元,组合资产被分为:高级份额面值7 500万美元,中间份额面值为2 000万美元,股权份额面值为500万美元,高级份额承诺的回报率为6%,中间份额承诺的回报率为10%,股权份额承诺的回报率为30%。

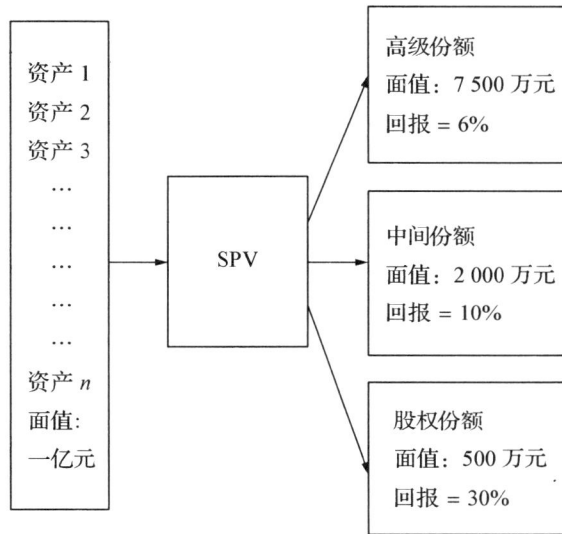

图4-10　一个资产抵押证券(简化版)

在图4-10中,乍看起来股权份额最为合算。但实际并非如此。股权份额拿到回报的可能性要小于其他两个等级的份额,证券化的现金流是以所谓的瀑布(Waterfall)形式进行分配的。瀑布现金流分布如图4-11所示,资产产生的现金流首先要分配给最高级份额,直到这个份额收到所有的承诺回报后,现金流才会向低一级份额进行分配。假定高级份额所承诺的回报可以被满足。现金流可以进一步向中间份额来分配,如果中间份额所承诺的回报也被满足,而且现金流仍有剩余,这时现金流才会向股权份额进行分配。

图4-11中的瀑布式分配结构一般要持续几年,最终的本金将支付给份额的持有者,但持有者所收到的本金取决于资产的损失程度。最初资产5%的损失由股权份额承担,如果损失超过5%,股权份额将会损失全部本金,中间份额也会损失一定本金;如果损失超过25%,中间份额将损失全部本金,高级份额也会损失一定本金。

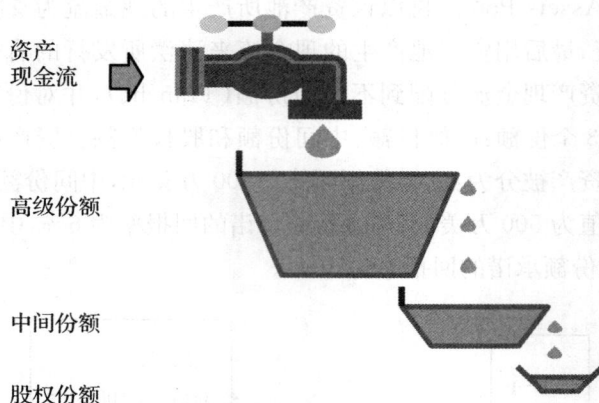

资产
现金流

高级份额

中间份额

股权份额

图 4 - 11 资产抵押证券中的瀑布式现金流

通过上面的分析,我们可以用两种方式来看资产抵押证券的结构:

(1)以图 4 - 11 所示的瀑布式的现金流形式。现金流首先会分配给高级份额,然后是中间份额,最后才是股权份额。

(2)以承担损失的方式。股权份额首先承担损失,然后是中间份额,最后才是高级份额。

资产抵押证券的设计方式是保证高级份额的信用评级为 AAA,中间份额的信用评级为 BBB,股权份额通常没有信用评级。与一般债券评级有所不同,资产抵押证券的份额评级常常被称为"协商评级"(Negotiated Rating)。ABS 发行者的目标是产生最大数量的高级份额资产,并保证其信用评级达到 AAA 级(这样做可以将资产结构的盈利最大化),在发行证券之前,ABS 的发行者首先要查看信用评级公司如何来对份额进行评级,然后向评级公司提供几种债券发行的初选方案,最终选定一种结构来发行证券。

三、ABS CDO

一种特殊的资产抵押证券就是所谓的债务抵押债券(Collateralized Debt Obligation,CDO),这种债券的基础资产为固定收益债券。

实际上,寻找愿意向由次级贷款所派生出的高级 AAA 级份额的债券投资的投资人并不困难。股权份额常常由按揭发行人持有,而且对冲基金也有兴趣购买股权份额,但是寻找中间份额的投资人会比较困难。这时金融工程师们发挥了超级想象力,他们由 ABS 的中间份额进一步创造出新的 ABS,以这种形式产生的债券被称为 ABS CDO 或中间 ABS CDO,其产生过程如图 4 - 12 所示。ABS CDO 的高级份额的评级为 AAA,这意味着我们例子中的所有 AAA 级产品的面值占基础按揭组合面值的 90%(=75%+75%×20%),这一比率看起来已经很高,但如果考虑将中间 ABS CDO 进一步证券化,那么 AAA 级证券面值占基础按揭组合面值的比率会更高。

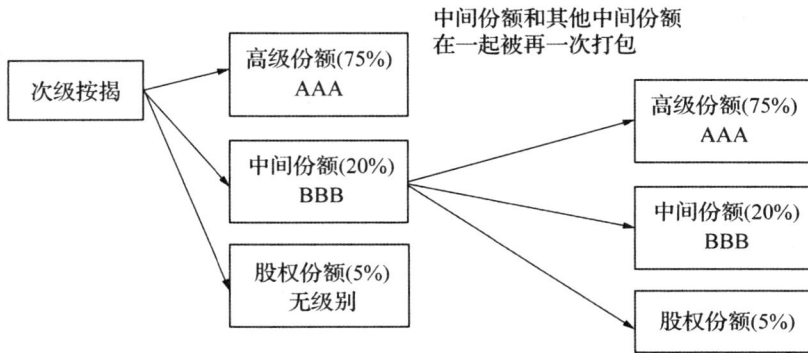

图 4-12　一个 ABS CDO(简化版)

由图 4-12 所示的例子中,ABS 的 AAA 级份额在 2008 年的全球金融危机中已经被降级,但是,如果基础按揭资产的损失小于 25%,因为有更低级的份额来承担本金损失,该份额仍可能会收到其承诺回报。图 4-12 所示 ABS CDO 的 AAA 级份额会更加危险。当基础按揭组合的损失小于 10%时,该份额会收到其承诺回报,这时 ABS 中间份额所承担的损失小于或等于 ABS 本金面值的 5%(即高于股权份额 5%以上的额外的 5%损失),因为 ABS CDO 中间份额的面值为 ABS 面值的 20%,其所对应的最大损失(以 ABS 资产为基准)为 5/20,即 25%,因此,在最差的情况下(25%的 ABS CDO 损失,即基础资产损失为 10%),ABS CDO 的股权份额及中间份额会全部耗尽,但最高级份额没有任何损失。

当基础资产的损失高于 10%时,ABS CDO 的高级份额会有损失。例如,当基础资产的损失为 20%时,这时 ABS 中间份额的损失率达 15/20,即其面值的 75%,最初 25%的损失由 ABS CDO 股权份额及中间份额承担,ABS CDO 的高级份额损失率达 50/75,即 67%。表 4-4 是对这一结果及其他情形所对应损失的总结。

表 4-4　图 4-12 中的 ABS CDO 中的 AAA 级份额的损失

次级债组合的损失	ABS 中间层份额的损失	ABS CDO 股权份额的损失	ABS CDO 中间层份额的损失	ABS CDO 中高级份额的损失
10%	25%	100%	100%	0%
15%	50%	100%	100%	33.3%
20%	75%	100%	100%	66.7%
25%	100%	100%	100%	100%

四、实际中的 ABS 及 ABS CDO

图 4-12 说明了证券化过程的实质。在实际中,证券化产品具有更多的份额,许

多份额厚度比图 4-12 中的份额要更薄（即承担损失范围会更窄），结构更复杂。图 4-13 展示了一个更为接近于真实的结构。

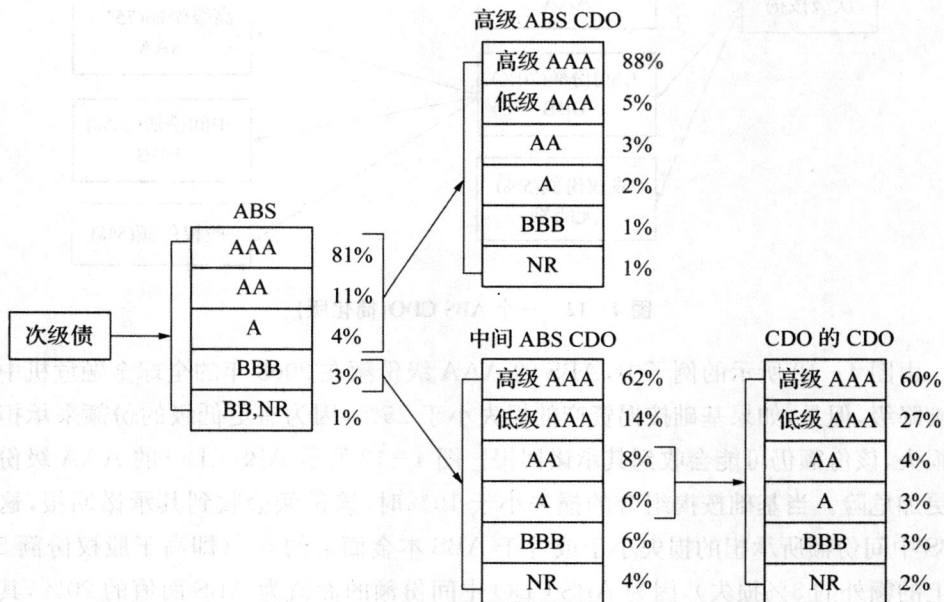

图 4-13 一个更近于真实的次级债的证券化过程

从图 4-13 可以看出，由 ABS 可以产生两类 ABS CDO，其中一类由 ABS 的 BBB 级份额来产生（如图 4-12 所示的 ABS CDO）；另外一类由 ABS 中的 AAA、AA 及 A 级份额来产生。图形显示由中间 ABS CDO 还可以派生第 3 层证券，乍看起来风险很大。事实上，当考虑了 ABS 瀑布现金流细节以后，这一份额的风险实际上要小一些。

过去有很多资产成功进行了证券化，如应收账款、汽车贷款等，出现了更多类型的资产，如电影特许权使用费、电费应收款单、健康会所会员资格等。但核心是一样的：这些资产必须能产生可预见的现金流。

五、资产证券化风险的产生

ABS CDO 中 AAA 级份额的风险以及相对来讲风险较小的 ABS 的 AAA 级份额的风险，要比投资人和评级公司所意识到的更高。ABS 份额的价值与基础按揭资产中的违约相关性有关，而 ABS CDO 份额的价值更加依赖于违约相关性。如果按揭违约程度并不是很高（一般情况是这样），整体来讲，高违约率并不太可能发生。因此，AAA 级份额是相当安全的，但是在受压市场下，违约相关性会增加，以至于高违约率也变得可能。

通过证券化产生的 ABS 以及 ABS CDO 是相对比较复杂的产品，分析这些产品具有一定难度。许多投资人没有投入足够精力来分析他们买入的证券，他们错误地依赖评级公司的评级而没有真正懂得评级的假设前提。同时 AAA 级份额的回报远远高于具有同等评级的企业债券,这一事实本应是一个风险预警,这些回报的差别说明份额评级的风险没有充分体现出来。

六、资产证券化风险的管理方法

我们可以采取以下 4 种措施来避免今后出现类似 2008 年的次贷危机:

(1)贷款发行方的利益最终要和承担信用风险的投资人利益保持一致,我们可以要求最初发行方持有发行债券每个份额的一定比例(或一定数量),如 20%。

(2)金融机构的奖励制度也应该变革,制度要强调奖励重点不是侧重于短期表现,即保证雇员分红与其长期表现(如 5 年),而不是只与 1 年的表现有关。

(3)市场交易产品的透明度应该增强,风险应该被广大投资人所理解。同时保证信息的广泛易得对金融市场的发展和运作十分有益。

(4)风险管理过程除了应用模型外,还应该包括进行一定的人为判断。这一点十分重要。例如,一个由高级管理人员构成的风险管理委员会必须定期开会讨论金融机构所面临的金融风险。

习　题

现有某金融租赁公司与融资方签订租赁合同,如果计算租金时利率为 6%,但合同签订好后,假定利率调整为 5% 或 7%,则该项租金的资本化价值和年金会发生什么变化? 请补充表 4-5 中数据。

表 4-5　每 1 元概算成本的年金和资本化价值

假设期数	按 6% 利率计算租金			如果利率上升至 7%		如果利率下降至 5%	
	年金系数	每期租金	资本化价值	每期年金	资本化价值	每期年金	资本化价值
4			1				
5			1				
6			1				
7			1				

第五章　股票市场风险管理

教学要点

知识要点	掌握程度	相关知识
马科维茨的资产组合理论	重点掌握	协方差矩阵、拉格朗日函数法、分离定理
资本资产定价模型	重点掌握	无风险资产、资本市场线、证券市场线
套利定价模型	重点掌握	套利概念和形式
金融市场结构与套利行为	了解	均衡市场、套利行为、无套利原理

课前导读

　　增强进取精神与风险意识。在马科维茨之前,对证券的选择一直是将收益率作为主要依据,并没有很好地考虑相关风险因素。马科维茨首次提出在选择证券过程中,应考虑投资风险,并将数理统计方法应用于投资组合选择中,建立了均值—方差模型,以此让收益与风险的多目标优化实现了理想平衡。我们应该学习马科维茨积极进取及追求真理的科学精神。

　　培养正确的财富观与价值观。本章中的一些理论和方法是在对现实金融市场假设基础上提出的,证券供求关系受投资者决策的影响。通过学习,我们了解投资的基本理论及方法,不断提升财务分析和资产组合、管理能力,在效用最大化准则的指导下,获得财富配置的最优均衡解。因此,一味地追求盈利反而不易实现投资目标,高风险既可让人一夜暴富,也可让人倾家荡产。我们应该深化专业实践维度,培育正确的财富观与价值观,才能科学认识并掌握金融市场规律,理性投资。

　　培养诚实守信的优良品格、良好的法治意识和高度的社会责任感。金融是现代国民经济的核心,金融行业从业者处于国民经济核心部门,如果没有坚定的社会责任感与职业道德,易受到金钱和利益的腐蚀。目前,我国证券市场仍处于发展与完善阶段,其中不乏诚信问题、内幕交易等违背职业道德的事件,证监会多次用"零容忍"来表明对内幕交易严惩不贷的态度。金融行业从业者在职业投资生涯中,应遵守法律法规,坚守职业道德底线,强化规则意识,维护公平竞争原则。

第一节 马科维茨的资产组合理论

随着数理统计方法被引入经济研究领域,人们对证券投资的研究越来越量化。虽然证券投资行为从职业化阶段到科学化阶段并没有一个明显的界限,但人们习惯以哈里·马科维茨(Harry M. Markowitz)在 1952 年发表的博士学位论文——《资产选择》(Portfolio Selection)作为标志。

资产组合理论也称均值—方差证券组合模型,通常被认为是现代金融学的发端,它使金融学开始摆脱纯粹描述性的定性研究模式,数量化方法开始进入金融领域。马科维茨对充满风险的证券市场的最优投资问题进行了开创性研究,并第一次从规范的角度揭示了如何通过对风险资产进行组合从而确立有效集,如何从自身的效用偏好角度出发在有效集上选择最佳投资决策,以及如何通过分散投资来降低风险,从而促进了现代资产组合理论的产生。

一、马科维茨资产组合理论的基本假设

马科维茨的资产组合理论有很多假设,但这些假设基本上可以归为两大类:一类是关于投资者的假设;另一类是关于资本市场的假设。

(一)关于投资者的假设

(1)投资者在投资决策中只关注投资收益这个随机变量的两个数字特征:投资的期望收益和方差,期望收益反映了投资者对未来收益水平的衡量,收益的方差则反映了投资者对风险的估计。

(2)投资者是理性的,也是风险厌恶的。也就是说,在任一给定的风险程度下,投资者愿意选择期望收益较高的有价证券;或者在期望收益一定时,投资者愿意选择风险程度较低的有价证券。

(3)投资者的目标是使其期望效用函数 $E(U)=f[E(R),\sigma^2]$ 最大化,其中 $E(R)$ 和 σ^2 分别为投资的期望收益和方差。对于一个风险厌恶的投资者来说,其期望效用函数 $E(U)$ 是凹函数。

(二)关于资本市场的假设

(1)资本市场是有效的。证券的价格反映了其内在价值,证券的任何信息都能够迅速地被市场上每个投资者所了解,不存在税收和交易成本。

(2)资本市场上的证券是有风险的,也就是收益具有不确定性,证券的收益都服从正态分布,不同证券的收益之间有一定的相关关系。

(3)资本市场上的每种证券都是无限可分的,这意味着只要投资者愿意,他就可以购买少于一股的股票。

（4）资本市场的供给具有无限弹性，也就是说，资产组合中任何证券的购买和销售都不会影响到市场的价格。

（5）市场允许卖空（市场不允许卖空的情况在此不做讨论）。

在所有的假设中，最值得我们注意的是马科维茨独创性地用期望效用最大化准则代替了期望收益最大化准则。在现代资产组合理论诞生之前，人们在研究不确定条件下的投资时，关于投资者的目标是假定他追求期望收益的最大化，但是这种假设却存在这样的问题：如果资本市场上仅存在一种具有最高收益的资产，投资者只需要将全部资金投资于该种资产即可实现期望收益最大化；如果同时有几种资产具有相同的最大收益，那么对投资者而言，在这些资产中进行组合投资与只投资于一种资产将毫无区别。因此，当资本市场上存在大量资产时，期望收益最大化准则就无法解释为什么要进行多元化的投资，也无法解释组合投资的效应。

针对这一问题，马科维茨假定投资者是追求期望效用最大化的。也就是说，理性的投资者不光追求高的期望收益，同时还要考虑风险问题，要在风险和收益之间做出权衡，选择能带来最大效用的风险和收益组合。因此，用期望效用最大化原则代替期望收益最大化原则是更符合实际的。

二、资产组合的方差—协方差矩阵

资产组合理论假设投资者完全根据一段时期内资产组合的预期收益率和标准差来评价组合的优劣。当面临其他条件相同的两种选择时，投资者会选择具有较高预期收益率的组合；当面临其他条件相同的两种选择时，投资者会选择具有较低风险（即较小标准差）的组合。测度资产组合的风险时，假定所有资产服从正态分布，由于有价证券组合是正态分布变量的线性组合，因此它也服从正态分布，其方差可用矩阵表示

$$\sigma_P^2 = W'\Sigma W$$

式中，W 是资产收益权重，Σ 是资产收益的协方差矩阵。

资产组合就是对一定数量的风险资产持有量的组合。将其进行分解后，资产组合的收益就是各种基础资产收益的线性组合，每种资产的权重 ω_i，由最初对该资产的投资金额决定，则资产组合的收益为

$$R_P = \sum_{t=1}^{N} \omega_i R_i, \quad \sum_{i=1}^{N} \omega_i = 1 \tag{5-1}$$

式中，R_i 是每种资产的收益。

式（5-1）也可写成矩阵形式

$$R_P = (\omega_1 \quad \omega_2 \quad \cdots \quad \omega_N) \begin{pmatrix} R_1 \\ R_2 \\ \vdots \\ R_N \end{pmatrix} = \boldsymbol{W'R} \qquad (5-2)$$

根据概率知识,可写出资产组合的收益期望值

$$E(R_P) = \mu_P = \sum_{i=1}^{N} \omega_i \mu_i \qquad (5-3)$$

式中,$\mu_i = E(R_i)$。

方差为

$$\mathrm{Var}(R_P) = \sigma_P^2 = \sum_{i=1}^{N} \omega_i{}^2 \sigma_i^2 + \sum_{i=1}^{N} \sum_{j=1, j \neq i}^{N} \omega_i \omega_j \sigma_{ij} \qquad (5-4)$$

将式(5-4)写成矩阵形式

$$\sigma_P^2 = (\omega_1 \quad \omega_2 \quad \cdots \quad \omega_N) \begin{pmatrix} \sigma_1^2 & \sigma_{12} & \cdots & \sigma_{1N} \\ \sigma_{21} & \sigma_2^2 & \cdots & \sigma_{2N} \\ \vdots & \vdots & & \vdots \\ \sigma_{N1} & \sigma_{N2} & \cdots & \sigma_N^2 \end{pmatrix} \begin{pmatrix} \omega_1 \\ \omega_2 \\ \vdots \\ \omega_N \end{pmatrix} \qquad (5-5)$$

可用 $\boldsymbol{\Sigma}$ 来代替上述协方差矩阵,资产组合的方差简写为

$$\sigma_P^2 = \boldsymbol{W'\Sigma W} \qquad (5-6)$$

【例 5.1】 假设将 100 万美元投资于两种资产,风险经理要计算该资产组合的标准差。表 5-1 给出了该资产组合的相关数据。

表 5-1 资产组合的相关数据

	资产 1		资产 2
标准差	25%		16%
投资比例	30%		70%
相关系数		0.7	

解: 首先要先求出组合的方差—协方差矩阵。由在概率论中计算相关系数的公式 $\rho_{12} = \dfrac{\sigma_{12}}{\sigma_1 \sigma_2}$,我们可以通过变形得到协方差 $\sigma_{12} = \rho_{12} \sigma_1 \sigma_2$,因此构造矩阵

$$\boldsymbol{V} = \begin{pmatrix} \sigma_1 & 0 \\ 0 & \sigma_2 \end{pmatrix} = \begin{pmatrix} 25\% & 0 \\ 0 & 16\% \end{pmatrix}, \quad \boldsymbol{C} = \begin{pmatrix} 1 & \rho_{12} \\ \rho_{21} & 1 \end{pmatrix} = \begin{pmatrix} 1 & 0.7 \\ 0.7 & 1 \end{pmatrix}$$

$$\boldsymbol{\Sigma} = \begin{pmatrix} \sigma_1^2 & \rho_{12}\sigma_1\sigma_2 \\ \rho_{21}\sigma_1\sigma_2 & \sigma_2^2 \end{pmatrix} = \boldsymbol{VCV} = \begin{pmatrix} 6.25\% & 2.8\% \\ 2.8\% & 2.56\% \end{pmatrix}$$

那么资产组合的方差为

$$\sigma_P^2 = \boldsymbol{W}'\boldsymbol{\Sigma}\boldsymbol{W} = (30\% \quad 70\%) \begin{pmatrix} 6.25\% & 2.8\% \\ 2.8\% & 2.56\% \end{pmatrix} \begin{pmatrix} 30\% \\ 70\% \end{pmatrix} = 2.99\%$$

$$\sigma_P = 17.29\%$$

三、数学模型的建立

假设有 n 种证券,它们的收益分别用 $x_1, x_2, \cdots, x_n$ 来表示,这些 x_i 都是随机变量,并且假定 x_i 的期望值和它们的协方差矩阵都是已知的,用符号来表示,记

$$\boldsymbol{X} = \begin{pmatrix} x_1 \\ \vdots \\ x_n \end{pmatrix}, \quad \boldsymbol{EX} = \begin{pmatrix} Ex_1 \\ \vdots \\ Ex_n \end{pmatrix} = \begin{pmatrix} \mu_1 \\ \vdots \\ \mu_n \end{pmatrix} = \boldsymbol{\mu}$$

$$\mathrm{Var}(\boldsymbol{X}) = E[(\boldsymbol{X} - \boldsymbol{\mu})(\boldsymbol{X} - \boldsymbol{\mu})'] = \boldsymbol{\Sigma} = (\sigma_{ij})_{n \times n} \tag{5-7}$$

式中,$\boldsymbol{\mu}$ 和 $\boldsymbol{\Sigma}$ 是已知的,考虑投资的分配,实际上就是考虑在 $x_1, x_2, \cdots, x_n$ 上的分配比例,用

$$\boldsymbol{W} = (\omega_1, \cdots, \omega_n)'$$

表示这种分配,自然有 $\omega_i \geqslant 0, i = 1, \cdots, n$,且 $\sum_{i=1}^{n} \omega_i = 1$,也即 $\boldsymbol{W}$ 有约束条件

$$\boldsymbol{W} \geqslant 0, \quad \sum_{i=1}^{n} \omega_i = (1,1,\cdots,1) \begin{pmatrix} \omega_1 \\ \omega_2 \\ \vdots \\ \omega_n \end{pmatrix} = \boldsymbol{\Pi}'\boldsymbol{W} = 1, \boldsymbol{\Pi}' = (1,1,\cdots,1) \tag{5-8}$$

根据资产组合理论的假定,建立模型的出发点,可以有以下两种不同的考虑:

(1) 指定收益率,即要求 $\boldsymbol{W}'\boldsymbol{\mu} = a$,求 $\boldsymbol{W}$ 使风险达到最小,即 $\mathrm{Var}(\boldsymbol{W}'\boldsymbol{X}) = \boldsymbol{W}'\boldsymbol{\Sigma}\boldsymbol{W}$ 最小。

这里

$$\sigma^2(\boldsymbol{W}'\boldsymbol{X}) = \mathrm{Var}(\boldsymbol{W}'\boldsymbol{X}) = E[(\boldsymbol{W}'\boldsymbol{X} - \boldsymbol{E}(\boldsymbol{W}'\boldsymbol{X}))(\boldsymbol{W}'\boldsymbol{X} - \boldsymbol{E}(\boldsymbol{W}'\boldsymbol{X}))']$$
$$= E[\boldsymbol{W}'(\boldsymbol{X} - \boldsymbol{E}(\boldsymbol{X}))(\boldsymbol{X} - \boldsymbol{E}(\boldsymbol{X}))'\boldsymbol{W}]$$
$$= \boldsymbol{W}'E[(\boldsymbol{X} - \boldsymbol{E}(\boldsymbol{X}))(\boldsymbol{X} - \boldsymbol{E}(\boldsymbol{X}))']\boldsymbol{W}$$
$$= \boldsymbol{W}'\boldsymbol{\Sigma}\boldsymbol{W}$$

(2) 指定风险的值,即 $\mathrm{Var}(\boldsymbol{W}'\boldsymbol{X}) = \boldsymbol{W}'\boldsymbol{\Sigma}\boldsymbol{W} = \sigma_0^2$,求 $\boldsymbol{W}$ 使收益最大,即 $\boldsymbol{W}'\boldsymbol{\mu}$ 达到最大。

这两种考虑实际上是等价的,用数学形式表示如下:

在 $\boldsymbol{W}$ 满足 $\boldsymbol{W} \geqslant 0, \sum_{i=1}^{n} \omega_i = \boldsymbol{\Pi}'\boldsymbol{W} = 1, \boldsymbol{W}'\boldsymbol{\mu} = a$ 的条件下,求使 $\boldsymbol{W}'\boldsymbol{\Sigma}\boldsymbol{W}$ 达到最小

值的解。

用拉格朗日函数求解 $f(x)$ 在 $Q_1(x)=0, Q_2(x)=0$ 条件下的极值。

（1）建立拉格朗日函数。

$$F(x)=f(x)+\lambda_1 Q_1(x)+\lambda_2 Q_2(x)$$

（2）求解拉格朗日方程组。

$$\begin{cases} \dfrac{\partial F}{\partial x}=0 \\ Q_1(x)=0 \\ Q_2(x)=0 \end{cases}$$

由拉格朗日乘数法，令

$$F(\boldsymbol{W})=\boldsymbol{W}'\boldsymbol{\Sigma}\boldsymbol{W}-2\lambda_1(\boldsymbol{\Pi}'\boldsymbol{W}-1)-2\lambda_2(\boldsymbol{W}'\boldsymbol{\mu}-a)$$

于是

$$\frac{\partial F}{\partial \boldsymbol{W}}=2\boldsymbol{\Sigma}\boldsymbol{W}-2\lambda_1\boldsymbol{\Pi}-2\lambda_2\boldsymbol{\mu}=0$$

$$\boldsymbol{\Sigma}\boldsymbol{W}=\lambda_1\boldsymbol{\Pi}+\lambda_2\boldsymbol{\mu}$$

$$\boldsymbol{\Sigma}^{-1}\boldsymbol{\Sigma}\boldsymbol{W}=\boldsymbol{\Sigma}^{-1}(\lambda_1\boldsymbol{\Pi}+\lambda_2\boldsymbol{\mu})$$

$$\boldsymbol{W}=\boldsymbol{\Sigma}^{-1}(\lambda_1\boldsymbol{\Pi}+\lambda_2\boldsymbol{\mu})=\boldsymbol{W}_a \qquad (5-9)$$

代入约束条件解得

$$\begin{cases} \lambda_1=\dfrac{C-aB}{\Delta}, \lambda_2=\dfrac{aA-B}{\Delta} \\ A=\boldsymbol{\Pi}'\boldsymbol{\Sigma}^{-1}\boldsymbol{\Pi}, B=\boldsymbol{\Pi}'\boldsymbol{\Sigma}^{-1}\boldsymbol{\mu}, C=\boldsymbol{\mu}'\boldsymbol{\Sigma}^{-1}\boldsymbol{\mu} \\ \Delta=AC-B^2 \end{cases}$$

这是因为对式（5-9）两边同乘 $\boldsymbol{\Pi}'$，得

$$\boldsymbol{\Pi}'\boldsymbol{W}=\boldsymbol{\Pi}'\boldsymbol{\Sigma}^{-1}(\lambda_1\boldsymbol{\Pi}+\lambda_2\boldsymbol{\mu})$$

由约束条件可得

$$1=\lambda_1\boldsymbol{\Pi}'\boldsymbol{\Sigma}^{-1}\boldsymbol{\Pi}+\lambda_2\boldsymbol{\Pi}'\boldsymbol{\Sigma}^{-1}\boldsymbol{\mu} \qquad (5-10)$$

式（5-9）两边同乘 $\boldsymbol{\mu}'$，得

$$\boldsymbol{\mu}'\boldsymbol{W}=\boldsymbol{\mu}'\boldsymbol{\Sigma}^{-1}(\lambda_1\boldsymbol{\Pi}+\lambda_2\boldsymbol{\mu})=\lambda_1\boldsymbol{\mu}'\boldsymbol{\Sigma}^{-1}\boldsymbol{\Pi}+\lambda_2\boldsymbol{\mu}'\boldsymbol{\Sigma}^{-1}\boldsymbol{\mu}$$

由约束条件可得

$$a = \lambda_1 \boldsymbol{\mu}' \boldsymbol{\Sigma}^{-1} \boldsymbol{\Pi} + \lambda_2 \boldsymbol{\mu}' \boldsymbol{\Sigma}^{-1} \boldsymbol{\mu} \qquad (5-11)$$

令

$$A = \boldsymbol{\Pi}' \boldsymbol{\Sigma}^{-1} \boldsymbol{\Pi}$$

$$B = \boldsymbol{\Pi}' \boldsymbol{\Sigma}^{-1} \boldsymbol{\mu}$$

$$C = \boldsymbol{\mu}' \boldsymbol{\Sigma}^{-1} \boldsymbol{\mu}$$

联立式(5-10)和式(5-11)可得方程组

$$\begin{cases} \lambda_1 A + \lambda_2 B = 1 \\ \lambda_1 B + \lambda_2 C = a \end{cases}$$

由克莱姆法则解方程组,得

$$\lambda_1 = \frac{\begin{vmatrix} 1 & B \\ a & C \end{vmatrix}}{\Delta} = \frac{C - aB}{\Delta}$$

$$\lambda_2 = \frac{\begin{vmatrix} A & 1 \\ B & a \end{vmatrix}}{\Delta} = \frac{aA - B}{\Delta}$$

式中

$$\Delta = AC - B^2$$

将得到的解 $\boldsymbol{W}_a$ 代入 $\boldsymbol{W}' \boldsymbol{\Sigma} \boldsymbol{W}$,可以求出 $\boldsymbol{W}_a' \boldsymbol{X}$ 相应的方差,记为 $\sigma^2(\boldsymbol{W}_a)$,有

$$\begin{aligned} \sigma^2(\boldsymbol{W}_a) &= \boldsymbol{W}_a' \boldsymbol{\Sigma} \boldsymbol{W}_a \\ &= \boldsymbol{W}_a' \boldsymbol{\Sigma} \boldsymbol{\Sigma}^{-1} (\lambda_1 \boldsymbol{\Pi} + \lambda_2 \boldsymbol{\mu}) \\ &= \boldsymbol{W}_a' (\lambda_1 \boldsymbol{\Pi} + \lambda_2 \boldsymbol{\mu}) \\ &= \lambda_1 + \lambda_2 a \\ &= \frac{1}{\Delta} (Aa^2 - 2Ba + C) \end{aligned}$$

经过化简,上式也可以写成

$$\sigma^2(\boldsymbol{W}_a) = \frac{A}{\Delta} \left(a - \frac{B}{A} \right)^2 + \frac{1}{A} \qquad (5-12)$$

变形可得

$$\frac{\sigma^2}{\frac{1}{A}} - \frac{\left(a - \frac{B}{A} \right)^2}{\frac{\Delta}{A^2}} = 1 \qquad (5-13)$$

很明显 W_a 是由 a 决定的解，于是对不同的 a 就有相应的 W_a，它就是满足 $\boldsymbol{\Pi}'\boldsymbol{W}=1,\boldsymbol{W}'\boldsymbol{\mu}=a$，且使风险 $\boldsymbol{W}'\boldsymbol{\Sigma}\boldsymbol{W}$ 达到最小的解，相应的风险为 $\sigma^2(\boldsymbol{W}_a)$。用 σ 的取值表示横坐标，a 的取值表示纵坐标，由式（5-13）可知，由 (σ,a) 所有取值构成的曲线是一条双曲线，如图 5-1 所示。

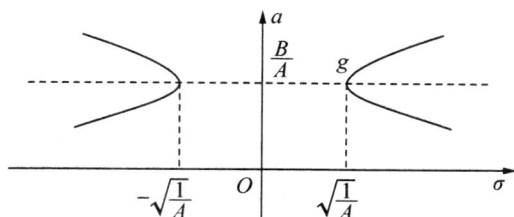

图 5-1　最小方差资产组合在 (σ,a) 平面上的图形（只取第一象限）

在 (σ,a) 平面上，式（5-13）为双曲线的标准型，中心在 $\left(0,\dfrac{B}{A}\right)$，对称轴为 $\sigma=0$ 和 $a=\dfrac{B}{A}$。由于 $\sigma>0$，故只取双曲线在第一象限的那一支。

在图 5-1 中的 g 点是一个特殊的点，它是双曲线在第一象限中图形的顶点。由图可知，g 点所代表的组合是所有可行组合中方差最小的，我们将其称为"全局最小方差组合"。式（5-13）及图 5-1 可知，g 点的组合是

$$a_g=\frac{B}{A},\quad \sigma_g^2=\frac{1}{A},\quad \boldsymbol{W}_g=\frac{\boldsymbol{\Sigma}^{-1}\boldsymbol{\Pi}}{\boldsymbol{\Pi}'\boldsymbol{\Sigma}^{-1}\boldsymbol{\Pi}} \qquad (5-14)$$

显然，根据资产组合理论的假定，以 g 点为拐点的下半支双曲线上所代表的组合是所有可行组合中方差相同而期望收益较小的组合，任何一个理性的投资者都不会选择这样的组合。g 点以上的上半支双曲线上所代表的组合是所有可行组合中方差相同而期望收益较大的组合，我们将这些组合称为有效组合，也就是投资者实际可以选择的组合。进而，我们把双曲线 $\sigma^2=\dfrac{A}{\Delta}\left(a-\dfrac{B}{A}\right)^2+\dfrac{1}{A}$ 上半支所有有效组合的点集称为有效点集，简称为有效集。

进一步分析，投资者在有效集上具体选择哪一个投资组合，主要取决于其期望效用函数 $E(U)=f[E(R),\sigma^2]$。期望效用函数在图形上可表示为一系列无差异曲线。同一条无差异曲线上的每一个组合对该投资者来说效用都是一样的，但不同无差异曲线所代表的效用是有差别的，位置越靠近左上的曲线代表的效用水平越高。一旦确定了投资者的无差异曲线，则投资者的最优投资组合就是无差异曲线和有效集的切点，该切点是所有可行组合中能给投资者带来最大效用的组合。例如，图 5-2 中的 M 点就是这样一个最优组合。

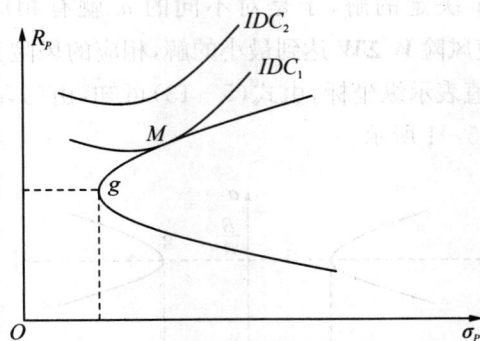

图 5-2 最优投资组合的确定

说明：σ_P 表示证券组合 p 收益的标准差，R_P 表示证券组合的收益，IDC_1 和 IDC_2 分别表示两条无差异曲线。

四、两基金分离定理

【命题 5.1】 由式(5-14)，我们知全局最小方差组合为

$$W_g = \frac{\Sigma^{-1}\Pi}{\Pi'\Sigma^{-1}\Pi}$$

同时，令

$$d = \frac{\mu'\Sigma^{-1}\mu}{\Pi'\Sigma^{-1}\mu} = \frac{C}{B}, \quad B \neq 0$$

我们有

$$W_d = \frac{\Sigma^{-1}\mu}{\Pi'\Sigma^{-1}\mu}$$

则

$$W_a = \lambda_1 A W_g + \lambda_2 B W_d$$

式中

$$\lambda_1 = \frac{C - aB}{\Delta}, \quad \lambda_2 = \frac{aA - B}{\Delta}, \quad \lambda_1, \lambda_2 \text{ 都是由期望收益 } a \text{ 确定的}$$

证明略。

因此，W_a 是 W_g 和 W_d 的一个线性组合，并且 W_g 和 W_d 在代数意义下线性无关。

【命题 5.2】 给定 W_a 可以由任意两个线性无关的证券组合线性表示出来。

证明：

设 W_l 和 W_k 为两个线性无关的最小方差的证券组合，则

$$\begin{cases} W_l = (1-l)W_g + lW_d \\ W_k = (1-k)W_g + kW_d \end{cases}$$

由此

$$\begin{cases} W_g = \dfrac{kW_l - lW_k}{k-l} \\ W_d = \dfrac{(1-k)W_l - (1-l)W_k}{l-k} \end{cases}$$

代入

$$W_a = \lambda_1 A W_g + \lambda_2 B W_d$$
$$= \frac{\lambda_2 B(1-l) - \lambda_1 Al}{k-l} W_k + \frac{\lambda_1 Ak + \lambda_2 B(k-1)}{k-l} W_l$$

命题证毕。

由该命题可知，W_a 构成的空间的维数为 2。这就告诉我们，如果找到一个有效集的投资组合 W_M，再找到一个与它不相关（代数意义上）的有效组合 W_{aM}，就可以表示出所有有效集的投资组合 W_p。也就是说，在有效集上的任意一个投资组合都可以由有效集上两线性无关的投资组合线性表示出来。这就是著名的"两基金分离定理"。

两基金分离定理对于证券投资策略的制定具有重要的意义。假设现在有两只共同基金，它们的经营都很好。在这里，"经营良好"意味着它们的收益—风险关系都处于有效集上。再假设有一个投资者，这两只基金的收益—风险关系都不符合这个投资者的要求。也就是说，这两只基金所代表的有效组合都不是这个投资者的期望效用函数与有效集的切点。那么，这名投资者是否需要重新构建自己的有效投资组合呢？两基金分离定理告诉我们，这是不需要的。投资者只需要将自己的资金按一定的比例分配于这两只基金，就可以获得让自己满意的风险-收益关系。

第二节   资本资产定价模型

资本资产定价模型（Capital Asset Pricing Model，CAPM）是由马科维茨的学生威廉·夏普对投资组合理论进行了进一步改进的结果，是现代金融学研究中具有里程碑意义的成果，具有极大的理论价值和实践意义。

一、资本资产定价模型的主要假设

与资产组合理论一样,资本资产定价模型(以下简称 CAPM)也是对现实世界的抽象研究,因而它也是建立在一系列严格的假设条件之上。由于 CAPM 是以资产组合理论为基础,因此它除接受了马科维茨的全部假设条件以外,还附加了一些自己的假设条件,主要有:

(1)投资者具有同质预期,即市场上的所有投资者对资产的评价和对经济形势的看法都是一致的,他们对资产收益和收益概率分布的看法也是一致的。

(2)存在无风险资产[①],投资者可以无风险利率无限制地借入或者贷出资金。

二、无风险资产的引入

假设无风险资产的收益为 R_0;有 n 种风险资产,投资收益仍然用 $x_1,x_2,\cdots,x_n$ 表示

$$X=\begin{pmatrix} x_1 \\ \vdots \\ x_n \end{pmatrix}, \quad EX=\begin{pmatrix} Ex_1 \\ \vdots \\ Ex_n \end{pmatrix}=\begin{pmatrix} \mu_1 \\ \vdots \\ \mu_n \end{pmatrix}=\mu$$

$$\mathrm{Var}(X)=E[(X-\mu)(X-\mu)']=\Sigma=(\sigma_{ij})_{n\times n}$$

这时自然可以假定 $\mu_i \geq R_0, i=1,2,\cdots,n$ 是成立的,因为当 $\mu_i < R_0$ 时,没有人愿意投资第 i 种证券,投资结构改为 $(W_0,W_1,\cdots,W_n)=(W_0,W')$,$W_0$ 是在无风险收益上的投资份额,很明显:$W_0=1-W'\Pi,W'\Pi \leq 1$ 是合理的约束条件,这时资产组合的收益为

$$(W_0,W')\begin{pmatrix} R_0 \\ \mu \end{pmatrix}=W_0R_0+W'\mu=R_0(1-W'\Pi)+W'\mu \qquad (5-15)$$
$$=R_0+W'(\mu-R_0\Pi)$$

因此,指定收益为 a 时,上式变为

$$W'(\mu-R_0\Pi)=a-R_0$$

相应的风险用方差表示,仍为[②]

$$\sigma^2(W'X)=\mathrm{Var}(W'X)=W'\Sigma W$$

---

① 在通货膨胀率和市场利率水平不变的情况下,国债可以被近似地看作一种无风险资产。

② 加入无风险资产以后对资产组合的方差并没有影响,因此其方差仍然等于第一节中我们介绍的风险资产组合的方差。

用前面介绍的拉氏乘子法求解,得到 a 相应的解

$$W_a = \frac{(a - R_0)\boldsymbol{\Sigma}^{-1}(\boldsymbol{\mu} - R_0\boldsymbol{\Pi})}{C - 2R_0B + R_0^2A}$$

相应的风险为

$$\sigma^2(\boldsymbol{W}_a) = \frac{(a - R_0)^2}{C - 2R_0B + R_0^2A} \tag{5-16}$$

在 (σ, a) 平面上,式(5-16)可以表示为两条直线,如图5-3所示。但是,显然向下倾斜的那条直线是无效的,因为理性的投资者不可能选择在同等风险条件下收益较小的组合。

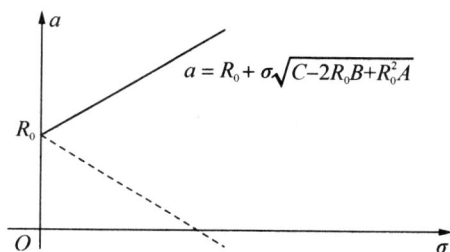

图 5-3　两条直线

式(5-16)可写成直线

$$a = R_0 + \sigma\sqrt{C - 2R_0B + R_0^2A} \tag{5-17}$$

上式说明,如果金融市场存在无风险资产,那么在资产组合投资收益为 a 的条件下,若风险最小的投资组合的风险为 σ,则 (σ, a) 满足式(5-17),其直线如图5-3所示。由于在这个条件下,存在最小方差资产组合,因而,如果 (σ, a) 满足式(5-17),则它对应的资产组合就是最小方差资产组合。

三、资本市场线

现在考虑 $W_0 = 0$ 的投资,它正好是直线 $a = R_0 + \sigma\sqrt{C - 2R_0B + R_0^2A}$ 和相应双曲线 $\sigma^2 = \frac{A}{\Delta}\left(a - \frac{B}{A}\right)^2 + \frac{1}{A}$ 的切点。其中,$a \in [\mu_*, \mu^*]$,$\mu_* = \min\limits_{1 \leqslant i \leqslant n}\mu_i$,$\mu^* = \max\limits_{1 \leqslant i \leqslant n}\mu_i$。

如图5-4中的 t 点所示,它的坐标用 (σ_t, a_t) 表示,由于 $W_0 = 0$,t 点相应的坐标为

$$a_t = \frac{C - R_0B}{B - AR_0}, \quad \sigma_t^2 = \frac{C - 2R_0B + R_0^2A}{(B - AR_0)^2}$$

它相应的解 $\boldsymbol{W}_{a_t}$,记为 $\boldsymbol{W}_t$,就有

$$W_t = \frac{\boldsymbol{\Sigma}^{-1}(\boldsymbol{\mu} - R_0\boldsymbol{\Pi})}{B - AR_0} \tag{5-18}$$

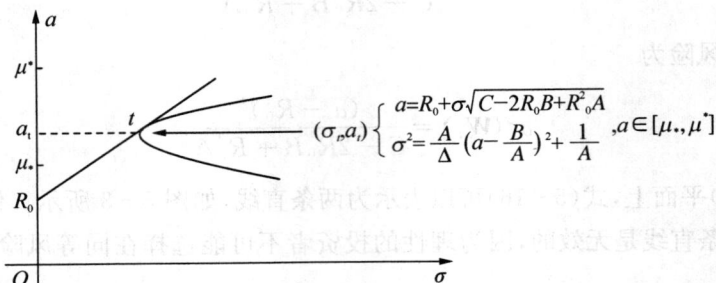

图 5-4 资本市场线

很明显,$a - R_0$ 是承担风险所得的收益,它相应的风险用标准差来衡量,正好是 $\sigma_a = \sigma(W_a)$,因此,$\dfrac{a - R_0}{\sigma(W_a)}$ 就是单位风险所得的收益,称为夏普比率(Sharpe Ratio),记为 S. R.。

S. R. 表示承担每一单位的风险所得到的超额回报,反映了风险的效益,它是点 $(0, R_0)$ 与双曲线 $\sigma^2 = \dfrac{A}{\Delta}\left(a - \dfrac{B}{A}\right)^2 + \dfrac{1}{A}$ 上的点 (σ, a) 连线的斜率 $\dfrac{a - R_0}{\sigma}$,这个值越大越有效,最大值就在切点 t 上达到。理性的投资者必然会选择单位风险回报最大的投资组合。因此,理性的人选择投资时,一部分资金放在无风险的 R_0 上,一部分放在过点 $(0, R_0)$ 并与有效集曲线相切的直线所代表的资产组合上,也就是点 $(0, R_0)$ 与点 (σ_t, a_t) 的连线上,所以这一条线称为资本市场线(Capital Market Line,CML),此时资本市场线成为引入无风险资产后的有效集。

从而,在证券市场中,资本市场线的直线方程为 $a = R_0 + \sigma\sqrt{C - 2R_0B + R_0^2A}$。在任意给定证券收益 a 的情况下,其最优(方差最小)证券组合是无风险证券与 (σ_t, a_t) 的线性组合。

由于资本市场线同时过点 $(0, R_0)$ 与点 (σ_t, a_t),因此其方程又可表示为

$$a = R_0 + \frac{a_t - R_0}{\sigma_t} \times \sigma \tag{5-19}$$

$(0, R_0)$ 表示投资者将全部资金投资于无风险资产;点 (σ_t, a_t) 表示投资者将全部资金投资于风险资产组合;点 $(0, R_0)$ 和点 (σ_t, a_t) 之间的线段表示投资者在无风险资产和风险资产之间进行了适当的资金配置;点 (σ_t, a_t) 之后的射线部分表示投资者卖空无风险资产之后全部投资于风险资产[①]。从理论上讲,投资者可以投资于资本市场线上的任意一个组合,不过在实际中如何具体选择则取决于投资者的风险偏好:风险

---

① 由于卖空是没有限制的,因此该射线无限延长。

厌恶的投资者可以选择接近点$(0,R_0)$的组合；风险偏好的投资者可以在直线上选择点(σ_t,a_t)右上方的组合。

四、市场组合

由于前面已经假设所有的投资者都具有相同的预期，因此当市场上的所有投资者都采用马科维茨的组合理论构建风险资产的组合时，他们必定会选择同一个风险资产组合，也就是图5-4中的点(σ_t,a_t)，从而最终保证其风险资产和无风险资产的组合最优（方差最小）。此时，投资者对风险资产组合的选择和他们对待风险的态度是无关的。

当资本市场处于均衡的时候，市场上总供给和总需求是相等的，而且每种资产都会有一个均衡价格，也就是市场出清价格。由于我们已经知道同质预期下的投资者都将选择市场组合(σ_t,a_t)，因此市场处于均衡的必要条件就是(σ_t,a_t)必须包括市场上所有的风险资产。如果市场上存在没有需求的风险资产，那么该市场就没有处于均衡状态。

我们称包含市场上所有风险资产的组合为市场组合，点(σ_t,a_t)就是这样的市场组合，我们一般记为M。相应地，市场组合的期望收益和方差分别为a_M和σ_M，因而式（5-19）可以改写为

$$a = R_0 + \frac{a_M - R_0}{\sigma_M} \times \sigma \qquad (5-20)$$

式（5-20）是市场均衡情况下资本市场线的表达式，它反映了无风险资产和市场组合进行再组合后产生的新最优资产组合的收益和风险之间的关系。

五、证券市场线

资本资产定价模型所要回答的问题是在市场均衡状态下，某风险资产的收益和风险之间的关系，也就是如何给风险资产进行定价。在前面所介绍内容的基础上，下面我们将导出证券市场线，并由证券市场线来解释如何给风险资产定价。

考虑风险资产组合$\boldsymbol{X}$，它与点(σ_t,a_t)相对应的证券组合$\boldsymbol{W}_t$的协方差为

$$\mathrm{Cov}(\boldsymbol{X},\boldsymbol{W}_t'\boldsymbol{X}) = \boldsymbol{E}\big[(\boldsymbol{X}-\boldsymbol{E}(\boldsymbol{X}))(\boldsymbol{W}_t'\boldsymbol{X}-\boldsymbol{E}(\boldsymbol{W}_t'\boldsymbol{X}))'\big] = \boldsymbol{\Sigma}\boldsymbol{W}_t$$

由式（5-18），得

$$\mathrm{Cov}(\boldsymbol{X},\boldsymbol{W}_t'\boldsymbol{X}) = \frac{\boldsymbol{\Sigma}\boldsymbol{\Sigma}^{-1}(\boldsymbol{\mu}-R_0\boldsymbol{\Pi})}{B-AR_0} = \frac{\boldsymbol{\mu}-R_0\boldsymbol{\Pi}}{B-AR_0} \qquad (5-21)$$

另外，由于

$$\mathrm{Var}(\boldsymbol{W}_t'\boldsymbol{X}) = \boldsymbol{W}_t'\boldsymbol{\Sigma}\boldsymbol{W}_t = \boldsymbol{W}_t'\frac{\boldsymbol{\mu}-R_0\boldsymbol{\Pi}}{B-AR_0}$$

且

$$W_t'(\boldsymbol{\mu} - R_0\boldsymbol{\Pi}) = a_t - R_0$$

所以

$$\text{Var}(W_t'\boldsymbol{X}) = \frac{a_t - R_0}{B - AR_0} \qquad (5-22)$$

将式(5-21)和式(5-22)相除,得

$$\boldsymbol{\mu} - R_0\boldsymbol{\Pi} = \frac{\text{Cov}(\boldsymbol{X}, W_t'\boldsymbol{X})}{\text{Var}(W_t'\boldsymbol{X})}(a_t - R_0) \qquad (5-23)$$

式(5-23)反映了风险资产组合 $\boldsymbol{X}$ 的平均超额效益与 $a_t - R_0$ 成比例,在计量经济学中,$\dfrac{\text{Cov}(\boldsymbol{X}, W_t'\boldsymbol{X})}{\text{Var}(W_t'\boldsymbol{X})}$ 被称为回归系数。令

$$\beta = \frac{\text{Cov}(\boldsymbol{X}, W_t'\boldsymbol{X})}{\text{Var}(W_t'\boldsymbol{X})}$$

则式(5-23)可改写成

$$\boldsymbol{\mu} - R_0\boldsymbol{\Pi} = \beta(a_t - R_0)$$

即

$$\boldsymbol{\mu} = R_0\boldsymbol{\Pi} + \beta(a_t - R_0) \qquad (5-24)$$

进一步,我们引进上述市场组合的概念,并用 a_M 代替 a_t[①],用 β_M 代替 β,以表示风险资产 $\boldsymbol{X}$ 与市场组合 M 之间的关系,则式(5-24)可变为

$$\boldsymbol{\mu} = R_0\boldsymbol{\Pi} + \beta_M(a_M - R_0) \qquad (5-25)$$

式(5-25)就是著名的证券市场线(Security Market Line,SML),也就是传统 CAPM 模型的公式表示。由证券市场线可以看出,风险资产的收益由两部分组成:一部分是无风险资产的收益;另一部分是对所承担市场风险的补偿——风险溢价。风险溢价的大小取决于 β 值的大小。β 值越高,表明单个证券的风险越高,所得到的补偿也就越高。β 度量的是单个证券的系统风险,非系统性风险没有风险补偿。

由上面的分析,我们就可以运用证券市场线,确定风险资产自身的风险和收益关系。也就是说,我们可以对其进行定价。

特别需要注意,对于整个证券投资组合的系统风险,我们有 $\beta_p = \sum_{i=1}^{N} \omega_i\beta_i$,即 β 具有可加性,大大方便了计算。

【例5.2】 假设现有4种股票的系统性风险分别是 $\beta_1 = 0.9, \beta_2 = 1.6, \beta_3 = 1.0$,$\beta_4 = 0.7$,4种证券在投资组合中的比例分别为 $30\%, 20\%, 10\%, 40\%$,请计算这个组合的系统性风险。

---

① 在市场均衡的条件下,$a_M = a_t$。

解:

$$\beta_P = \sum_{i=1}^{N} \omega_i \beta_i$$
$$= 30\% \times 0.9 + 20\% \times 1.6 + 10\% \times 1.0 + 40\% \times 0.7$$
$$= 0.97 < 1$$

上面计算结果说明这个证券组合的风险程度小于市场风险。

六、对证券市场线的进一步补充说明

对于任意的风险资产 x_i，根据式（5-25），我们可以得到

$$\mu_i = R_0 + \beta_{Mi}(a_M - R_0) \tag{5-26}$$

式中

$$\beta_{Mi} = \frac{\text{Cov}(x_i, \boldsymbol{W}_M'\boldsymbol{X})}{\text{Var}(\boldsymbol{W}_M'\boldsymbol{X})}$$

表示风险资产 x_i 与市场组合 M 之间的关系[①]。威廉·夏普将 $a_M - R_0$ 看作市场对投资者承担的风险所给予的报酬，β_{Mi} 代表风险资产 x_i 的风险大小，因而 $\beta_{Mi}(a_M - R_0)$ 可以看作风险资产 x_i 的风险溢价。值得注意的是，衡量风险的标准并不是风险资产的方差，而是 β_{Mi}。

（1）当 $\beta_{Mi} > 1$ 时，我们称风险资产 x_i 为进攻性的，即当市场价格上涨时，它的价格上涨得更快。

（2）当 $\beta_{Mi} < 1$ 时，我们称风险资产 x_i 为防御性的，即当市场价格下跌时，它的价格下跌得较慢。

（3）当 $\beta_{Mi} = 1$ 时，我们称风险资产 x_i 为中性的，即它的价格与市场价格同步变化，而且变化幅度一致。

β_{Mi} 还有一个很有意思的性质，它正好是风险资产 x_i 的一元线性回归方程的回归系数。我们由式（5-25）可以得到线性回归方程

$$x_i = a_i + b_i x_M + \varepsilon_i$$

这实际上就是夏普提出的市场模型。

由式（5-26）可知，我们通过 β_{Mi} 可以确定 μ_i。若 P_{1i} 表示第 i 种股票现在的价格，P_{0i} 表示该股票的初始价格，则我们可以用 $\frac{P_{1i} - P_{0i}}{P_{0i}}$ 表示第 i 种股票的平均收益率，将其与式（5-26）所确定的 μ_i 比较，就可判断出股票价格的高低。如果 $\mu_i > \frac{P_{1i} - P_{0i}}{P_{0i}}$，说明资产 x_i 的价格被低估，应该买进；如果 $\mu_i < \frac{P_{1i} - P_{0i}}{P_{0i}}$，说明资产 x_i 的

---

① 由于 R_0 和 a_M 是确定的，因而 μ_i 的值就依赖于 β_i，我们将 β_i 称为"贝塔系数"，它反映了某种风险资产的收益对市场的依赖程度。

价格被高估,应该卖出。

如图 5-5 所示,证券市场线描述了预期收益率与系统风险系数 β 之间的线性关系,其中纵截距为无风险收益率 R_0,说明放弃当期消费的机会成本为无风险收益,证券市场线的斜率为正说明投资者因为承担更多的系统风险而获得更大的平均收益。同时显示出,CAPM 与均值—方差模型的重要区别在于将风险区分为系统风险和非系统风险,并且证明了非系统风险的可分散性,进而说明资产收益率取决于系统风险。

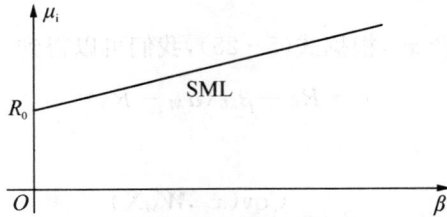

图 5-5　证券市场线

进而,根据上面对图 5-5 证券市场线的分析,系统风险系数 β 还可以表示为

$$\beta_{Mi} = \frac{\text{Cov}(R_i, R_M)}{\text{Var}(R_M)} = \frac{\text{Cov}(R_i, R_M)}{\sigma_M^2}$$

七、β 系数的估计与 CAPM 的应用

要运用 CAPM 公式,就需要了解并估计公式中的 3 个参数,它们分别是资产的 β 系数、无风险利率 R_0 和市场风险溢价 $a_M - R_0$。在得到这 3 个参数的估计值之后,问题往往就会变得非常简单。在实际中,运用 CAPM 的难点就在于如何计算或估计这 3 个参数。

(一) β 系数的估计

在证券市场中,由于受到各种证券的收益及其相互关系的多种因素影响,所以它处于变动之中,因而没有理由认为证券或证券组合的 β 系数恒定不变。事实上,整个证券市场是一个面向未来的市场,所以形成投资决策的依据是"未来情况如何",因而我们需要真正了解的 β 系数的取值是未来某一相关时期的 β 系数。只有在认为未来的情况不会有大的差别时,我们才将现在的 β 系数代替未来的 β 系数,这就形成了解决这类问题的基本思路:先看过去和现在 β 系数的变化情况,再预期将来 β 系数会发生什么变化。

对 β 系数进行预测的方法有很多,而且新的预测方法也在不断涌现。对于不同的市场、不同的时期,有不同的方法与之相适应。几种最基本的方法是:① 用过去历史数据估计出的 β 值作为 β 系数的预测值;② 用根据历史 β 值调整后得到的值作为 β 系数的预测值;③ 用最近一段时间的事后 β 系数估计值作为未来某个时间段的 β

系数的预测值。

（二）对 R_0 和 $a_M - R_0$ 的估计

无风险资产的最大特点是没有风险，即收益是确定的。由于需要强调无风险的特性，我们需要寻找无风险的对象。在实际的投资对象中，"最无风险"的投资工具是国债。因此，用债券收益率作为 R_0 的替代物，应该是可以接受的。

对风险溢价的估计主要是对 a_M 的估计，也就是对市场组合收益率的估计。如果按照市场组合的准确定义进行计算，真正的市场组合应该包括所有资产。如果严格遵循这样的定义，基本上这是不可能完成的任务，因为它的定义是"理想化的"。这些资产中的某些资产（如公司自己持有的不进行交易的债券、无形资产、不动产等）的收益率是不确定的（或者说得不到相应的数据），故难以得到真正的市场组合 M，即市场组合的收益率是不可测的。

一般来说，可以考虑用市场价格指数作为市场组合 M 的替代物。如果组合中所含的资产仅仅包含股票，一般做法是用股票价格指数作为市场组合的替代物。如果组合中还含有债券，就可以用股票价格指数和债券指数一起构造一个综合的指标作为市场组合的替代物。按照同样的思路，如果组合中含有多种类型的资产，还可以用反映每种类型资产的指数构造一个综合指标。

当然，用指数作为市场组合的替代物也存在使用上的难点。价格指数的种类繁多，选用哪个指数本身就是一个问题。以股票价格指数为例，中国就有成分股指数和综合指数等多种。因此，选择股票价格指数有一定的灵活性。美国股市通常选用标准普尔 500 指数作为市场组合的替代物。而我国在这方面的研究历史短，关于选择哪个指数会更好的问题还有待进一步观察和了解。

估计 a_M 需要考虑历史的风险溢价，以历史的风险溢价作为分析的基础。需要注意的是，无论采用哪种方法，市场风险溢价都是变化的，而且极不稳定。

由于 CAPM 关于完备市场的假设过于苛刻，所以此后的研究中不断放宽其假设条件以求更贴近市场实际，在同一框架内获得一系列 CAPM 修正模型。其中，Brennan 引入税收因素后，研究发现这并没有改变 CAPM 的基本结构。Black 证明，在不存在无风险资产的前提下，CAPM 仍然成立，但是需要用零 β 组合的预期收益率代替无风险利率。Mayers（1972）的研究表明，即使存在不可交易的资产，CAPM 的基本形式也不会有根本性的改变。

（三）异常收益指数

为了对组合投资所获得的收益进行评价，引入异常收益的测度指标。市场收益是指由市场风险因素变化导致的债券价格普遍性升降，而异常收益就是指超出（或低于）市场收益的那部分收益。典型的指标有夏普比率、特雷诺比率和詹森指数。其中，前两个指标主要衡量投资者承担单位风险所获得的收益，后一个指标则衡量的是扣除市场风险后获得异常收益的能力。

夏普比率的计算公式为

$$夏普比率\ S_P = \frac{E(R_P) - R_0}{\sigma_P}$$

特雷诺比率是在夏普比率基础上的改进，它用 β 系数代替波动率，得到

$$特雷诺比率\ T_P = \frac{E(R_P) - R_0}{\beta_P}$$

鉴于以上两个比率并未将超额收益部分 $E(R_P) - R_0$ 进一步区分为市场收益和异常收益，因此这里还需要介绍詹森指数。詹森指数又称为 Alpha 指数，它实际上刻画的是资产组合战胜市场的能力。其计算公式为

$$詹森指数\ \alpha_P = E(R_P) - R_0 - \beta_P [E(R_M) - R_0]$$

对于积极管理的投资组合，如果其詹森指数显著为正，则说明该投资组合的投资收益优于市场投资组合平均水平；反之，如果其詹森指数显著为负，则说明该投资组合的投资收益低于市场投资组合平均水平。该指数可以反映出投资经理对时机选择和个股选择的能力。

第三节　套利定价模型

一、背景

在金融学中，研究资产价值的基本方法有两个：一种是基于一般均衡分析的资本资产定价模型；另一种是基于套利理论的定价模型。从二者关系上看，前者是无套利定价，后者则不一定是一般均衡的价格。也可以形象地说，一种是市场出清的资产定价；一种是市场不出清的资产定价。当然，在金融学中，市场出清的概念不是针对商品和价格，而是针对风险和收益。

建立在均值—方差分析基础上的资本资产定价模型，在理论上是十分完美的模型，它解释了为什么不同的证券会有不同的期望收益率。资本资产定价模型自创立以来，得到了十分广泛的应用。

CAPM 模型的核心是市场投资组合，市场上风险资产的超额收益率由市场组合的超额收益率和 β 系数确定，而 β 系数也源自市场投资组合。CAPM 模型实际上在已知各种风险资产收益率分布和市场组合的情况下，如果市场满足 CAPM 模型的基本假设，则风险资产的定价问题就得以解决。但是，一方面 CAPM 模型是建立在一系列十分严格的假设之下，在市场处于竞争均衡的状态之下得到；另一方面在计算 β 系数时，要计算 σ_{ij}，计算量之大，即使使用现代最新的计算技术也难以完成。况且金融市场的实际情况很难满足 CAPM 模型对于市场的假设。因此，CAPM 模型不仅在

理论上受到人们的质疑,而且在应用过程中遇到很大的困难。

Ross(1976)提出了一种新的资产定价理论,称为套利定价理论(Arbitrage Pricing Theory,APT)。APT 模型和 CAPM 模型显著的不同点是:APT 模型认为,除了市场因素之外,资产价格受一些外部因素影响,利用无套利定价原理得出风险资产期望收益率的一般表达式,而且套利定价模型的假设大大少于 CAPM 模型的假设,比 CAPM 模型更接近资本市场的实际情况。在这种意义下,APT 模型是 CAPM 模型的完善和发展。

APT 模型和 CAPM 模型都认为,资产预期收益和其他随机变量的协方差之间存在线性关系。在 CAPM 模型中,协方差是指资产预期收益与市场资产组合收益的关系。这些协方差被解释为当投资者进行证券多样化选择时所不能避免的风险度量。APT 模型是单周期模型,在模型中,每个投资者都相信,资本资产收益的随机性与市场的 APT 结构相一致,如果均衡价格不提供套利机会,那么这些资本资产的预期收益与资产的风险报酬就是线性相关的。APT 模型的这些思想和原理被广泛地用在市场结构与市场有效性研究中。

APT 模型除了具有与 CAPM 模型互补的特性和优点以外,其最本质的特性就是不要求市场出清。这是 APT 模型和套利理论的最大价值所在。换句话说,资本资产定价是在一般均衡市场上进行研究的,而现实中没有具备一般均衡条件的市场,因此,从这个角度说,APT 模型的套利定价不仅是 CAPM 模型的互补,也是更有现实价值的模型。

二、套利的基本形式

套利是指利用一个或多个市场存在的各种价格差异,在不冒风险或冒较小风险的情况下赚取较高收益率的交易活动。换句话说,套利是利用资产定价的错误、价格联系的失常,以及市场缺乏有效性的其他机会,通过买进价格被低估的资产,同时卖出价格被高估的资产来获取无风险利润的行为。套利是市场无效率的产物,而套利的结果促使市场效率提高,因此套利对社会的正面效应远超过负面效应,应予以充分鼓励和肯定。

套利有五种基本形式:空间套利、时间套利、工具套利、风险套利和税收套利。

(1)空间套利。

空间套利(或称地理套利),是指在一个市场上低价买进某种商品,而在另一市场上高价卖出同种商品,从而赚取两个市场间差价的交易行为。空间套利是最简单的套利形式之一。

(2)时间套利。

时间套利是指同时买卖在不同时点交割的同种资产,包括现在对未来的套利和未来对未来的套利。

（3）工具套利。

工具套利就是利用同一标的资产的现货及各种衍生证券的价格差异，通过低买高卖来赚取无风险利润的行为。在这种套利形式中，多种资产或金融工具组合在一起，形成一种或多种与原来有着截然不同性质的金融工具，这就是创造复合金融工具的过程。反之，一项金融工具可以分解成一系列的金融工具，且每一个都有着与原来金融工具不同的特性。金融工具的组合和分解正是金融工程的主要运用。

（4）风险套利。

风险套利是指利用风险定价上的差异，通过低买高卖赚取无风险利润的交易行为。根据高风险、高收益原则，风险越高，所要求的风险补偿就越多。保险是风险套利的典型例子。

（5）税收套利。

税收套利是指利用不同投资主体、不同证券、不同收入来源在税收待遇上存在的差异所进行的套利交易。

三、套利定价（多因素）模型（APT 与 MPM）

套利定价模型（Arbitrage Pricing Theory）又称为多因素定价模型（Multifactor Pricing Model）。它与计量经济学中的多元线性回归模型相联系，在统计学中称为线性模型。

（一）模型的假设

套利定价模型与资本资产定价模型相同的假设有：① 资本市场是完全竞争和有效的，不存在交易成本；② 投资者的目标是实现期望效用最大化；③ 所有投资者对于资产的收益分布具有一致的预期。

但与资本资产定价模型不同的是，套利定价模型并不要求投资者能以无风险的利率借入和贷出资金，也不要求投资者以资产组合的收益和方差为基础进行投资决策。套利定价模型最重要的一点是假设风险资产的收益受到市场上几种不同风险因子的影响，而到底是哪几种风险、这些风险具体是什么则无关紧要。

（二）APT 模型

此模型的金融经济学思想是，假设证券 i 的收益率 r_i 依赖于 k 个因素 F_j，r_i 和 F_j 有下列关系

$$r_i = E(r_i) + b_{i1}F_1 + b_{i2}F_2 + \cdots + b_{ik}F_k + \varepsilon_i, \quad i = 1, 2, \cdots, n \quad (5-27)$$

假定各 F_j 的期望值为 0，b_{ij} 反映了证券 i 对因素 F_j 的依赖程度，称为因素 F_j 的边际效应（或载荷）。

现在考虑对这些证券组合进行投资，用 ω_i 表示在证券 i 上投资的比例，$\omega_i > 0$ 表示买进，$\omega_i < 0$ 表示卖出。如果 $\sum_{i=1}^{n} \omega_i = 0$，表示在原有的投资上做调整，无须增加新

的投资，ω_i 反映了调整的比例，调整后的收益为

$$\sum_{i=1}^{n} \omega_i r_i = \sum_{i=1}^{n} \omega_i \left[E(r_i) + b_{i1}F_1 + \cdots + b_{ik}F_k + \varepsilon_i \right] \qquad (5-28)$$

记

$$\boldsymbol{b}_\alpha = \left(b_{1\alpha}, b_{2\alpha}, \cdots, b_{n\alpha} \right)' = \begin{pmatrix} b_{1\alpha} \\ b_{2\alpha} \\ \vdots \\ b_{n\alpha} \end{pmatrix}, \quad \alpha = 1, 2, \cdots, k$$

式中，向量 $\boldsymbol{b}_\alpha$ 反映了因素 F_α 对各证券的影响情况，如果

$$\sum_{i=1}^{n} \omega_i b_{i\alpha} = 0 \qquad (5-29)$$

则表明新的组合 $(\omega_1, \omega_2, \cdots, \omega_n)$ 的收益 $\sum_{i=1}^{n} \omega_i r_i$ 不受 F_α 的影响。于是可以看出，只要 k 较小，n 相当大，由于 $\boldsymbol{W} = (\omega_1, \omega_2, \cdots, \omega_n)'$ 是 n 维空间的向量，$\boldsymbol{b}_1, \boldsymbol{b}_2, \cdots, \boldsymbol{b}_k$ 是 k 个 n 维向量，所以它们至多构成一个 k 维的子空间，式(5-29)表示 $\boldsymbol{W}$ 与 $\left(\boldsymbol{b}_1, \boldsymbol{b}_2, \cdots, \boldsymbol{b}_k \right)$ 正交。因此，只要我们选取的 $\boldsymbol{W}$ 与 $\left(\boldsymbol{b}_1, \boldsymbol{b}_2, \cdots, \boldsymbol{b}_k \right)$ 正交，则 $\boldsymbol{W}$ 的收益就不受 $F_1, F_2, \cdots, F_k$ 的影响。所以当 $n \gg k$ 时(实际上只需大于 $k+1$ 即可)，这是可以做到的。

选 $\boldsymbol{W}$ 与 $\boldsymbol{\Pi}, \boldsymbol{b}_1, \boldsymbol{b}_2, \cdots, \boldsymbol{b}_k$ 都正交(其中 $\boldsymbol{\Pi}$ 是坐标全为 1 的向量)，这是因为 $\boldsymbol{W}'\boldsymbol{\Pi} = \sum_{i=1}^{n} \omega_i = 0$，就是 $\boldsymbol{W}$ 与 $\boldsymbol{\Pi}$ 也正交，这样的 $\boldsymbol{W}$ 是存在的。选出 $\boldsymbol{W}$ 后，由于式(5-29)对 $\alpha = 1, 2, \cdots, k$ 都成立，则 $\boldsymbol{W}$ 的收益为

$$\begin{aligned} \sum_{i=1}^{n} \omega_i r_i &= \sum_{i=1}^{n} \omega_i E(r_i) + \sum_{i=1}^{n} \omega_i \sum_{j=1}^{k} b_{ij} F_j + \sum_{i=1}^{n} \omega_i \varepsilon_i \\ &= \sum_{i=1}^{n} \omega_i E(r_i) + \sum_{j=1}^{k} \left(\sum_{i=1}^{n} \omega_i b_{ij} \right) F_j + \sum_{i=1}^{n} \omega_i \varepsilon_i \\ &= \sum_{i=1}^{n} \omega_i E(r_i) + \sum_{i=1}^{n} \omega_i \varepsilon_i \end{aligned} \qquad (5-30)$$

式中，$\varepsilon_i (i = 1, 2, \cdots, n)$ 是相互独立的，且

$$E(\varepsilon_i) = 0$$
$$D(\varepsilon_i) = \sigma^2$$
$$D\left(\sum_{i=1}^{n} \omega_i \varepsilon_i \right) = \sum_{i=1}^{n} \sigma^2 \omega_i^2 = \sigma^2 \sum_{i=1}^{n} \omega_i^2$$

由切比雪夫不等式可知，对任意的 $\delta > 0$，有

$$P\left(\left|\sum_{i=1}^{n}\omega_i\varepsilon_i\right|\geqslant\delta\right)$$

$$=P\left(\left|\sum_{i=1}^{n}\omega_i\varepsilon_i-\sum_{i=1}^{n}\omega_iE(\varepsilon_i)\right|\geqslant\delta\right)$$

$$=P\left(\left|\sum_{i=1}^{n}\omega_i\varepsilon_i-E\sum_{i=1}^{n}(\omega_i\varepsilon_i)\right|\geqslant\delta\right)\leqslant\frac{\sigma^2}{\delta^2}\sum_{i=1}^{n}\omega_i^2$$

只要当 $n\to\infty$，有 $\sum_{i=1}^{n}\omega_i^2\to 0\left(如|\omega_i|=\frac{1}{n}\right)$，则式(5-30)就可以写成

$$\sum_{i=1}^{n}\omega_i r_i=\sum_{i=1}^{n}\omega_iE(r_i)$$

其结果是一个常数。事实上，随机变量 $\sum_{i=1}^{n}\omega_i\varepsilon_i$ 的方差渐近趋于 0。当一个随机变量的方差为 0 时，则它依赖概率 1 取常数，而这个常数就是该随机变量的期望值。

如果 $\sum_{i=1}^{n}\omega_iE(r_i)>0$，则表示无须投资，只要适当调整就可以套利，无风险地增加收益。而从市场运行规律来看，这是不可能实现的。合理的结果是 $\sum_{i=1}^{n}\omega_iE(r_i)=0$（无套利原则），这说明

$$\boldsymbol{W}\perp\boldsymbol{E}(\boldsymbol{r})=\begin{bmatrix}E(r_1)\\E(r_2)\\\vdots\\E(r_n)\end{bmatrix}$$

即 $\boldsymbol{E}(\boldsymbol{r})$ 这个向量是与 $\boldsymbol{W}$ 正交的，又因为 $\boldsymbol{W}$ 与 $\boldsymbol{\Pi},\boldsymbol{b}_1,\boldsymbol{b}_2,\cdots,\boldsymbol{b}_k$ 正交，因此向量 $\boldsymbol{E}(\boldsymbol{r})$ 与 $\boldsymbol{\Pi},\boldsymbol{b}_1,\boldsymbol{b}_2,\cdots,\boldsymbol{b}_k$ 有线性相关的部分，即

$$\boldsymbol{E}(\boldsymbol{r})=\lambda_0\boldsymbol{\Pi}+\lambda_1\boldsymbol{b}_1+\cdots+\lambda_k\boldsymbol{b}_k+\boldsymbol{d}$$

式中，$\boldsymbol{d}$ 反映了不能被 $\boldsymbol{\Pi},\boldsymbol{b}_1,\boldsymbol{b}_2,\cdots,\boldsymbol{b}_k$ 线性表示的部分。当 $\boldsymbol{d}$ 很小时，有

$$\boldsymbol{E}(\boldsymbol{r})=\lambda_0\boldsymbol{\Pi}+\lambda_1\boldsymbol{b}_1+\cdots+\lambda_k\boldsymbol{b}_k \qquad\qquad (5-31)$$

这就是由 APT 或 MPM 导出的证券定价公式。其中 λ_i 反映了证券对于各因子的敏感性，λ_0 反映无风险因素，通常被认为是无风险收益率 r_0，写成溢价收益的形式就是

$$\boldsymbol{E}(\boldsymbol{r}-r_0\boldsymbol{\Pi})=\sum_{a=1}^{k}\lambda_a\boldsymbol{b}_a$$

（四）套利定价理论与资本资产定价模型的区别

把套利定价公式(5-31)和资本资产定价公式(5-25)进行比较，就可以发现它

们之间的联系和区别。

$$E(r) = R_0\boldsymbol{\Pi} + \lambda_1\boldsymbol{b}_1 + \cdots + \lambda_k\boldsymbol{b}_k$$

$$\boldsymbol{\mu} = R_0\boldsymbol{\Pi} + \beta_M(a_M - R_0)$$

如果从形式上观察,它们的共同点是:都要考察灵敏度(分别为 b 和 β)。但仔细分析就会发现两个重要区别:① 资本资产定价分析是找到一种无风险的资产(R_0)和另一种市场共同基(R_M)作为风险资产的定价参照,而套利定价分析是找到一种无风险的资产(R_0)和市场平均收益率作为定价参照;② 资本资产定价分析是在一般均衡的市场上进行的,而套利定价分析是在无套利条件下得到的。但市场均衡时无套利,可是无套利并不一定是均衡市场。只有在市场组合是完全可分散化的假设之下,才有一致的结论。

第一个区别使得二者各有其优点。CAPM 把风险资产的价值分析落实到市场共同基金上,这也为金融实务和金融中介提供了指导。而 APT 把风险资产的价值分析落实到平均收益率上,这为风险资产的价格计算提供了依据。

第二个区别应该说更有意义。因为没有市场出清和一般均衡的要求,减少了很多(人为的和理想的)约束。那么在没有这些约束条件的情况下,APT 是怎么解决风险资产的价格和收益分析的呢? 其中市场平均收益率起最关键的作用。这个思路其实是借鉴了均值的思想。

由此可以看到,CAPM 是用市场共同基金化解的风险,APT 则是用均值化解的风险。

更具体细致地分析观察后发现,套利定价理论关键是应用了无套利的假定,通过许多因子来确定证券的价格,其核心是要求出 b_{ij},然后利用 b_{ij} 去解释市场的变化,并度量每个因子的风险大小。它使我们扩大了考虑因素的范围,可以从证券市场以外的因素去选择,而不像资本资产定价模型只从证券市场本身的历史来研究。这样就可以把证券的价格与国家经济发展状况、企业效益状况、外汇市场等其他经济因素相联系,从而使模型能更好地反映现实状况。套利定价理论与资本资产定价模型的区别具体有如下几点:

(1) 套利定价理论对分布不做要求。

(2) 套利定价理论对个人收益没有直接假定条件,而资本资产定价模型假定在收益一定的条件下选择风险小的组合,同时在风险一定的条件下选择收益大的组合。

(3) 套利定价理论允许非证券市场因素参与定价,而资本资产定价模型只与证券市场本身因素有关。

(4) 套利定价理论可以对证券市场中一部分证券的组合定价,无须涉及全体,而资本资产定价模型必须从证券市场整体考虑。

(5) 套利定价理论较容易推广到多期的情形。

APT 的局限性主要表现在两个方面：

（1）APT 没有说明决定资产定价的风险因子的数目和类型，也没有说明各个因子风险溢价的符号和大小，这就使得 APT 在实际应用中有一定的困难。

（2）由于 APT 中包含了残差风险，而残差风险只有在组合中存在大量的分散化资产时才能被忽略，因此 APT 实际上是一种极限意义上的资产定价理论，对于实际生活中资产数目有限的资产组合而言，其指导意义受到一定的限制。

为解决第一个问题，在实证研究中，学者们一般通过运用经济学直觉和实证分析相结合的方式来寻找那些对资产收益率有显著影响的因素，其中最有影响的当属 Fama & French（1993）建立的三因素模型。它用市场风险溢价、规模因素和账面市值比三个因素来解释股票收益率的变化，得到很有说服力的结果。

第四节　金融市场结构与套利行为

本节应用资产套利定价理论来从另外一个角度认识金融市场结构和效率性。特别是，套利定价理论可以从微观层面和金融行为方面来认识金融市场的有效性问题。

一、APT 与有效市场理论

（一）有效市场理论概述

对金融市场有效性的研究始于 20 世纪初。法国数学家 Bachelier 早在 1900 年就开始研究热传导及布朗运动，首先提出了金融资产价格服从对数正态分布的假设，并用布朗运动来描述金融资产的收益，开始对市场的有效性进行研究。但是他的研究成果直到期权定价公式的研究才引起了人们的重视。现代金融市场有效性研究的奠基性工作是 Samnelson 1965 年的论文以及 20 世纪 70 年代 Fama 的研究成果。

Samnelson 在 1965 年提出的信息有效市场，不是微观经济中的资源配置的帕累托（Pareto）有效市场。在此有效市场中，证券的价格已完全反映了目前市场参与者全体所拥有的信息和对市场的预期。在有效市场中，资产价格的变化是不可预测的，对一个理想的"无摩擦"又没有交易成本的市场，价格完全反映了可得到的信息。

同时，金融市场有效程度用价格对信息的反映程度来衡量。1967 年，Robert 把有效市场假设分为 3 类。

（1）弱有效市场（Weak Form）。所采用的信息只包含市场过去的历史价格和收益。

（2）半强有效市场（Semistrong Form）。所采用的信息包含市场所有参与者都知道的信息。

（3）强有效市场（Strong Form）。所采用的信息不仅包含市场所有参与者都知道的信息，还包括私有信息。

近几十年来，金融市场有效性的研究方法是把市场的有效性和市场对信息的反应结合起来。1992 年，Malkiel 认为市场有效性内容应当包括以下 3 个方面的内容：

（1）有效的市场就是能在资产价格中完全反映证券价格相关信息的市场。

（2）市场对每个给定的信息集合都是有效的，把这一信息集合中的所有信息公开后，不会对资产的价格产生影响。

（3）市场对某个信息集合是有效的，投资者使用这一信息进行交易不可能获得任何利益。

在金融领域中，有效市场的概念非常重要。在一个有效市场中，信息的传递是以有效和合理的方法进行的，每一个投资者关于证券回报的期望都是建立在他们所能得到的全部信息基础之上。在有效市场中，（均衡）价格反映了投资者所能得到的全部信息。

有效市场理论的重要性还在于它对隐含在均衡价格中的信息总量和相关性的预见。也就是说，在有效市场中，投资者可以知道他们在观察资产价格时得不到的信息。因此，有效市场的理论和实证分析是以一个时期的价格行为和对均衡价格的调整为基础，并由此产生新的信息。由于这种原因，许多有效市场需要解决的问题，必须等到均衡模型建立之后才能做到。

（二）APT 与有效市场

APT 是排除套利的定价模型，该模型的宏观经济含义非常强，其文章都是围绕 b_{jk} 做出来的。它指出，当投资的风险只与宏观层面的经济因素有关时，企业高度分散化投资的组合可以排除某些小的风险 b_{jk} 和市场微观干扰（克服 ε_j）。从总量上来说，某些小概率的市场因素或某些特定的资产并不会影响投资，只是投资中的收益在各种资产之间根据各自的风险报酬来进行分配。

上述套利定价模型隐含的意思是，在单周期的投资中，从市场投资的总量来说，并没有什么随机性，但是某些资产可以根据自己对市场因素的反应敏感性，其实也就是信息等方面的优势，通过资产组合来获得更丰厚的报酬，即所谓的套利。但在一个无风险经济中，如果不存在套利机会，那么市场就是有效的。如果市场上缺乏有效性，那么市场上一定存在套利机会。

现代对套利问题的研究是对不能获得套利机会的研究。无套利的最重要意义在于，市场存在线性的定价规则。当经济活动服从大数定律时，对于任何喜欢多数而厌恶少数的个体来说，竞争和均衡使套利的机会不存在，因此在资产定价理论和套利定价理论中，有非常重要的基本结论。

【定理 5.1】 下面的命题是等价的:

(1) 无套利机会;

(2) 经济中存在线性的定价规则;

(3) 所有依据理性选择的消费投资人都实现了最优需求。

在比较深入一些的著作中,把此定理又叙述为如下形式。

【定理 5.2】 下列结论等价:

(1) 市场不存在套利机会;

(2) 存在风险中性概率测度;

(3) 存在状态价格随机过程。

与定理 5.1 比较,定理 5.2 的结论可能比较抽象。

大多数现代金融研究不是基于无套利理论,就是基于无套利的基本假定。已经有理论证明,莫迪利亚尼-米勒定理、市场有效性假说与无套利的基本命题是一致的。不仅资产定价理论与套利定价理论有内在的共性,而且,期权定价理论其实也是基于套利定价模型。因为在风险中性的经济中,期权价格与资产价格是线性关系。所以,由套利定价理论可知,研究与理解各种金融定价模型,把它们最基本的原理和分析模型搞清楚是非常必要和有帮助的。

二、APT 与均衡市场

(一) 一般均衡市场和完备市场的条件

一般均衡的市场条件就是完备的市场条件。完备市场假设可排除掉许多非本质性因素的影响,有助于人们深入把握金融问题的实质。在一般的金融研究中,都以下述假设作为完备性的具体条件①。

假设 1:市场是无摩擦的。

在无摩擦的市场中,不存在交易成本,不存在税收,所有的金融资产都是完全可分的。

假设 2:所有的投资者都是价格的接受者。

该假设意味着投资者的行为不影响资产收益的概率分布。

假设 3:不存在套利机会。

假设 4:不存在制度限制和金融管制。

该假设具体地说就是所有的资产都没有卖空的限制,并且可以充分地使用卖空所得的收入。如果存在一种无风险资产,则借款利率就等于贷款利率。

---

① 有些著作中也把完备性条件细化为:a. 有大量的有价证券(即金融资产)在市场中交易;b. 有价证券合约的条款在法律意义上将被强制执行;c. 投资者可以自由地进入市场(市场没有准入限制);d. 交易过程是竞争性的;e. 交易时没有摩擦和约束(没有交易成本和其他的交易限制,如没有卖空或融资的限制等);f. 不需要考虑税收问题;g. 市场信息对所有的投资者是对称的。

（二）无套利原理

很明显,允许存在套利可能的价格不可能是市场均衡的结果。因为对任意一个具有不满足偏好的参与者来说,如果可能的话,他将进行大额的套利交易以产生额外的财富。价格的变化会使组合的净成本上升为大于 0 从而消除套利机会。因此,可以得出下面的结论。

【定理 5.3】 在均衡的市场中不存在套利机会。

这里需要注意的是:市场均衡时无套利,可是无套利并不一定是均衡市场。

【定理 5.4】 无套利原理:证券市场中不存在套利机会。

从以上过程可以看到,不存在市场套利机会只依赖两个假设:一是市场参与者的不满足性,二是市场无摩擦。偏好不满足公理对参与者来说是一个很弱的假设,因此无套利的假设实际上等同于市场无摩擦的假设。对于一般的市场而言,如商品和劳动力市场,由交易成本和交易限制导致的摩擦往往是非常严重的。相比而言,证券市场中的摩擦要轻得多。证券本身的产生和交易往往成本很低以至于可以忽略不计。正是在这样的前提下,我们把无套利作为金融学的一个基本原理。

应该指出,基于一般均衡分析的金融研究是非常必要的,但是,现代金融研究更需要基于布朗-伊藤随机分析和套利分析。

习　题

1. 已知一个风险组合相对于市场组合的 β 系数为 2,预测市场组合在未来 3 个月的回报率为 5%,无风险年利率为 4%,则该风险组合在未来的 3 个月预期回报是多少?

2. 现有三种股票组成的套利证券组合,具有如表 5-2 所示的特征:

表 5-2

证券名称	证券 1	证券 2	证券 3
期望收益率/%	20	15	10
因素灵敏度	4.0	2.5	3.0
权重	0.05	0.1	−0.15

假设投资者持有这三种证券的市值分别为 100 万元,那么套利证券组合的市值为 300 万元,可以怎样操作?

3. 假定 4 种股票的系统性风险分别是 $\beta_1 = 0.9, \beta_2 = 1.6, \beta_3 = 1.0, \beta_4 = 0.7$。

（1）4 种股票在证券组合中的权重相等,计算组合风险 β_p;

（2）4 种股票在证券组合中的权重分别为 $\omega_1 = 0.3, \omega_2 = 0.2, \omega_3 = 0.1, \omega_4 = 0.4$,计算组合风险 β_p;

（3）比较（1）和（2）的结果,说明二者的区别。

4. 基金风险投资组合的平均报酬率为 16%,报酬率的标准差为 24%,β 值为 1.1,若无风险利率为 6%。

(1) 计算特雷诺指数。

(2) 计算夏普指数。

5. 现有某银行的一个两笔贷款的贷款组合。贷款 A 的占比为 30%,预期收益率为 10%,贷款收益的标准差为 15%;贷款 B 的占比为 70%,预期收益率为 15%,贷款收益标准差为 20%;两笔贷款的收益协方差为 0.02。

根据给出的资料,回答下列问题:

(1) 计算贷款组合的预期收益和标准差。

(2) 若相关系数为 -0.02,计算组合的预期收益和标准差。

(3) 相关系数与协方差对贷款组合的风险有什么影响?

第六章 金融衍生产品——期权的风险管理

教学要点

知识要点	掌握程度	相关知识
期权定价概述	掌握	期权价格的影响因素、期权平价关系
布朗运动与伊藤引理	掌握	布朗运动、伊藤过程、伊藤引理
布莱克-舒尔斯-默顿期权定价公式	重点掌握	风险中性原理、期权定价公式及其参数估计
二叉树期权定价模型	了解	二叉树方法、三叉树方法
期权价格的敏感度和期权的套期保值	重点掌握	期权价格的敏感度指标、期权的套期保值策略

课前导读

随着金融市场的进一步发展，风险管理需要更复杂先进的数学工具和方法，随机过程着重于对随时间或空间变化的随机现象，提出不同的动态模型，并研究其内在性质和相互之间的联系。通过学习，我们不仅要熟练掌握随机过程的基本概念、理论、方法及实际的应用，还要培养以随机的观点来看待、思考和解决问题的能力，在实践中提升文化自信、爱国情怀和民族自豪感，领悟随机过程的数学思想，感受其魅力和解决金融问题的创新思想，做到学以致用。比如，彭实戈院士曾利用其所创立的动态非线性数学期望理论发现我国期权期货交易中存在一些严重的问题，可能会给国家带来巨额损失，由于彭院士的大胆质疑和其所具备的强烈的社会责任感与科学家精神，最终国家避免了可能会遭受的巨额损失。

期权定价艰难曲折的研究历程，让我们深刻感受到学者在攀登学术高峰时候的顽强毅力，遇到困难迎难而上的不败斗志。学科创新是不会一帆风顺的，我们应该培养不畏困难、积极探索、坚持不懈、追求真理的科学精神。期权定价公式的成功让我们深刻认识到数理分析在金融市场中的重要性和开创性，从而激发我们的学习动力和热情，建立专业自信，志存高远、脚踏实地，将所学知识用到国家经济发展需要的地方。

通过对期权的深入分析,切实体会到金融市场的运作原则是不会给投机者"空手套白狼"的机会的。若找到金融产品的定价失误,确实能够让投资者在投资领域大放异彩。但这需要投资者具备扎实的基本功,以及对市场的了解。无数实例证明,建立在违反法律和突破道德底线基础上的牟利是不能持久的。定价与投资需要专业的支撑,不要妄想赚取超出自身认知范围的金钱,我们应该树立正确的投资观。

通过期权了解金融衍生品的设计和定价,为我国金融衍生品市场的发展提供参考。同时进一步理解金融专业知识在经济活动中的作用,尤其是服务实体经济,提供多种融资渠道的重要贡献,从而树立对金融市场的服务意识和为国家经济发展做贡献的责任感,为从事金融行业相关工作做好准备。

第一节　期权定价概述

金融衍生资产价值理论及其风险管理是现代金融和金融工程最让人兴奋的研究领域之一,同时也是最复杂的领域之一。金融市场最迷惑人的活动,就是金融衍生产品的创新;金融市场最让人看不懂的地方,就是这些金融衍生品的交易和风险。

期权定价是所有衍生产品定价中最复杂的,以 Black-Scholes-Merton 公式为标志的期权定价理论是现代金融学的一个里程碑。

一、期权价格的影响因素

期权价格也称为期权金或者权利金,由内在价值和时间价值两部分构成,则凡是影响内在价值和时间价值的因素,就是影响期权价格的因素。总的来看,期权价格的影响因素主要有六个,它们通过影响期权的内在价值和时间价值来影响期权的价格,分别为标的资产的市场价格、期权的协定价格、期权的有效期、标的资产价格的波动率、无风险利率和标的资产的收益。

由此,决定和影响期权价格的因素有很多,而且各因素对期权价格的影响也很复杂。特别是某些因素在不同时间和不同的条件下,对期权价格的影响也各不相同。另外,各因素对期权价格的影响,既有影响方向的不同,又有影响程度的不同。于是,在同时影响期权价格的各因素间,既存在互补关系,又存在抵消关系。可见,期权价格的决定是异常复杂的,由此导致人们对期权价格的分析也是非常复杂的。从函数的角度,可以如下表示

$$f(\overset{+}{S}, \overset{-}{X}, \overset{+}{T}, \overset{+}{\sigma}, \overset{+}{r}, \overset{-}{D})$$
$$g(\overset{-}{S}, \overset{+}{X}, \overset{+}{T}, \overset{+}{\sigma}, \overset{-}{r}, \overset{+}{D})$$

其中:f——看涨期权的价格函数;

$\quad g$——看跌期权的价格函数;

S——标的资产价格；

X——协定价格（执行价格）；

T——期权的有效期；

σ——标的资产价格的波动率；

r——无风险利率；

D——期权有效期内资产收益的现值。

符号"＋"表示正向相关（即正向的影响），符号"－"表示负向相关（即反向的影响）。

注：

这里的 T 是指在一般情况下，即剔除期权有效期内标的资产支付大量收益这一特殊情况。

另外，在期权价格的讨论中，我们同时还定义变量符号。

t——期权的现在日期；

c——欧式看涨期权价格；

C——美式看涨期权价格；

p——欧式看跌期权价格；

P——美式看跌期权价格。

二、看涨期权与看跌期权之间的平价关系

（一）欧式看涨期权与看跌期权之间的平价关系

1. 无收益资产的欧式期权

考虑如下两个组合：

组合 A：一份欧式看涨期权加上金额为 $X\mathrm{e}^{-r(T-t)}$ 的现金；

组合 B：一份欧式看跌期权加上一单位标的资产。

在 T 时刻，如果 $S_T < X$，看涨期权不被执行，而看跌期权将被执行，这时组合 A 的价值为 X，组合 B 的价值为 $X - S_T + S_T = X$；如果 $S_T > X$，看涨期权将被执行，而看跌期权不被执行，这时组合 A 的价值为 $S_T - X + X = S_T$，组合 B 的价值为 S_T。由此可见，无论在 T 时刻标的资产的市价和协定价格孰高孰低，组合 A 的价值都等于组合 B 的价值。因此，在 t 时刻组合 A 的价值也应等于组合 B 的价值，于是我们得到无收益资产欧式看涨期权与看跌期权之间的平价关系

$$c + X\mathrm{e}^{-r(T-t)} = p + S \qquad (6-1)$$

它表明欧式看涨期权的价格可根据具有相同协定价格和到期日的欧式看跌期权的价格推导出来，反之亦然。

2. 有收益资产的欧式期权

我们只要将上述组合 A 的现金部分改为 $D + X\mathrm{e}^{-r(T-t)}$，经过类似的推导，就可得出有收益资产欧式期权的平价关系

$$c + D + Xe^{-r(T-t)} = p + S \qquad (6-2)$$

(二) 美式看涨期权与看跌期权之间的平价关系

1. 无收益资产的美式期权

由于美式期权可能提前被执行,因此我们得不到美式看涨期权和看跌期权的精确平价关系,但我们可以得出结论,无收益美式期权必须符合下面的不等式

$$S - X < C - P < S - Xe^{-r(T-t)}$$

2. 有收益资产的美式期权

有收益资产的美式期权必须符合如下不等式

$$S - D - X < C - P < S - D - Xe^{-r(T-t)}$$

第二节 布朗运动与伊藤引理

一、布朗运动

布朗运动起源于物理学中对完全浸没于液体或气体中的小粒子运动的描述,以发现这种现象的英国植物学家罗伯特·布朗(Robert Brown)的名字命名。然而真正用于描述布朗运动的随机过程的定义是维纳(Wiener)给出的,因此布朗运动又称维纳过程。

(一) 标准布朗运动

设 Δt 代表一个小的时间间隔长度,Δz 代表变量 z 在 Δt 时间内的变化,遵循标准布朗运动的 Δz 具有两种特征:

【特征 1】 Δz 和 Δt 的关系满足

$$\Delta z = \varepsilon \sqrt{\Delta t} \qquad (6-3)$$

式中,ε 代表从标准正态分布(即均值为 0、标准差为 1 的正态分布)中取的一个随机值。

【特征 2】 对于任何两个不同时间间隔 Δt,Δz 的值相互独立。

从特征 1 可知,Δz 本身也具有正态分布特征,其均值为 0,标准差为 $\sqrt{\Delta t}$,方差为 Δt。

从特征 2 可知,标准布朗运动符合马尔科夫过程,因此是马尔科夫过程的一种特殊形式。

现在我们来考察遵循标准布朗运动的变量 z 在一段较长时间 T 中的变化情形。我们用 $z(T) - z(0)$ 表示变量 z 在 T 中的变化量,它可被看作在 N 个长度为 Δt 的

小的时间间隔中 z 的变化总量,其中 $N=T/\Delta t$,因此有

$$z(T)-z(0)=\sum_{i=1}^{N}\varepsilon_i\sqrt{\Delta t} \qquad (6-4)$$

式中,$\varepsilon_i(i=1,2,\cdots,N)$ 是标准正态分布的随机抽样值。从特征 2 可知,ε_i 是相互独立的,因此 $z(T)-z(0)$ 也具有正态分布特征,其均值为 0,方差为 $N\Delta t=T$,标准差为 $\sqrt{T}$。

由此我们可以发现两个特征:① 在任意长度的时间间隔 T 中,遵循标准布朗运动的变量的变化值服从均值为 0、标准差为 $\sqrt{T}$ 的正态分布;② 对于相互独立的正态分布,方差具有可加性,而标准差不具有可加性。

当 $\Delta t \to 0$ 时,我们就可以得到极限的标准布朗运动

$$\mathrm{d}z=\varepsilon\sqrt{\mathrm{d}t} \qquad (6-5)$$

(二) 普通布朗运动

为了得到普通布朗运动,我们引入两个概念:漂移率和方差率。漂移率是指单位时间内变量 z 均值的变化值,方差率是指单位时间的方差。

标准布朗运动的漂移率为 0,方差率为 1。漂移率为 0 意味着在未来任意时刻 z 的均值都等于它的当前值,而方差率为 1 意味着在一个长度为 T 的时间段后,z 的方差为 $1\times T$。我们令漂移率为 a,方差率为 b^2,就可得到变量 x 的普通布朗运动

$$\mathrm{d}x=a\mathrm{d}t+b\mathrm{d}z \qquad (6-6)$$

式中,a 和 b 均为常数,$\mathrm{d}z$ 遵循标准布朗运动。

很显然,标准布朗运动是普通布朗运动的一个特例。

由式(6-3)和式(6-5)可知,在短时间后,x 值的变化值 Δx 有

$$\Delta x=a\Delta t+b\varepsilon\sqrt{\Delta t} \qquad (6-7)$$

因此,Δx 也具有正态分布特征,其均值为 $a\Delta t$,标准差为 $b\sqrt{\Delta t}$,方差为 $b^2\Delta t$。同样,在任意时间长度 T 后 x 值的变化也具有正态分布特征,其均值为 aT,标准差为 $b\sqrt{T}$,方差为 b^2T。

(三) 几何布朗运动

证券价格的变化过程可以用普遍布朗运动来描述。由于投资者关心的是证券价格的变动幅度而不是变动的绝对值,因此我们可以用证券价格比例的方式来定义证券价格的布朗运动

$$\frac{\mathrm{d}S}{S}=\mu\mathrm{d}t+\sigma\mathrm{d}z \qquad (6-8)$$

式中,S 表示证券价格,μ 表示证券在单位时间内以连续复利计算的期望收益率(又

称预期收益率),σ^2 表示证券收益率单位时间的方差,σ 表示证券收益率单位时间的标准差(简称为证券价格的波动率),dz 遵循标准布朗运动。

由式(6-3)和式(6-8)可知,在短时间 Δt 后,证券价格比率的变化值为

$$\frac{\Delta S}{S} = \mu \Delta t + \sigma \varepsilon \sqrt{\Delta t} \tag{6-9}$$

可见,$\dfrac{\Delta S}{S}$ 也具有正态分布特征,其均值为 $\mu \Delta t$,标准差为 $\sigma \sqrt{\Delta t}$,方差为 $\sigma^2 \Delta t$。换句话说,有

$$\frac{\Delta S}{S} \sim \varphi(\mu \Delta t, \sigma \sqrt{\Delta t}) \tag{6-10}$$

式中,$\varphi(m, s)$ 表示均值为 m、标准差为 s 的正态分布。

式(6-8)所描述的随机过程称为几何布朗运动。其中,变量 μ 和 σ 大小取决于时间计量单位。在本章中,若无特别说明,我们通常以年为时间的计量单位。

二、伊藤过程和伊藤引理

普通布朗运动假定漂移率和方差率为常数,若把变量 x 的漂移率和方差率当作变量 x 和时间 t 的函数,我们可以从式(6-6)得到伊藤过程(Itô's Process)

$$dx = a(x, t)dt + b(x, t)dz \tag{6-11}$$

式中,dz 是一个标准布朗运动,a、b 是变量 x 和 t 的函数,变量 x 的漂移率为 a,方差率为 b^2。

【定理 6.1】 伊藤引理(Itô's Lemma)

假设变量 x 遵循伊藤过程

$$dx = a(x, t)dt + b(x, t)dz$$

式中,dz 是一个标准布朗运动,设 $G = G(x, t)$ 是 x 和 t 的函数,函数 $G(x, t)$ 二次连续可微,则 $G(x, t)$ 遵循如下过程

$$dG = \left(\frac{\partial G}{\partial x} a + \frac{\partial G}{\partial t} + \frac{1}{2} \frac{\partial^2 G}{\partial x^2} b^2 \right) dt + \frac{\partial G}{\partial x} b \, dz \tag{6-12}$$

证明:

由多元函数的泰勒公式

$$\Delta G = \frac{\partial G}{\partial x} \Delta x + \frac{\partial G}{\partial t} \Delta t + \frac{1}{2} \frac{\partial^2 G}{\partial x^2} \Delta x^2 + \frac{\partial^2 G}{\partial x \partial t} \Delta x \Delta t + \frac{1}{2} \frac{\partial^2 G}{\partial t^2} \Delta t^2 + \cdots \tag{6-13}$$

因为

$$\Delta x = a(x, t) \Delta t + b(x, t) \varepsilon \sqrt{\Delta t} \tag{6-14}$$

$$\Delta x^2 = a^2 \Delta t^2 + 2ab \varepsilon \Delta t \sqrt{\Delta t} + b^2 \varepsilon^2 \Delta t$$

式中,ε 服从标准正态分布,$E(\varepsilon)=0$,$E(\varepsilon^2)=1$。则 $E(b^2\varepsilon^2\Delta t)=b^2\Delta t$,又因为 $\mathrm{Var}(\Delta x^2)\rightarrow 0$,当 $\Delta t\rightarrow 0$ 时

$$\Delta x^2 = b^2\Delta t^2 + o(\Delta t) \tag{6-15}$$

又由式(6-14),得

$$\Delta x\Delta t = a(x,t)\Delta t^2 + b(x,t)\varepsilon(\Delta t)^{\frac{3}{2}} = o(\Delta t)$$

将式(6-14)式(6-15)代入式(6-13),得

$$\Delta G = \frac{\partial G}{\partial x}\Delta x + \frac{\partial G}{\partial t}\Delta t + \frac{1}{2}\frac{\partial^2 G}{\partial x^2}b^2\Delta t + o(\Delta t)$$

令 $\Delta t\rightarrow 0$,得

$$\mathrm{d}G = \frac{\partial G}{\partial x}\mathrm{d}x + \frac{\partial G}{\partial t}\mathrm{d}t + \frac{1}{2}\frac{\partial^2 G}{\partial x^2}b^2\mathrm{d}t \tag{6-16}$$

将 $\mathrm{d}x = a(x,t)\mathrm{d}t + b(x,t)\mathrm{d}z$ 代入式(6-16),得

$$\mathrm{d}G = \left(\frac{\partial G}{\partial x}a + \frac{\partial G}{\partial t} + \frac{1}{2}\frac{\partial^2 G}{\partial x^2}b^2\right)\mathrm{d}t + \frac{\partial G}{\partial x}b\mathrm{d}z$$

由伊藤引理可知,如果 x 和 t 遵循伊藤过程,则 x 和 t 的函数 $G(x,t)$ 也遵循伊藤过程。它的漂移率为 $\frac{\partial G}{\partial x}a + \frac{\partial G}{\partial t} + \frac{1}{2}\frac{\partial^2 G}{\partial x^2}b^2$,方差率为 $\left(\frac{\partial G}{\partial x}\right)^2 b^2$。

从式(6-8)中,我们可得

$$\mathrm{d}S = \mu S\mathrm{d}t + \sigma S\mathrm{d}z \tag{6-17}$$

式中,μ 和 σ 为常数,S 显然服从 $a(S,t)=\mu S$,$b(S,t)=\sigma S$ 的伊藤过程。我们知道,衍生证券的价格是标的证券价格 S 和时间 t 的函数。根据伊藤引理,衍生证券的价格 $G(S,t)$ 应遵循如下过程

$$\mathrm{d}G = \left(\frac{\partial G}{\partial S}\mu S + \frac{\partial G}{\partial t} + \frac{1}{2}\frac{\partial^2 G}{\partial S^2}\sigma^2 S^2\right)\mathrm{d}t + \frac{\partial G}{\partial S}\sigma S\mathrm{d}z \tag{6-18}$$

比较式(6-17)和式(6-18)可看出,衍生证券价格 $G(S,t)$ 和标的证券价格 S 都受同一个基本的不确定性来源 $\mathrm{d}z$ 的影响,这点对于以后推导衍生证券的定价公式很重要。

三、证券价格的对数正态分布

我们可用伊藤引理来推导证券价格自然对数 $\ln S$ 变化所遵循的随机过程。令 $G=\ln S$,由于

$$\frac{\partial G}{\partial S} = \frac{1}{S}, \quad \frac{\partial^2 G}{\partial S^2} = -\frac{1}{S^2}, \quad \frac{\partial G}{\partial t} = 0$$

代入式(6-18)，我们就可得出证券价格对数 G 所遵循的随机过程为

$$dG = \left(\mu - \frac{\sigma^2}{2}\right)dt + \sigma dz$$

由于 μ 和 σ 是常数，所以上式说明证券价格对数 G 也遵循普通布朗运动，它具有恒定的漂移率 $\mu - \frac{\sigma^2}{2}$ 和恒定的方差率 σ^2。由前面的分析可知，在当前时刻 t 和将来某一时刻 T 之间 G 的变化都是正态分布的，其均值为 $\left(\mu - \frac{\sigma^2}{2}\right)(T-t)$，方差为 $\sigma^2(T-t)$。

令 t 时刻 G 的值为 $\ln S$，T 时刻 G 的值为 $\ln S_T$，其中 S 表示 t 时刻（当前时刻）的证券价格，S_T 表示 T 时刻（将来时刻）的证券价格，则在 $T-t$ 期间 G 的变化为

$$\ln S_T - \ln S$$

这意味着

$$\ln S_T - \ln S \sim \varphi\left[\left(\mu - \frac{\sigma^2}{2}\right)(T-t), \sigma\sqrt{T-t}\right] \tag{6-19}$$

也就是说，证券价格对数的变化呈正态分布。我们知道，如果一个变量的自然对数服从正态分布，则称这个变量服从对数正态分布。根据正态分布的特性，从式(6-19)可以得到

$$\ln S_T \sim \varphi\left[\ln S + \left(\mu - \frac{\sigma^2}{2}\right)(T-t), \sigma\sqrt{T-t}\right] \tag{6-20}$$

式(6-20)表明 S_T 服从对数正态分布。$\ln S_T$ 的标准差与 $\sqrt{T-t}$ 成比例，这说明证券价格对数的不确定性（用标准差表示）与我们考虑的未来时间长度的平方根成正比，这就解决了前面所说的证券价格比例变化的标准差与时间不成正比的问题。

第三节 布莱克-舒尔斯-默顿期权定价公式

由于衍生证券价格和标的证券价格都受同一种基本的不确定性 dz 影响，若匹配适当的话，这种不确定性就可以相互抵消。基于该思想，布莱克、舒尔斯和默顿建立了一个包括一单位衍生证券空头和若干单位标的证券多头的投资组合来给衍生证券定价。若数量适当的话，标的证券多头的盈利（或亏损）总是会与衍生证券空头的亏损（或盈利）相抵消，因此在短时间内该投资组合是无风险的。那么，在无套利机会的情况下，该投资组合在短期内的收益率一定等于无风险利率。

一、B-S-M 偏微分方程

（一）B-S-M 偏微分方程的假设

推导 B-S-M 偏微分方程需要用到如下假设：

（1）证券价格遵循几何布朗过程，即 μ 和 σ 为常数；

（2）允许卖空标的证券；

（3）没有交易费用和税收，所有证券都是完全可分的；

（4）在衍生证券有效期内标的证券没有现金收益支付；

（5）证券交易是连续的，价格变动也是连续的；

（6）在衍生证券有效期内，无风险利率 r 为常数，且市场不存在无风险套利机会。

做这些假设是为了把复杂的问题尽量简化，以突出关键问题。在这些假定前提下推导出来的期权定价公式的精确度虽然不够高，但它为后人提供了进一步分析的基石和框架。实际上，有些假设条件我们可以放松，对 B-S-M 期权定价模型进行拓展，如 r、μ 和 σ 可以是 t 的函数。

（二）B-S-M 偏微分方程的推导

现在我们根据上节随机过程的有关知识来推导著名的 B-S-M 偏微分方程。假设证券价格 S 遵循几何布朗运动，因此有

$$dS = \mu S dt + \sigma S dz$$

其在一个小的时间间隔 Δt 中，S 的变化值为

$$\Delta S = \mu S \Delta t + \sigma S \Delta z \tag{6-21}$$

假设 f 是依赖于 S 的衍生证券的价格，则 f 一定是 S 和 t 的函数，从式（6-18）可得

$$df = \left(\frac{\partial f}{\partial S}\mu S + \frac{\partial f}{\partial t} + \frac{1}{2}\frac{\partial^2 f}{\partial S^2}\sigma^2 S^2\right)dt + \frac{\partial f}{\partial S}\sigma S dz$$

在一个小的时间间隔 Δt 中，f 的变化值为

$$\Delta f = \left(\frac{\partial f}{\partial S}\mu S + \frac{\partial f}{\partial t} + \frac{1}{2}\frac{\partial^2 f}{\partial S^2}\sigma^2 S^2\right)\Delta t + \frac{\partial f}{\partial S}\sigma S \Delta z \tag{6-22}$$

由于 dz 都是代表标准布朗运动，因此式（6-21）和式（6-22）中的 Δz 相同，都等于 $\varepsilon\sqrt{\Delta t}$，因此只要选择适当数量的衍生证券和标的证券的组合就可以消除不确定性。为了消除 Δz，我们可以构建一个包括一单位衍生证券空头和 $\frac{\partial f}{\partial S}$ 单位标的证券多头的组合。令 Π 代表该投资组合的价值，则

$$\Pi = -f + \frac{\partial f}{\partial S}S \tag{6-23}$$

在 Δt 时间后,该投资组合的价值变化 $\Delta \Pi$ 为

$$\Delta \Pi = -\Delta f + \frac{\partial f}{\partial S}\Delta S \qquad (6-24)$$

将式(6-21)、式(6-22)代入式(6-24),可得

$$\Delta \Pi = \left(-\frac{\partial f}{\partial t} - \frac{1}{2}\frac{\partial^2 f}{\partial S^2}\sigma^2 S^2 \right)\Delta t \qquad (6-25)$$

由于式(6-25)中不含有 Δz,该组合的价值在一个小的时间间隔 Δt 后必定没有风险,因此该组合在 Δt 中的瞬时收益率一定等于 Δt 中的无风险收益率。否则的话,套利者就可以通过套利获得无风险收益率。因此,在没有套利机会的条件下,有

$$\Delta \Pi = \Pi \times r\Delta t = r\Pi \Delta t$$

把式(6-23)和式(6-25)代入上式可得

$$\left(\frac{\partial f}{\partial t} + \frac{1}{2}\frac{\partial^2 f}{\partial S^2}\sigma^2 S^2 \right)\Delta t = r\left(f - \frac{\partial f}{\partial S}S \right)\Delta t$$

化简为

$$\frac{\partial f}{\partial t} + rS\frac{\partial f}{\partial S} + \frac{1}{2}\sigma^2 S^2 \frac{\partial^2 f}{\partial S^2} = rf \qquad (6-26)$$

这就是著名的 B-S-M 偏微分方程,它适用于价格取决于标的证券价格 S 的所有衍生证券的定价。

应该注意的是,当 S 和 t 变化时,$\frac{\partial f}{\partial S}$ 的值也会变化,因此上述投资组合的价值并不是永远无风险的,它只是在一个很短的时间间隔 Δt 中才是无风险的。在一个较长时间中,要保持该投资组合无风险,必须根据 $\frac{\partial f}{\partial S}$ 的变化而相应调整标的证券的数量。当然,推导 B-S-M 偏微分方程并不要求调整标的证券的数量,因为它只关心 Δt 中的变化。

二、风险中性定价原理

从式(6-26)可以看出,衍生证券的价格决定公式中出现的变量为标的证券当前市价 S、时间 t、证券价格的波动率 σ 和无风险利率,它们全都是客观变量,独立于主观变量——风险收益偏好,而受制于主观的风险收益偏好的标的证券预期收益率 μ 并未包括在衍生证券的价格决定公式中,这意味着,无论风险收益偏好状态如何,都不会对 f 的值产生影响。于是,我们就可以利用 B-S-M 偏微分方程所揭示的这一特性做出一个可以大大简化我们工作的简单假设:在对衍生证券定价时,所有投资者都是风险中性的。

在所有投资者都是风险中性的条件下,所有证券的预期收益率都可以等于无风险利率 r,这是因为风险中性的投资者并不需要额外的收益来吸引他们承担风险。同

样,在风险中性的条件下,所有现金流都可以通过无风险利率进行贴现求得现值。这就是风险中性定价原理。

在金融学的发展历程中,风险中性定价思想的出现具有深刻的影响,其在衍生产品的定价分析中消除了至今未能解决的主观风险收益偏好的度量问题,风险中性思想也成为现代金融工程的灵魂。但必须强调的是:

第一,风险中性定价仅仅是为了衍生品定价而做出的技术假定,并不意味着我们真的认为市场投资者是风险中性的。通过这种假定得到的定价结果,不仅适用于风险中性世界,也适用于投资者厌恶风险的所有情况。这就如同一个物理实验,其在现实有空气的情况下无法得到结论,在真空实验室中则很容易完成。若我们能证明有否空气对试验结果是没有影响的,那么我们可以将试验移至真空实验室完成,其试验结果同样适用于现实情形。

第二,风险中性定价的运用并非毫无条件的。风险中性定价的思想源于式(6-26),即衍生证券价格 f 所满足的偏微分方程,因此风险中性定价仅适合于衍生证券,属于相对定价法;同时,式(6-26)偏微分方程显然是在前述 6 个假设条件下得到的,我们可以无摩擦地用股票和期权的组合复制出无风险资产,在金融中我们将此称为“可复制”假设。可以证明,如果放松假设条件,标的资产不再服从几何布朗运动,无风险利率非常数,标的资产有支付红利,得到的偏微分方程形式会比式(6-26)复杂,但只要市场是“无套利”和“可复制”的,风险中性定价原理仍然成立。

三、无收益资产的 B-S-M 期权定价公式

(一) 无收益资产欧式看涨期权的定价公式

1973 年,布莱克、舒尔斯和默顿成功地求解了他们的微分方程,从而获得了欧式看涨期权和看跌期权的精确公式。

在风险中性的条件下,欧式看涨期权到期时(T 时刻)的期望值为

$$\hat{E}[\max(S_T - X, 0)]$$

式中,$\hat{E}$ 表示风险中性条件下的期望值。

根据风险中性定价原理,欧式看涨期权的价格 c 等于将此期望值按无风险利率进行贴现后的现值,即

$$c = e^{-r(T-t)}\hat{E}[\max(S_T - X, 0)] \tag{6-27}$$

在风险中性条件下,我们可以用 r 取代式(6-20)所表示的 $\ln S_T$ 概率分布中的 μ,即

$$\ln S_T \sim \varphi\left[\ln S + \left(r - \frac{\sigma^2}{2}\right)(T-t), \sigma\sqrt{T-t}\right] \tag{6-28}$$

对式(6-27)右边求值是一种积分过程,令

$$W = \frac{\ln S_T - m}{s}$$

这里

$$m = \hat{E}(\ln S_T) = \ln S + \left(r - \frac{\sigma^2}{2}\right)(T-t)$$

$$s = \sqrt{\mathrm{var}(\ln S_T)} = \sigma\sqrt{T-t}$$

显然

$$W \sim N(0,1)$$

W 的密度函数 $h(W)$ 为

$$h(W) = \frac{1}{\sqrt{2\pi}} e^{\frac{-W^2}{2}}$$

用 f、g 分别表示 S_T 和 $\ln S_T$ 的密度函数，则

$$
\begin{aligned}
\hat{E}[\max(S_T - X, 0)] &= \int_{-\infty}^{\infty} \max(S_T - X, 0) f(S_T) \mathrm{d}S_T \\
&= \int_{-\infty}^{\infty} (S_T - X) f(S_T) \mathrm{d}S_T \\
&= \int_{\ln X}^{\infty} (e^{\ln S_T} - X) g(\ln S_T) \mathrm{d}(\ln S_T) \\
&= \int_{\frac{\ln X - m}{s}}^{\infty} (e^{sW + m} - X) h(W) \mathrm{d}W \\
&= \int_{\frac{\ln X - m}{s}}^{\infty} e^{sW + m} \frac{1}{\sqrt{2\pi}} e^{-\frac{W^2}{2}} \mathrm{d}W - \int_{\frac{\ln X - m}{s}}^{\infty} h(W) \mathrm{d}W \\
&= \int_{\frac{\ln X - m}{s}}^{\infty} e^{\frac{s^2}{2} + m} \frac{1}{\sqrt{2\pi}} e^{-\frac{(W-s)^2}{2}} \mathrm{d}W - XN\left(\frac{m - \ln X}{s}\right) * \\
&= \int_{\frac{\ln X - m}{s} - s}^{\infty} e^{\frac{s^2}{2} + m} h(W) \mathrm{d}W - XN\left(\frac{\ln \frac{S}{X} + \left(r - \frac{\sigma^2}{2}\right)(T-t)}{\sigma\sqrt{T-t}}\right) \\
&= S e^{r(T-t)} N\left(\frac{\ln \frac{S}{X} + \left(r + \frac{\sigma^2}{2}\right)(T-t)}{\sigma\sqrt{T-t}}\right) - \\
&\quad\quad XN\left(\frac{\ln \frac{S}{X} + \left(r - \frac{\sigma^2}{2}\right)(T-t)}{\sigma\sqrt{T-t}}\right)
\end{aligned}
$$

故此

$$c = e^{-r(T-t)} \hat{E}[\max(S_T - X, 0)] = SN(d_1) - X e^{-r(T-t)} N(d_2) \qquad (6-29)$$

式中

$$d_1 = \frac{\ln(S/X) + \left(r + \frac{\sigma^2}{2}\right)(T-t)}{\sigma\sqrt{T-t}}$$

$$d_2 = \frac{\ln(S/X) + \left(r - \frac{\sigma^2}{2}\right)(T-t)}{\sigma\sqrt{T-t}}$$

$$= d_1 - \sigma\sqrt{T-t}$$

注:

从上述推导过程中的 * 行可以看出,$N(d_2)$ 就是风险中性世界中 W 大于 $\frac{\ln X - m}{s}$ 的概率,即风险中性世界中 $S_T > X$ 的概率。

令 $N(x)$ 为标准正态分布变量的累计概率分布函数(即这个变量小于 x 的概率),根据标准正态分布函数的特性,有 $N(-x) = 1 - N(x)$。

式(6-29)就是无收益资产欧式看涨期权的定价公式。

(二)无收益资产美式看涨期权的定价公式

在标的资产无收益的情况下,由于 $C = c$,因此式(6-29)也给出了无收益资产美式看涨期权的价格。即

$$C = SN(d_1) - Xe^{-r(T-t)}N(d_2)$$

(三)无收益资产欧式看跌期权的定价公式

由于无收益资产欧式看涨期权和看跌期权之间存在平价关系

$$c + Xe^{-r(T-t)} = p + S$$

因此把式(6-29)代入上式就可以得到无收益资产欧式看跌期权的定价公式

$$p = Xe^{-r(T-t)}N(-d_2) - SN(-d_1) \tag{6-30}$$

由于美式看跌期权与看涨期权之间不存在严密的平价关系,因此美式看跌期权的定价还没有得到一个精确的解析公式,但可以用二叉树、蒙特卡罗模拟和有限差分三种数值方法以及解析近似方法求出。

四、有收益资产的期权定价公式

到目前为止,我们一直假设期权的标的资产没有现金收益。那么,对于有收益资产,其期权定价公式是什么呢? 实际上,如果收益可以准确地预测到,或者说是已知的,那么有收益资产的期权定价并不复杂。

(一)有收益资产欧式期权的定价

在收益已知的情况下,我们可以把标的证券价格分解成两部分:期权有效期内已知现金收益的现值部分和一个有风险部分。当期权到期时,这部分现值将由于标的

资产支付现金收益而消失。因此,我们只要用 S 表示有风险部分的证券价格,σ 表示风险部分遵循随机过程的波动率,就可直接套用式(6-29)和式(6-30)分别计算出有收益资产的欧式看涨期权和看跌期权的价格。具体地说:

(1)当标的证券已知收益的现值为 I 时,只要用 $(S-I)$ 代替式(6-29)和式(6-30)中的 S,即可求出已知现金收益资产的欧式看涨和看跌期权的价格。

【例6.1】 现有一股票的欧式看涨期权,协定价格为 40 美元,距到期时间还有 6 个月。标的股票在 2 个月和 5 个月后各有一个除权日,每个除权日的红利期望值为 0.5 美元。当前股票价格为 40 美元,无风险利率为 9%,经测算股票价格波动率为 30%(按年计)。计算该股票看涨期权的当前价格。

解:首先我们计算股票在期权有效期内支付红利的现值:

$$I=0.5\times e^{-0.09\times\frac{2}{12}}+0.5\times e^{-0.09\times\frac{5}{12}}=0.974(美元)$$

于是有

$$S-I=40-0.974=39.026(美元)$$

参照式(6-29)的定价公式,有

$$d_1=\frac{\ln(39.026/40)+(0.09+0.3^2/2)\times0.5}{0.3\times\sqrt{0.5}}=0.2017$$

$$d_1=0.2017-0.3\times\sqrt{0.5}=-0.0104$$

查阅标准正态分布函数数值表,可知

$$N(d_1)=0.58,N(d_2)=1-N(0.0104)=0.4959$$

因此,该股票看涨期权的当前价格为

$$c=39.026\times0.58-40\times e^{-0.09\times0.5}\times0.4959=3.67(美元)$$

(2)当标的证券的收益为按连续复利计算的固定收益率 q(单位为年)时,只要将 $Se^{-q(T-t)}$ 代替式(6-29)和式(6-30)中的 S,就可求出支付连续复利收益率证券的欧式看涨和看跌期权的价格。

事实上,在 Merton 的红利支付模型中,"红利"被定义为在除权日由红利支付引起的股票价格的减少。Merton 假定红利支付为固定比例 q,在 dt 时间内支付红利后,股票价格也将相应地下降相同的幅度 $qSdt$,此时股票价格的随机过程为

$$dS=(\mu-q)Sdt+\sigma Sdz$$

类似地,相应的 B-S-M 偏微分方程为

$$\frac{\partial f}{\partial t}+(r-q)S\frac{\partial f}{\partial S}+\frac{1}{2}\sigma^2S^2\frac{\partial^2 f}{\partial S^2}=rf$$

Merton 假定红利支付为固定比例 q,且存在红利支付时的股票价格从 t 期的 S 增加到 T 期的 S_T,那么等价地,无红利支付时的股票价格则从 t 期的 S 增加到 T 期

的 $S_T \mathrm{e}^{q(T-t)}$，或者 t 期的 $S \mathrm{e}^{-q(T-t)}$ 增加到 T 期的 S_T。当股票价格 T 期均为 S_T 时，无论支付与不支付红利，基于 t 期的股价 S 且支付连续红利比例 q 的股票欧式期权与基于 t 期的股价 $S \mathrm{e}^{-q(T-t)}$ 且无红利支付的股票欧式期权具有相同的价值。因此，将 B-S-M 期权定价公式中 S 替换为 $S \mathrm{e}^{-q(T-t)}$，则可以推导出固定比例红利支付的股票欧式看涨期权定价公式

$$f = S \mathrm{e}^{-q(T-t)} N(d_1) - X \mathrm{e}^{-r(T-t)} N(d_2) \tag{6-31}$$

式中

$$d_1 = \frac{\ln\left(\dfrac{S}{X}\right) + \left(r - q + \dfrac{1}{2}\sigma^2\right)(T-t)}{\sigma\sqrt{T-t}}$$

$$d_2 = \frac{\ln\left(\dfrac{S}{X}\right) + \left(r - q - \dfrac{1}{2}\sigma^2\right)(T-t)}{\sigma\sqrt{T-t}} = d_1 - \sigma\sqrt{T-t}$$

同时，在红利支付模型中，如果期权存续期内红利支付比率不是固定的，则比例 q 的取值为期权存续期内红利支付年平均比率。

（二）有收益资产美式期权的定价

1. 美式看涨期权定价

当标的资产有收益时，美式看涨期权就有提前执行的可能，因此有收益资产美式期权的定价较为复杂，布莱克提出了一种近似处理方法。该方法是先确定提前执行美式看涨期权是否合理，若不合理，则按欧式期权处理；若在 t_n 时刻提前执行有可能是合理的，则要分别计算在 T 时刻和 t_n 时刻到期的欧式看涨期权的价格，然后将二者之中的较大者作为美式期权的价格。

【例 6.2】　假设一种 1 年期的美式股票看涨期权，标的股票在 5 个月和 11 个月后各有一个除权日，每个除权日的红利期望值为 1 美元，标的股票当前的市价为 50 美元，期权协定价格为 50 美元，标的股票波动率为每年 30%，无风险连续复利年利率为 10%，求该期权的价格。

解：首先，我们要判断该期权是否应提前执行。美式看涨期权不能提前执行的条件是

$$D_i \leqslant X[1 - \mathrm{e}^{-r(t_{i+1} - t_i)}]$$

因为 $D_1 = D_2 = 1$ 美元，而第一次除权日前不等式右边为

$$X[1 - \mathrm{e}^{-r(t_2 - t_1)}] = 50 \times (1 - \mathrm{e}^{-0.1 \times 0.5}) = 2.438\ 5$$

由于 $2.438\ 5 > 1$，因此在第一个除权日前期权不应当提前执行。

而第二次除权日前不等式右边为

$$X[1-\mathrm{e}^{-r(T-t_2)}]=50\times\left(1-\mathrm{e}^{-0.1\times\frac{1}{12}}\right)=0.414\ 9$$

由于 0.414 9<1,因此在第二个除权日前期权有可能被提前执行。

然后比较 1 年期和 11 个月期欧式看涨期权的价格。

对于 1 年期的欧式看涨期权,红利的现值为

$$I=1\times\mathrm{e}^{-0.1\times\frac{5}{12}}+1\times\mathrm{e}^{-0.1\times\frac{11}{12}}=1.871\ 6(美元)$$

因此

$$S-I=50-1.871\ 6=48.128\ 4(美元)$$

带入

$$c=SN(d_1)-X\mathrm{e}^{-r(T-t)}N(d_2)$$

可得

$$c_{12}=48.128\ 4N(d_1)-50\mathrm{e}^{-0.1\times1}N(d_2)=48.128\ 4N(d_1)-45.241\ 9N(d_2)$$

式中

$$d_1=\frac{\ln\left(\dfrac{48.128\ 4}{50}\right)+\left(0.1+\dfrac{0.09}{2}\right)\times1}{0.3\times\sqrt{1}}=0.356\ 2$$

$$d_2=0.356\ 2-0.3\times\sqrt{1}=0.056\ 2$$

通过查阅标准正态分布函数数值表,可得 1 年期欧式看涨期权的价格为

$$c_{12}=48.128\ 4\times0.639\ 2-45.241\ 9\times0.522\ 4=7.129\ 3(美元)$$

对于 11 个月期的欧式看涨期权,红利的现值为

$$I=1\times\mathrm{e}^{-0.1\times\frac{5}{12}}=0.959\ 2(美元)$$

因此

$$S-I=50-0.959\ 2=49.040\ 8(美元)$$

带入

$$c=SN(d_1)-X\mathrm{e}^{-r(T-t)}N(d_2)$$

可得

$$c_{11}=49.040\ 8N(d_1)-50\mathrm{e}^{-0.1\times\frac{11}{12}}N(d_2)=49.040\ 8N(d_1)-45.620\ 3N(d_2)$$

式中

$$d_1=\frac{\ln\left(\dfrac{49.040\ 8}{50}\right)+\left(0.1+\dfrac{0.09}{2}\right)\times\dfrac{11}{12}}{0.3\times\sqrt{11/12}}=0.395\ 2$$

$$d_2=0.395\ 2-0.3\times\sqrt{0.916\ 7}=0.108$$

通过查阅标准正态分布函数数值表,可得 11 个月期欧式看涨期权的价格为

$$c_{11} = 49.040\,8 \times 0.653\,6 - 45.620\,3 \times 0.543 = 7.281\,2(美元)$$

由于 $c_{11} > c_{12}$,因此该美式看涨期权的价格近似为 7.281 2 美元。

2. 美式看跌期权定价

由于有收益,虽然使美式看跌期权提前执行的可能性减小,但仍不排除提前执行的可能性,因此有收益美式看跌期权的价格仍不同于欧式看跌期权,它只能通过较复杂的数值方法来求出。例如,二叉树方法、蒙特卡罗模拟和有限差分方法。

五、B-S-M 期权定价公式的参数估计

我们已经知道,B-S-M 期权定价公式中的期权价格取决于下列五个参数:标的资产市场价格、执行价格、到期期限、无风险利率和标的资产价格波动率(即标的资产收益率的标准差)。在这些参数当中,前三个都是很容易获得的确定数值。但是,无风险利率和标的资产价格波动率需要通过一定的计算求得估计值。

(一) 估计无风险利率

在发达的金融市场上,很容易获得无风险利率的估计值,但在实际应用时仍然需要注意两个问题。首先,要选择正确的利率。要注意选择无风险的即期利率(即零息票债券的到期收益率),而不能选择附息票债券的到期收益率,并且要转化为连续复利的形式,才可以在 B-S-M 公式中应用。一般来说,在美国,人们大多选择美国国库券利率作为无风险利率的估计值;在中国,过去通常使用银行存款利率,现在则可以从银行间债券市场的价格中确定国债即期利率作为无风险利率。其次,要注意选择利率期限。如果利率期限结构曲线倾斜严重,那么不同到期日的收益率很可能相差很大,必须选择距离期权到期日最近的利率作为无风险利率。

(二) 估计标的资产价格的波动率

估计标的资产价格的波动率要比估计无风险利率困难得多,也更为重要。估计标的资产价格波动率有两种途径:历史波动率和隐含波动率。

1. 历史波动率

利用标的资产过去期间价格波动,作为未来价格波动之估计值,称为历史波动率。隐含于该估计法的假设为,标的资产过去期间价格波动,可作为标的资产未来价格波动之估计值。标的资产价格波动率的估计,一般采用过去六个月或一年标的资产价格的收益率,或与期权期限相同的历史收益率,再求其收益的标准差,得到日收益的标准差,一般称为历史波动率(Historical Volatility)或历史标准差(Historical Standard Deviation)。以日标准差乘以 $\sqrt{250}$(一年有 250 个交易日)[1],即可得到年收

---

① 由于节假日不同,各国和地区一年的交易日并不相同。中国内地每年的交易日一般只有 240~242 日。美国每年的交易日一般有 250~252 日。

益率的标准差,其公式如下

$$\sigma_{天} = \sqrt{\sum_{i=1}^{n} \frac{(R_i - \bar{R})^2}{n}}$$

$$\sigma_{年} = \sigma_{天} \times \sqrt{250}$$

式中,

$\sigma_{天}$——每天标的资产收益的标准差;

$\sigma_{年}$——标的资产收益年化的标准差;

R_i——每日标的资产收益率,等于 $\dfrac{S_i - S_{i-1}}{S_{i-1}}$ 或等于 $\ln \dfrac{S_i}{S_{i-1}}$,其中 S_i 为第 i 天收盘价;

$\bar{R}$——每日平均标的资产收益率;

n——n 天样本。

2. 隐含波动率

将标的资产价格收益年标准差视为唯一未知的变量,利用其他四项参数与期权价格将标准差估计值引申出来,称为隐含波动率(Implied Volatility)。此法将期权交易价格与其他四项参数直接输入 B-S-M 定价模型,然后输出标准差估计值。其中隐含假设期权交易价格为期权公平价格,也就是认为期权交易价格等于 B-S-M 定价模型求得的理论值。

假设相关参数如下

$c = 315.96$

$S = 6\ 750$

$X = 6\ 600$

$r = 3\%$

$q = 2\%$

$t = 0$

$T = \dfrac{1}{12}$

将以上数据代入式(6 - 31),可得

$$315.96 = 6\ 750 \times e^{-0.02 \times \frac{1}{12}} \times N(d_1) - 6\ 600 \times e^{-0.03 \times \frac{1}{12}} \times N(d_2)$$

$$d_1 = \frac{\ln\left(\dfrac{6\ 750}{6\ 600}\right) + (0.03 - 0.02 + 0.5 \times \sigma^2) \times \dfrac{1}{12}}{\sigma \times \sqrt{\dfrac{1}{12}}}$$

$$d_2 = d_1 - \sigma \times \sqrt{\dfrac{1}{12}}$$

上面三个式子中,仅标准差 σ 为未知,联立可以求得

$\sigma = 30\%$

期权合约期间,标的资产的价格收益年标准差(30%)为市场预期值。既然隐含波动率是根据当时市场交易信息引申而来,表示已充分利用当时市场信息,而市场信息亦有效地反映对未来的预期。这一点与历史波动率是不同的。

六、$N(d_1)$ 与 $N(d_2)$ 的经济意义

$$N(d_1) = \frac{\Delta c}{\Delta S} = \text{Delta}$$

此比率称为避险比率(Hedge Ratio)或是 Delta,表示每单位标的资产价格的变动对看涨期权价值的影响。

从 B-S-M 公式可知,看涨期权其实可以借由买入 $N(d_1)$ 单位的标的资产同时卖出 $X\mathrm{e}^{-r(T-t)}N(d_2)$ 的债券来复制,也就是说,看涨期权隐含融资 $X\mathrm{e}^{-r(T-t)}N(d_2)$ 来买 $N(d_1)$ 单位的标的资产。B-S-M 公式中 $N(d_1)$ 并非一个定值,$N(d_1)$ 的值会随标的资产价格的上升及下跌而改变。标的资产价格上涨时,d_1 会上升,故 $N(d_1)$ 也会上升,反之亦然。因此,随着标的资产价格的变动,投资人的避险比率,即买入标的资产的数量也会变动。$N(d_1)$ 介于 0 和 1 之间,即 $0 \leqslant N(d_1) \leqslant 1$,因为 $N(d_1)$ 为累积概率,累积概率最低为 0,最高为 1。因为 $N(d_1)$ 会随时改变,所以复制看涨期权时,需要随时调整买入的标的资产数量,来达到完全复制的效果。

此外,$N(d_1)$ 的数学意义,即为看涨期权和标的资产价格关系图形的切线斜率。随标的资产价格上涨,切线斜角增加,最高到 $45°$,此时切线斜率为 1;随标的资产价格下跌,切线斜角下降,到达水平切线时斜率为 0。

$N(d_1)$ 也可以解释为什么认购权证的发行可能会有助涨助跌的效果。如果标的资产价格上涨,$N(d_1)$ 会上升,发行券商要买入更多标的资产来避险,因此增加市场上对此标的资产的需求,使标的资产价格更加上涨;反之,如果标的资产价格下跌,$N(d_1)$ 下降,券商要抛售标的资产减少避险数量,因此会增加此标的资产的供给,使标的资产价格更加下跌。

实值看涨期权的价值,可以表示为内在价值(S-K)和时间价值(Time Value,TV)之和,即 $c = S - X + TV$。对等号两边微分可得

$$\frac{\Delta c}{\Delta S} = 1 + \frac{\Delta TV}{\Delta S}$$

因为 $N(d_1) = \frac{\Delta c}{\Delta S}$,所以 $N(d_1) = 1 + \frac{\Delta TV}{\Delta S}$。已知 $N(d_1) \leqslant 1$,所以 $\frac{\Delta TV}{\Delta S} < 0$,这表示标的资产价格和时间价值的变动呈相反方向,也就是当标的资产价格上涨(下跌)时,时间价值会下降(上升)。

而对虚值看涨期权而言,由于内含价值为 0,所以看涨期权价值即为时间价值 $c = TV$,对等号两边微分得到

$$\frac{\Delta c}{\Delta S} = \frac{\Delta TV}{\Delta S} = N(d_1)$$

因为 $0 \leq N(d_1) \leq 1$,所以 $0 \leq \frac{\Delta TV}{\Delta S}$ 为正,而 $\frac{\Delta TV}{\Delta S} > 0$ 表示标的资产价格和时间价值的变动会是相同方向,也就是当标的资产价格上涨(下跌)时,时间价值会上升(下降)。

此外,B-S-M 公式中的 $N(d_2)$ 代表标的资产价格在到期日时会大于执行价格的概率。这个比率可以让我们了解,未来标的资产价格大于某个定值的概率有多少。而 $Xe^{-r(T-t)}$ 表示到期需要支付 X 元的执行价格的现值。$Xe^{-r(T-t)}N(d_2)$ 则表示考虑履约的概率后,预期将支付的金额的现值。因此,期望收益现值 $SN(d_1)$ 减去期望成本现值,便是看涨期权预期价值的现值 $Xe^{-r(T-t)}N(d_2)$。这就是 B-S-M 公式的看涨期权理论价值。

七、B-S-M 期权定价模型的缺陷

在实际经济生活中,B-S-M 模型应用得非常广泛,对金融市场具有很大的影响。其三个作者中的斯科尔斯和默顿更是曾经因此获得 1997 年诺贝尔经济学奖。因此,无论是从商业上还是从学术上来说,这个模型都非常成功。但是理论模型和现实生活终究会有所差异,对于大多数理论模型来说,模型假设的非现实性往往成为模型主要缺陷之所在,BS 公式也不例外。B-S-M 期权定价模型的缺陷主要体现在模型的假设上,在现实生活中,一些假设显然是无法成立的。下面我们归纳为 4 点来具体分析说明:

(1)交易成本的假设。模型假定交易成本为零,可以连续进行动态的套期保值,从而保证无风险组合的存在和期权定价的正确性。但事实上交易成本总是客观存在的,这使得我们无法以我们所希望的频率进行套期保值;同时,理论上可行的价格,考虑了交易成本之后就无法实现预期的收益。

(2)波动率为常数的假设。模型假定标的资产的波动率是一个已知的常数或者是一个确定的已知函数。这一点在标的资产价格的实证检验中被否定,期权市场本身反映的隐含波动率也提出了相反的证据。实际上波动率本身就是一个随机变量。为了解决这个问题,我们可以从两个角度来对模型进行修正:从期权价格的隐含波动率中获取波动率的信息,来为期权定价;从标的资产市场出发获取波动率变化过程的信息,对 BS 公式进行修正和扩展。

(3)不确定的参数。模型假设波动率、利率、股利等参数都是已知的常数(或是已知的确定函数)。但事实上它们都不是一个常数,甚至也不是一个时间和标的资产价格的确定函数,波动率甚至完全无法在市场上观察到,也无法预测。这时可以采取的方法之一是为这些参数的价值确定一个变动区间,从而在最糟糕的情景下为期权定价。

（4）资产价格的连续变动。模型假定标的资产的价格是连续变动的，服从对数正态分布。然而在我们的市场中，不连续是常见的，如资产价格常常跳跃，并且经常是向下跳跃。这在对数正态分布的资产定价模型中并没有体现出来。对于正态分布来说，这些突然变动的幅度太大，发生太过频繁；同时，由于跳跃来得太突然，这使我们无法单纯依靠对数正态扩散模型对它们进行动态保值。因此，我们需要在模型中考虑跳跃的情形，同时我们也需要考察在极端变动的情况下，可能导致的最差结果。

八、B-S-M 期权定价理论的扩展

B-S-M 期权定价模型虽然简洁和方便，但由于受到各种假设条件的约束，比如不考虑股票红利、利率和波动率不变、股价连续变化等，因而仍需修正和扩展。以 Merton 为代表的经济学家在 B-S-M 模型基础上，对模型进行了更为深入的研究与推广，使其适用于更广泛的金融衍生品和更复杂的交易环境。Merton 对 B-S-M 模型的扩展主要体现为股票红利支付、随机利率、股价跳跃等几个方面。

（一）红利支付模型

在 Merton 的红利支付模型中，"红利"被定义为在除权日由红利支付引起的股票价格的减少。Merton 假定红利支付为固定比例 q，在 dt 时间内支付红利后，股票价格也将相应地下降相同的幅度 $qSdt$，此时股票价格的随机过程为

$$dS = (\mu - q)Sdt + \sigma Sdz$$

类似地，相应的 B-S-M 偏微分方程为

$$\frac{\partial f}{\partial t} + (r-q)S\frac{\partial f}{\partial S} + \frac{1}{2}\sigma^2 S^2 \frac{\partial^2 f}{\partial S^2} = rf$$

Merton 假定红利支付为固定比例 q，且存在红利支付时的股票价格从 t 期的 S 增加到 T 期的 S_T，那么等价地，无红利支付时的股票价格则从 t 期的 S 增加到 T 期的 $S_T e^{q(T-t)}$，或者从 t 期的 $Se^{-q(T-t)}$ 增加到 T 期的 S_T。当股票价格 T 期均为 S_T 时，无论支付与不支付红利，基于 t 期的股价 S 且支付连续红利比例 q 的股票欧式期权与基于 t 期的股价 $Se^{-q(T-t)}$ 且无红利支付的股票欧式期权具有相同的价值。因此，将 B-S-M 期权定价公式中 S 替换为 $Se^{-q(T-t)}$，则可以推导出固定比例红利支付的股票欧式看涨期权定价公式

$$f = Se^{-q(T-t)}N(d_1) - Xe^{-r(T-t)}N(d_2)$$

式中

$$d_1 = \frac{\ln\left(\frac{S}{X}\right) + \left(r - q + \frac{1}{2}\sigma^2\right)(T-t)}{\sigma\sqrt{T-t}}$$

$$d_2 = \frac{\ln\left(\frac{S}{X}\right) + \left(r - q - \frac{1}{2}\sigma^2\right)(T-t)}{\sigma\sqrt{T-t}} = d_1 - \sigma\sqrt{T-t}$$

同时，在红利支付模型中，如果期权存续期内红利支付比率不是固定的，则比例 q 的取值为期权存续期内红利支付年平均比率。

（二）随机利率模型

B-S-M期权定价模型假定无风险利率 r 为常数且对所有到期日均相同，但实际上利率时常波动。利率波动的一种情形是无风险利率为时间的已知函数，此时在B-S-M期权定价公式中可用期权剩余期限内平均瞬间无风险利率来代替 r。利率波动更普遍的情形是随机变动，即利率为随机变量。为构建随机利率模型，Merton定义了到期面值为1的且到期期限与期权相同的贴现债券，贴现债券价值为 $B(t)$，且 $B(t)$ 服从以下运动过程

$$\frac{\mathrm{d}B}{B} = r_B \mathrm{d}t + \sigma_B \mathrm{d}z$$

式中，r_B 为贴现债券价格增长率；σ_B 为贴现债券价格波动率且为时间的已知函数。

Merton最终推导得出的考虑随机利率的欧式看涨期权的定价公式为

$$f = SN(d_1) - BXN(d_2)$$

式中

$$d_1 = \frac{\ln\left(\frac{S}{X}\right) - \ln B + \frac{1}{2}\bar{\sigma}^2(T-t)}{\bar{\sigma}\sqrt{T-t}}$$

$$d_2 = d_1 - \bar{\sigma}\sqrt{T-t}$$

$$\bar{\sigma}^2(T-t) = \int_t^T (\sigma^2 + \sigma_B^2 - 2\rho\sigma\sigma_B)\mathrm{d}t$$

式中，σ 为股票价格波动率；ρ 为股票价格与债券价格的瞬间相关系数。

可以看出，当贴现债券价值 $B(t) = e^{-r(T-t)}$ 时，随机利率期权定价公式与B-S-M期权定价公式一致。在随机利率模型中，虽然股票价格波动率 σ 替换为 $\bar{\sigma}$，但由于 σ_B 远小于 σ，因而 $\bar{\sigma}$ 接近于 σ，这时波动率的调整对期权价值的影响非常有限。

（三）跳跃扩散模型

B-S-M期权定价模型假定股价是连续变动的，但实际上股价往往并非平滑移动，当受到意外事件、利好或利空冲击时，股价会呈现出间断的"跳空"过程，基于此，Merton提出了股价的跳跃扩散模型，即在股价几何布朗运动基础上增加了各种跳跃过程。

假定 λ 为股价跳跃发生频率，k 为平均跳跃幅度占股价上升幅度的比例，且跳跃幅度服从泊松过程，由跳跃带来的股价平均增长率为 λk，因而股票期望收益率可以分为两部分：一部分是由股价几何布朗运动引起的期望收益率 $\mu - \lambda k$；另一部分是由股价跳跃引起的随机收益率。因此，Merton的股价运动的跳跃扩散过程为

$$\frac{dS}{S} = (\mu - \lambda k)dt + \sigma dz + dQ \tag{6-32}$$

式中，Q 为产生跳跃的泊松过程且 $Q = \sum_{i=1}^{N(t)} Y_i$，$Y_i$ 为独立同分布的瞬时跳跃幅度；布朗运动增量 dz 与泊松运动增量 dQ 相互独立。

基于式（6-32）的股价跳跃扩散过程的股价方程为

$$S = S_0 e^{\left(\mu - \lambda k - \frac{1}{2}\sigma^2\right)t + \sigma z} \prod_{i=1}^{N(t)} (Y_i + 1)$$

这里，$\ln(Y_i+1)$ 通常服从正态分布，设 $\ln(Y_i+1) \sim N(\mu, \sigma^2)$，则最终得到的基于股价跳跃扩散过程的欧式看涨期权定价公式为

$$f = \sum_{n=0}^{+\infty} e^{-\lambda(T-t)} \frac{\lambda^n(T-t)^n}{n!} \left[S e^{-\lambda k(T-t) + n\mu + \frac{1}{2}n\sigma^2} N\left(\frac{b_n}{\sqrt{1+a_n^2}}\right) - X e^{-r(T-t)} N\left(\frac{c_n}{\sqrt{1+a_n^2}}\right) \right]$$

式中

$$a_n = \frac{1}{\sigma\sqrt{T-t}}\sqrt{n\sigma^2}$$

$$b_n = \frac{1}{\sigma\sqrt{T-t}}\left[\ln\left(\frac{S}{X}\right) - \lambda k(T-t) + n\sigma^2 + n\mu + \left(r + \frac{1}{2}\sigma^2\right)(T-t)\right]$$

$$c_n = \frac{1}{\sigma\sqrt{T-t}}\left[\ln\left(\frac{S}{X}\right) - \lambda k(T-t) + n\sigma^2 + n\mu + \left(r - \frac{1}{2}\sigma^2\right)(T-t)\right]$$

第四节　二叉树期权定价模型

由于美式看跌期权无法用 B-S-M 期权定价公式进行精确定价，因此要用其他替代方法，如二叉树期权定价模型，该模型是由考克斯（Cox）、罗斯（Ross）和鲁宾斯坦（Rubinstein）于 1979 年首先提出的。

二叉树图方法用离散的模型模拟资产价格的连续运动，利用均值和方差匹配来确定相关参数，然后从二叉树图的末端开始倒推可以计算出期权价格。

一、无收益资产期权的定价

二叉树模型首先把期权的有效期分为很多很小的时间间隔 Δt，并假设在每一个时间间隔 Δt 内证券价格从开始的 S 运动到两个新值 Su 和 Sd 中的一个，如图 6-1 所示。其中，$u>1$，$d<1$，且 $u=1/d$。因此，S 到 Su 是价格的"上升"运动，S 到 Sd

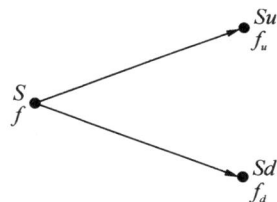
图 6-1　Δt 时间内证券价格的变动

是价格的"下降"运动。价格上升的概率假设为 p，下降的概率假设为 $1-p$。

为了对期权进行定价，二叉树模型也应用风险中性定价原理，并假定：

(1) 所有可交易证券的期望收益都是无风险利率；

(2) 未来现金流可以用其期望值按无风险利率贴现来计算现值。

(一) 参数 p、u 和 d 的确定

在风险中性的条件下，证券的预期收益率等于无风险利率 r，因此若该时段初证券价格为 S，则在小的时间间隔 Δt 段末的证券价格期望值为 $Se^{r\Delta t}$。参数 p、u 和 d 的值必须满足如下要求

$$Se^{r\Delta t} = pSu + (1-p)Sd$$
$$e^{r\Delta t} = pu + (1-p)d \qquad (6-33)$$

二叉树模型也假设证券价格遵循几何布朗运动，在一个小的时间段 Δt 内证券价格变化的方差是 $S^2\sigma^2\Delta t$。根据方差的定义，变量 X 的方差等于 X^2 的期望值与 X 期望值平方之差，因此

$$S^2\sigma^2\Delta t = pS^2u^2 + (1-p)S^2d^2 - S^2[pu+(1-p)d]^2$$
$$\sigma^2\Delta t = pu^2 + (1-p)d^2 - [pu+(1-p)d]^2 \qquad (6-34)$$

根据式(6-33)、式(6-34)和 $u=1/d$，由泰勒级数展开，可以求得，当 Δt 很小时，有

$$p = \frac{e^{r\Delta t} - d}{u - d} \qquad (6-35)$$

$$u = e^{\sigma\sqrt{\Delta t}} \qquad (6-36)$$

$$d = e^{-\sigma\sqrt{\Delta t}} \qquad (6-37)$$

从而

$$f = e^{-r\Delta t}\left[pf_u + (1-p)f_d\right]$$

(二) 证券价格的树型结构

应用二叉树模型来表示证券价格变化的完整树形结构，如图 6-2 所示。

当时间为 0 时，证券价格为 S；当时间为 Δt 时，证券价格要么上涨到 Su，要么下降到 Sd；当时间为 $2\Delta t$ 时，证券价格就有三种可能：Su^2、Sud(等于 S)和 Sd^2，以此类推。一般而言，在 $i\Delta t$ 时刻，证券价格有 $i+1$ 种可能，它们可用符号表示为

$$Su^j d^{i-j}, j = 0, 1, 2, \cdots, i$$

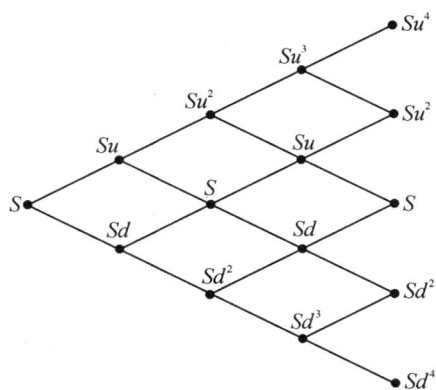

图 6-2　证券价格的树型结构

（三）倒推定价法

在二叉树模型中，期权定价从树形结构图的末端 T 时刻开始，采用倒推法定价。由于在 T 时刻的期权价值是已知的，例如看涨期权价值为 $\max(S_T - X, 0)$，看跌期权价值为 $\max(X - S_T, 0)$，因此在风险中性条件下在求解 $T - \Delta t$ 时刻的每一节点上的期权价值时，都可通过将 T 时的期权价值的预期值在 Δt 时间长度内以无风险利率 r 贴现求出。同理，求解 $T - 2\Delta t$ 时的每一节点的期权价值时，也可以将 $T - \Delta t$ 时的期权价值预期值在时间 Δt 内以无风险利率 r 贴现求出，以此类推。如果是美式期权，就要看在树形结构的每一个节点上，提前执行期权是否比将期权再持有 Δt 时间更有利。采用这种倒推法，最终可以求出 0 时刻（当前时刻）的期权价格。

【**例 6.3**】　假设标的股票为不付红利股票，其当前市场价为 50 美元，波动率为每年 40%，无风险连续复利年利率为 10%，该股票 5 个月期的美式看跌期权协定价格为 50 美元，求该期权的当前价格。

解：为了构造二叉树，我们把期权有效期分为五段，每段一个月（等于 0.083 3 年）。根据式（6-35）～式（6-37），可以算出

$$u = e^{\sigma\sqrt{\Delta t}} = 1.122\ 4$$
$$d = e^{-\sigma\sqrt{\Delta t}} = 0.890\ 9$$
$$p = \frac{e^{r\Delta t} - d}{u - d} = 0.507\ 6$$
$$1 - p = 0.492\ 4$$

据此，我们可以画出该股票在期权有效期内的树形图，如图 6-3 所示。在每个节点处有两个值，上面一个表示股票价格，下面一个表示期权价值。股价上涨概率总是等于 0.507 6，下降概率总是等于 0.492 4。

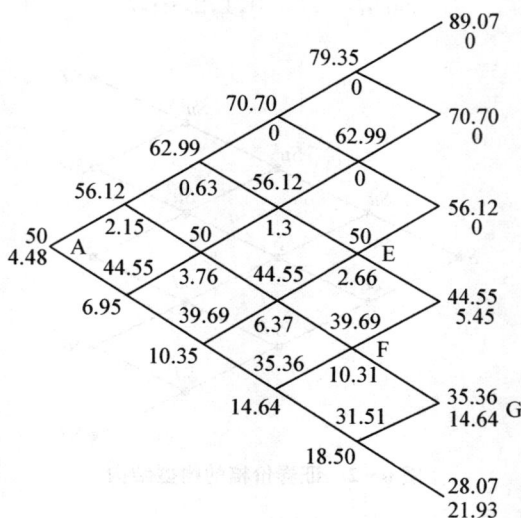

图 6 - 3　不付红利股票美式看跌期权二叉树

在 $i\Delta t$ 时刻,股票在第 j 个节点$(j=0,1,2,\cdots,i)$的价格等于 Su^jd^{i-j},如 F 节点$(i=4,j=1)$的股价等于 39.69 美元$(=50\times1.122\ 4\times0.890\ 9^3)$。在最后那些节点处,期权价值等于 $\max(X-S_T,0)$,如 G 节点的期权价值等于14.64美元$(=50-35.36)$。

根据最后一列节点处的期权价值可以计算出倒数第二列节点的期权价值。首先,我们假定在这些节点处期权都没被提前执行,这意味着所计算的期权价值是 Δt 时间内期权价值期望值的现值。例如,E 点处的期权价值等于

$$(0.507\ 6\times0+0.492\ 4\times5.45)e^{-0.1\times0.083\ 3}=2.66(美元)$$

而 F 节点处的期权价值等于

$$(0.507\ 6\times5.45+0.492\ 4\times14.64)e^{-0.1\times0.083\ 3}=9.90(美元)$$

然后,我们要检查提前执行期权是否较有利。在 E 节点,提前执行将使期权价值为 0,因为股票市价和期权协定价格都等于 50,显然不应提前执行。因此 E 节点的期权价值应为 2.66 美元。而在 F 节点,如果提前执行,期权价值为 $50.00-39.69=10.31$(美元),大于上述的 9.90 美元。因此,若股价到达 F 节点,就应提前执行期权,从而 F 节点上的期权价值应为 10.31 美元,而不是 9.90 美元。

用相同的方法我们可以算出各节点处的期权价值,并最终倒推出初始节点处的期权价值为 4.48 美元。如果我们把期权有效期分成更多小时段,节点数会更多,计算会更复杂,但得出的期权价值会更精确。当 Δt 非常小时,期权价值将等于 4.29 美元。

(四) 美式看跌期权的定价公式

假定将某种无收益证券的美式看跌期权的有效期划分成 N 个长度为 Δt 的小区

间,令 $f_{ij}(0 \leqslant i \leqslant N, 0 \leqslant j \leqslant i)$ 表示在时间 $i\Delta t$ 时第 j 个节点处的美式看跌期权的价值,我们将 f_{ij} 称为节点 (i,j) 的期权价值。同时用 $Su^j d^{i-j}$ 表示节点 (i,j) 处的证券价格。由于美式看跌期权在到期时的价值是 $\max(X - S_T, 0)$,所以有

$$f_{Nj} = \max(X - Su^j d^{N-j}, 0), j = 0, 1, 2, \cdots, N \qquad (6-38)$$

当时间从 $i\Delta t$ 变为 $(i+1)\Delta t$ 时,从节点 (i,j) 移动到节点 $(i+1, j+1)$ 的概率为 p,移动到 $(i+1, j)$ 的概率为 $1-p$。假定期权不被提前执行,则在风险中性条件下,有

$$f_{ij} = e^{-r\Delta}[p f_{i+1,j+1} + (1-p) f_{i+1,j}] \qquad (6-39)$$

式中 $0 \leqslant i \leqslant N-1, 0 \leqslant j \leqslant i$。如果考虑提前执行的可能性,式中的 f_{ij} 必须与期权的内在价值比较,由此可得

$$f_{ij} = \max\{X - Su^j d^{i-j}, e^{-r\Delta}[p f_{i+1,j+1} + (1-p) f_{i+1,j}]\} \qquad (6-40)$$

按这种倒推法计算,当时间区间的划分趋于无穷大,或者说当每一区间 Δt 趋于 0 时,就可以求出美式看跌期权的准确价值。根据实践经验,一般将时间区间分成 30 个就可得到较为理想的结果。

二、有收益资产期权的定价

(一) 支付连续红利率资产的期权定价

当标的资产支付连续收益率为 q 的红利时,在风险中性条件下,证券价格的增长率应该为 $r-q$,因此式(6-33)就变为

$$e^{(r-q)\Delta} = pu + (1-p)d$$

同时,式(6-35)变为

$$p = \frac{e^{(r-q)\Delta} - d}{u - d} \qquad (6-41)$$

式(6-36)和式(6-37)仍然适用。

对于股价指数期权来说,q 为股票组合的红利收益率;对于外汇期权来说,q 为国外无风险利率。因此,式(6-36)至式(6-41)可用于股价指数和外汇的美式看跌期权的定价。

对于期货期权来说,布莱克曾证明,在对期货期权定价时期货的价格可以和支付连续红利率 r 的证券同样对待,因此对于期货期权而言,$q=r$,即

$$p = \frac{1-d}{u-d}$$

(二) 支付已知红利率资产的期权定价

若标的资产在未来某一确定时间将支付已知红利率 δ(红利与资产价格之比),只

要调整在各个节点上的证券价格,就可算出期权价格。调整方法如下:

如果时刻 $i\Delta t$ 在除权日之前,则节点处证券价格仍为

$$Su^jd^{i-j}, \quad j=0,1,\cdots,i$$

如果时刻 $i\Delta t$ 在除权日之后,则节点处证券价格相应调整为

$$S(1-\delta)u^jd^{i-j}, \quad j=0,1,\cdots,i$$

对于在期权有效期内有多个已知红利率的情况,也可进行同样处理。若 $\delta_k(k=1,2,\cdots,K)$ 为 0 时刻到 $i\Delta t$ 时刻之间第 k 个除权日的红利支付率,则 $i\Delta t$ 时刻节点的相应的证券价格为

$$S\prod_{k=1}^{K}(1-\delta_k)u^jd^{i-j}$$

(三) 支付已知数额红利资产的期权定价

若标的资产在未来某一确定日期,将支付一个确定数额的红利而不是一个确定的比率,则除权后二叉树的分支将不再重合,这意味着所要估算的节点数量可能变得很大,特别是如果支付多次已知数额红利的情况将更为复杂(见图 6-4)。

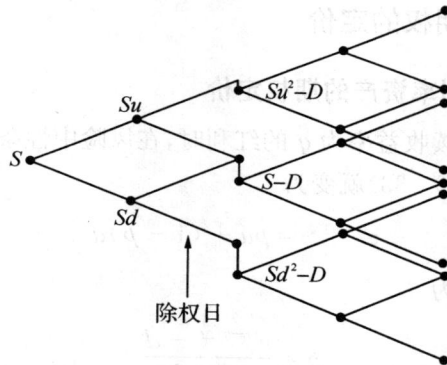

图 6-4 红利数额已知且波动率为常值的二叉树图

为了简化这个问题,可以把证券价格分为两个部分:一部分是不确定的,而另一部分是期权有效期内所有未来红利的现值。假设在期权有效期内只有一次红利,除权日 τ 在 $k\Delta t$ 到 $(k+1)\Delta t$ 之间,则在 $i\Delta t$ 时刻不确定部分的价值 S^* 为

$$\begin{cases} S^*(i\Delta t)=S(i\Delta t), & \text{当 } i\Delta t > \tau \text{ 时} \\ S^*(i\Delta t)=S(i\Delta t)-De^{-r(\tau-i\Delta t)}, & \text{当 } i\Delta t \leqslant \tau \text{ 时} \end{cases}$$

式中,D 表示红利。设 σ^* 为 S^* 的标准差,假设 σ^* 是常数,用 σ^* 代替式(6-35)~式(6-37)中的 σ 就可计算出参数 p、u 和 d,这样就可用通常的方法构造出 S^* 的二叉树了。通过把未来收益现值加在每个节点的证券价格上,就会使 S^* 的二叉树图转化为 S 的二叉树。假设零时刻 S^* 的值为 S_0^*,则在 $i\Delta t$ 时刻:

当 $i\Delta t \leqslant \tau$ 时,这个树上每个节点对应的证券价格为

$$S_0^* u^j d^{i-j} + De^{-r(\tau - i\Delta t)}, \quad j = 0, 1, 2, \cdots, i$$

当 $i\Delta t > \tau$ 时,这个树上每个节点对应的证券价格为

$$S_0^*(t)u^j d^{i-j}, \quad j = 0, 1, 2, \cdots, i$$

这种方法,与曾经分析过的在已知红利数额的情况下应用布莱克-舒尔斯-默顿公式中所用的方法一致。通过这种分离,可以重新得到重合的分支,减少节点数量,简化了定价过程。同时,这种方法还可以直接推广到处理多个红利的情况。

三、三叉树图法

另一种替代二叉树图的方法是三叉树图法,该树图的形状如图 6-5 所示。在每一个时间间隔 Δt 内证券价格有三种运动的可能:从开始的 S 上升到原先的 u 倍,即到达 Su;保持不变,仍为 S;下降到原先的 d 倍,即 Sd。p_u、p_m、p_d 分别为每个节点价格上升、持平和下降的概率。当 Δt 的高阶小量可以忽略时,满足资产价格变化均值和方差的参数分别为

$$u = e^{\sigma\sqrt{3\Delta t}}$$

$$d = \frac{1}{u}$$

$$p_d = -\sqrt{\frac{\Delta t}{12\sigma^2}}\left(r - q - \frac{\sigma^2}{2}\right) + \frac{1}{6}$$

$$p_u = \sqrt{\frac{\Delta t}{12\sigma^2}}\left(r - q - \frac{\sigma^2}{2}\right) + \frac{1}{6}$$

$$p_m = \frac{2}{3}$$

三叉树图的计算过程与二叉树图的计算过程相似。还可以证明:三叉树图的方法与显性有限差分方法是一致的。

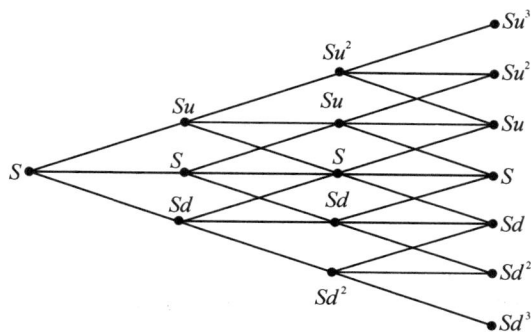

图 6-5　资产价格的三叉树图

第五节 期权价格的敏感度和期权的套期保值

在金融期权交易中,尤其是在金融期权的套期保值交易中,我们不仅要知道各种因素对期权价格的影响方向,还必须知道各种因素对金融期权价格的影响程度。为解决这一问题,我们就要对期权价格的敏感度做出分析。所谓期权价格的敏感度,是指期权价格的决定因素的变动对期权价格的影响程度,或者说,期权价格对其决定因素之变动的敏感程度或反应程度。而某些特定的希腊字母常用来表示各参数对于期权价格的敏感度。

一、期权价格的敏感度

(一) Delta(δ)——标的资产价格敏感度

Delta 衡量期权价格对标的资产价格的敏感程度,是最直接也是最容易让投资人感受到的。一般定义为标的资产价格每变动一单位,引起期权价格之变动量。通常可以表示为

$$\text{Delta} = \frac{\partial f}{\partial S}$$

式中,f 为期权的价格,而 S 为期权的标的资产价格。例如,某一股票期权的 Delta 为 0.7,表示当标的资产股票价格上涨(下跌)0.1 美元时,则股票期权价格上涨(下跌)0.07 美元。

(二) Gamma(γ)——Delta 之敏感度

Gamma 是用来衡量 Delta 的敏感程度,亦即当标的物价格变动一单位时 Delta 数值的变动量。其中,因为 Delta 又衡量期权价格对其标的资产价格变动的敏感程度,因此,Gamma 可以当成标的资产价格对其期权价格变动的二次微分。通常可以表示为

$$\text{Gamma} = \frac{\partial \text{Delta}}{\partial S} = \frac{\partial^2 f}{\partial S^2}$$

经由泰勒展开式可以得到以下结果

$$df = \frac{\partial f}{\partial S}dS + \frac{1}{2}\frac{\partial^2 f}{\partial S^2}(dS)^2 + O(dS)$$

式中,$O(dS)$ 为剩余之误差项,假设其值够小可以忽略不计。因此,上式可以改写为

$$df = (\text{Delta})dS + \frac{1}{2}(\text{Gamma})(dS)^2$$

式中,$\mathrm{d}f$ 为期权价格变化,$\mathrm{d}S$ 为期权的标的资产价格变化。因此,当 $\mathrm{d}S$ 较大时,利用上式可以更准确地估计出期权价格变化。

(三) Theta(θ)——时间敏感度

期权价格为时间的消耗性商品,意即期权的时间价值随到期时间的逼近而递减。期权价格对于时间的敏感度表示为

$$\mathrm{Theta} = \frac{\partial f}{\partial t}$$

(四) Vega(ν)——标的资产价格波动敏感度

Vega 反映期权价格对于标的资产价格波动率的敏感度。通常 Vega 表示为

$$\mathrm{Vega} = \frac{\partial f}{\partial \sigma}$$

(五) Rho(ρ)——市场利率敏感度

Rho 衡量期权价格对于市场利率变化的敏感度。通常可以表示为

$$\mathrm{Rho} = \frac{\partial f}{\partial r}$$

根据上面期权价格的敏感度分析,B-S-M 偏微分方程可以重新表示为

$$\mathrm{Theta} + rS\mathrm{Delta} + \frac{1}{2}\sigma^2 S^2 \mathrm{Gamma} = rf$$

二、期权的套期保值

(一) 期权套期保值的基本原理

期权套期保值的基本思想是构造一个头寸,并使其风险暴露与原组合的风险暴露相反,从而部分或者全部对冲掉风险。如果所构造头寸的风险性质与原组合的风险性质呈完全相反的状态,则原组合的风险可以全部消除,这称为完全对冲。

但在实际中,由于无法构造与原组合风险特性完全相反的头寸,或者由于投资者愿意承担一定的风险,或者由于构造完全对冲的成本太高,因此大多数对冲都是不完全的。如果投资者倾向于消除不利的价格变动所带来的大幅风险暴露,同时也可以容忍一定程度的不利价格变动,那么投资者在对冲时就可以只对超过一定水平的不利价格变动进行对冲,而对有利的价格变动不进行对冲,其结果是导致了一个具有风险暴露上限的组合。

对冲的基本思想是要构造一个头寸,以使对冲后的组合不受一种或多种风险因素变化的影响。考虑一个由 m 种期权 $v_1, v_2, \cdots, v_m$ 组成的投资组合,该投资组合的价值 V 可以表示为

$$V = n_1 v_1 + n_2 v_2 + \cdots + n_m v_m$$

式中，n_j，$v_j(j=1,2,\cdots,m)$ 分别是组合中第 j 种期权的权重和第 j 种期权的价值。

在构造对冲时，目的就是通过选择合适的 n_j，使组合价值 V 能够在风险因素 x 变动时保持不变。对于一阶风险来说，构造对冲的目的就是选择 n_j，使得

$$\frac{\partial V}{\partial x} = n_1 \frac{\partial v_1}{\partial x} + n_2 \frac{\partial v_2}{\partial x} + \cdots + n_m \frac{\partial v_m}{\partial x} = 0$$

因此，当 x 发生微小变化 Δx 时，组合的价值变化为

$$\Delta V = \frac{\partial V}{\partial x} \Delta x = 0$$

在此，风险因素 x 可以是标的股票价格的变化、无风险利率的变化、时间的变化或者是波动率的变化。当然，这样也可以使组合不受风险因素二阶变化的影响（即 Gamma 套期保值）。

一般来说，若需要对冲的风险因素的数目小于组合中所含资产的数量时，这种套期保值的方法就是可行的[①]。

(二) 连续调整的期权套期保值策略

1. Delta 套期保值（Delta 中性组合）

通过适当地调整不同期权及其标的资产的比例，我们可以将风险暴露降到较低的程度，甚至可以将该资产组合对于标的资产价格变动的风险降到零。对于这种资产组合，我们将其称为"Delta 中性组合"。

套期保值的目的是使投资者免于标的资产价格变动的风险，因此对于每一看涨期权空头而言，投资者需持有 Δ 股股票。这里的 Δ 就是该看涨期权的 Delta 值。对于这样一个投资组合而言，股票价格的任何波动都会被期权价格的变动所抵消，从而使得投资者对于任何股票价格风险都完全免疫。

我们可以用公式来表示上述过程。假设构造这样一个投资组合：做空一个看涨期权，其价格为 C，Delta 值为 $N(d_1)$；同时，买入数量为 $N(d_1)$ 的标的资产，其价格为 S。不难证明，该组合为一个 Delta 中性看涨期权组合。事实上，这个组合当前的价值为

$$V = -C + N(d_1)S$$

显然，V 关于 S 的偏导数为 0，即该组合是一个 Delta 中性组合，所以该组合的价值不受 S 变化的影响。

更一般地，对于任意一个资产组合 $V = n_1 v_1 + n_2 v_2$[②] 而言，我们总能通过适当地选择 n_1 和 n_2，使得整个组合的 Delta，等于 0，即

---

① 对于多元齐次线性方程组而言，如果未知解的数目大于方程的数目，该方程组就有非零解。
② 这里的 v_1、v_2 可以是任意一种期权或者期权组合。

$$\text{Delta}_v = n_1 \text{Delta}_1 + n_2 \text{Delta}_2 = 0$$

容易解得

$$n_1/n_2 = -\text{Delta}_2/\text{Delta}_1$$

2. Delta-Gamma 套期保值策略

Delta-Gamma 套期保值策略是 Delta 套期保值策略的推广,它是指构造一个 Delta 和 Gamma 值都为 0 的组合,即通过构造一个 Delta-Gamma 的中性组合,从根本上回避价格风险。

假设在当前时刻,投资者手中持有的资产[①]价值为 $n_1 v_1$。要构造一个 Delta-Gamma 中性组合,需要进行两种不同期权或者期权组合的交易。假设这两种期权或期权组合的价值分别为 $n_2 v_2$ 和 $n_3 v_3$,连同投资者原先持有的 $n_1 v_1$,共同构成了以下组合

$$V = n_1 v_1 + n_2 v_2 + n_3 v_3$$

式中,v_2 和 v_3 分别代表这两种期权或期权组合的价格,它们是 S 的函数;n_2 和 n_3 分别代表这两种期权交易的数量,其符号为正代表做多,符号为负代表做空。

同时对 $V = n_1 v_1 + n_2 v_2 + n_3 v_3$ 关于 S 求一阶、二阶偏导数,有

$$\text{Delta}_v = n_1 \text{Delta}_1 + n_2 \text{Delta}_2 + n_3 \text{Delta}_3$$
$$\text{Gamma}_v = n_1 \text{Gamma}_1 + n_2 \text{Gamma}_2 + n_3 \text{Gamma}_3$$

令组合的 Delta_v、Gamma_v 同时等于零,可得到

$$0 = n_1 \text{Delta}_1 + n_2 \text{Delta}_2 + n_3 \text{Delta}_3$$
$$0 = n_1 \text{Gamma}_1 + n_2 \text{Gamma}_2 + n_3 \text{Gamma}_3$$

在这个方程组中,投资者先前持有的资产数量 n_1 显然是已知的,Delta_1、Delta_2、Delta_3 以及 Gamma_1、Gamma_2、Gamma_3 都可以根据市场资料计算出来,因此方程组中只剩下 n_2、n_3 这两个未知数。我们可以根据上面的方程组很容易地求解出 n_2 和 n_3,而 n_2 和 n_3 的符号分别表明了对应的交易是做多还是做空。这样一来,投资者只要根据计算出来的 n_2 和 n_3 的值买卖相应的资产,就可以完全回避手中资产的价格风险。

3. Delta-Gamma-Vega 套期保值策略

如果投资者不愿意承担波动率 σ 的变化对套期保值结果的影响,他还可以在 Delta-Gamma 中性组合的基础上构造一个 Delta-Gamma-Vega 中性组合。为此,我们需要引进第三种期权的交易,记该期权的价格为 v_4、交易数量为 n_4。因此,新的组合为

---

① 这一资产可以是股票与期权的组合或期权组合。

$$V = n_1 v_1 + n_2 v_2 + n_3 v_3 + n_4 v_4$$

在上式两端分别对 S 求一阶、二阶偏导数，并对 σ 求一阶偏导数，从而得到以下方程

$$
\begin{cases}
\mathrm{Delta}_v = n_1 \mathrm{Delta}_1 + n_2 \mathrm{Delta}_2 + n_3 \mathrm{Delta}_3 + n_4 \mathrm{Delta}_4 \\
\mathrm{Gamma}_v = n_1 \mathrm{Gamma}_1 + n_2 \mathrm{Gamma}_2 + n_3 \mathrm{Gamma}_3 + n_4 \mathrm{Gamma}_4 \\
\mathrm{Vega}_v = n_1 \mathrm{Vega}_1 + n_2 \mathrm{Vega}_2 + n_3 \mathrm{Vega}_3 + n_4 \mathrm{Vega}_4
\end{cases}
$$

令 Delta_v、Gamma_v 和 Vega_v 等于零，同时根据市场资料可以计算出 Delta_j、Gamma_j 和 $\mathrm{Vega}_j (j=1,2,3,4)$，而投资者持有的初始资产数量 n_1 也是已知的。由上面的方程组可以解出 n_2、n_3 和 n_4，它们表示构造 Delta-Gamma-Vega 中性组合所需的三种期权的交易数量以及交易方式（做多还是做空）。这样一来，投资者只要根据 n_2、n_3 和 n_4 的值买卖相应的期权，就可以完全回避手中期权的价格风险以及该期权标的资产波动所带来的风险。

我们讨论了如何建立一个无风险的资产组合，但这样的资产组合对价格风险的规避只是暂时的，因为随着 S 的变化，期权敏感度的值也不断地变化。因此，上述套期保值策略要想在实际中发挥作用，有一个条件必须满足：投资者能够根据期权敏感度的变化而不断调整投资组合。然而，在现实生活中，要想实现完全的连续性套期保值会受到一些限制。这是因为：

（1）市场不具备充分的多样性。如果无风险资产组合是通过几种期权建立起来的，那么随着期权 Delta 值的变动，我们无法保证每次都能找到刚好能够互相对冲价格风险的期权。

（2）交易费用的存在。如果无风险资产组合是通过期权和标的股票建立起来的，那么投资者要随着期权 Delta 值的变化买卖相应数量的股票，但由于市场存在交易费用，因而投资者频繁买卖标的股票的成本将是巨大的。因此，投资者要用连续调整的套期保值策略构造证券组合就会面临交易费用带来的困难。

习 题

1. 推导有收益资产的欧式看涨期权与看跌期权之间的平价关系。

2. 某不支付红利的股票现价为 50 美元，有连续两个时间步长，步长为 3 个月，股价在每个二叉树预期上涨 20% 或下跌 20%，无风险利率为 8%。

（1）计算以该股票为标的资产，协定价格为 50 美元的 6 个月期欧式看涨期权的价格。

（2）已知以该股票为标的资产，协定价格为 50 美元的 6 个月期欧式看跌期权的价格约为 4.45 美元，证明欧式看涨期权和欧式看跌期权的平价关系成立。

3. 请证明布莱克-舒尔斯-默顿看涨期权和看跌期权定价公式符合看涨期权和看跌期权平价公式。

4. 某股票市价为 70 元,年波动率为 32%,该股票预计 3 个月和 6 个月后将分别支付 1 元股息,市场无风险利率为 10%。现考虑该股票的美式看涨期权,其协议价格为 65 元,有效期 8 个月。请证明在上述两个除息日提前执行该期权都不是最优的,并请计算该期权价格。

5. 某种不支付股息股票价格的年波动率为 25%,市场无风险利率为 10%,请计算该股票 6 个月期处于平价状态的欧式看涨期权的 Delta 值。

6. 某金融机构拥有如下柜台交易的英镑期权组合(见表 6-1):

表 6-1

种　类	头　寸	期权的 Delta	期权的 Gamma	期权的 Vega
看涨	−1 000	0.50	2.2	1.8
看涨	−500	0.80	0.6	0.2
看跌	−2 000	−0.40	1.3	0.7
看涨	−500	0.70	1.8	1.4

现有一种可交易期权,其 Delta 值为 0.6,Gamma 值为 1.5,Vega 值为 0.8,请问:

(1) 为使该组合处于 Gamma 和 Delta 中性状态,需要多少该可交易期权和英镑头寸?

(2) 为使该组合处于 Vega 和 Delta 中性状态,需要多少该可交易期权和英镑头寸?

7. 在上题中,假设还有第二种可交易期权,其 Delta 值为 0.1,Gamma 值为 0.5,Vega 值为 0.6,请问应该如何操作,才能使新组合处于 Delta、Gamma 和 Vega 中性状态?

第七章 债券市场风险管理

教学要点

知识要点	掌握程度	相关知识
灵敏度分析	重点掌握	灵敏度指标、风险系数、期权的希腊字母
波动性方法	掌握	方差及其标准差、隐含波动性
债券	重点掌握	债券价格、零息债券、永久债券
久期	重点掌握	久期计算及其可加性、修正久期
凸性	重点掌握	凸性计算及其可加性、久期和凸性的套期保值策略

课前导读

从"两耳不闻窗外事"向"家事、国事、天下事,事事关心"转变,将个人理想和中国梦、将个人进步与国家发展紧密结合,坚定理想信念,明确新时代新青年肩负的新使命。培养发现问题、分析问题、解决问题的逻辑思辨能力。深刻理解我国在国际金融市场上的大国担当,增强对中国特色社会主义道路的认同感,树立制度自信、道路自信,形成完善的社会主义核心价值。

第一节 灵敏度分析与波动性方法

一、灵敏度分析

灵敏度分析,是利用金融资产价值对其市场因子(Market Factors)的敏感性来测量金融资产市场风险的方法。标准的市场因子包括利率、汇率、股票指数和商品价格等。

假定金融资产的价值为 P,其市场因子为 $x_1, x_2, \cdots, x_n$,价值 P 为市场因子 x_1,

$x_2, \cdots, x_n$ 的函数，因此市场因子的变化将导致证券价值的变化，即

$$\frac{\Delta P}{P} = \sum_{i=1}^{n} D_i \Delta x_i \qquad (7-1)$$

式中，$D_1, D_2, \cdots, D_n$ 为资产价值对相应市场因子的敏感性，称为灵敏度，又称风险暴露（Exposure）。

灵敏度表示当市场因子变化一个百分数单位时金融资产价值变化的百分数。它描述了金融资产的市场风险：灵敏度越大的金融资产，受市场因子变化的影响越大，风险越大。

式（7-1）是灵敏度方法测量金融资产市场风险的基础。但只有金融资产价值变化与其市场因子变化呈线性关系时式（7-1）才成立。金融市场中，许多金融资产具有非线性动态行为，所以只有当市场因子发生微小变化时，资产价值的变化与市场因子的变化才近似地呈现公式（7-1）所示的线性关系式。因此，灵敏度是一种线性近似，一种对风险的局部测量。

假设市场因子的变化很小，灵敏度可定义为

$$D_i = \frac{1}{P} \frac{\partial P}{\partial x_i}, \quad i = 1, 2, \cdots, n \qquad (7-2)$$

针对不同的金融资产、不同的市场因子，存在不同类型的灵敏度。实际中常用的灵敏度包括：针对股票的 β，针对衍生工具的 Delta、Gamma、Theta、Vega、Rho，针对债券（或利率性金融工具）的久期（Duration）和凸性（Convexity）等。下面将对此进行详细介绍。

（一）衡量股票价格系统性风险的 β 系数

在第五章第二节，我们详细介绍了资本资产定价模型（CAPM），它是股票定价中最常用的一种标准方法。该模型由夏普（Sharpe）、林特纳（Linter）和托宾等多位经济学家在 20 世纪 60 年代分别独立提出。CAPM 关于股票定价的一般形式为

$$E(R_i) = R_0 + \beta_{Mi} [E(R_M) - R_0]$$

式中，R_i 为给定证券或组合的预期收益；R_0 为收益的无风险利率；R_M 为市场组合一个时期的收益；β_{Mi} 为该股票或股票组合市场的系统风险的标准测量，称为股票的 Belta 值。β_{Mi} 的公式为

$$\beta_{Mi} = \frac{\text{Cov}(x_i, \boldsymbol{W}_M' \boldsymbol{X})}{Var(\boldsymbol{W}_M' \boldsymbol{X})}$$

或者

$$\beta_{Mi} = \frac{\text{Cov}(R_i, R_M)}{\text{Var}(R_M)} = \frac{\text{Cov}(R_i, R_M)}{\sigma_M^2}$$

（二）衡量风险的希腊字母

在第六章第五节，我们对期权价格的敏感度做出了分析，并用某些特定的希腊字母表示各参数对于期权价格的敏感度。这种研究方法引申到对于资产组合价值的敏感度分析同样适用，通过衡量证券组合价值对其市场因素的敏感性而评估金融风险。

1. Delta

Delta 表示单位资产价格变化所带来的资产组合价值的变化，即资产组合价值对价格变量的偏导数。

$$Delta = \frac{\partial V}{\partial P}$$

Delta 值越大，表明资产组合价值对价格变动越敏感，为防范风险，投资者经常通过买入相反 Delta 值的资产进行 Delta 对冲（Delta Hedging）。当资产组合的 Delta 值为零时，称之为 Delta 中性，资产价格一定范围内的变化导致的资产组合价值变化风险得以消除。

2. Gamma

在非线性资产组合产品中，在市场出现较大波动的条件下，泰勒级数一阶展开的近似误差上升，需要考虑二阶情况。Gamma 反映资产标的价格变化导致的 Delta 变化，即资产组合价值函数对价格的二阶导数。

$$Gamma = \frac{\partial Delta}{\partial P} = \frac{\partial^2 V}{\partial P^2}$$

Gamma 值度量曲线的曲率，线性资产组合的 Gamma 值为零。以债券价格为例，利率下跌时，非线性债券价格上涨幅度高于线性模型；相反，利率上升时，非线性债券价格下降幅度低于线性模型。因此，对固定收益资产而言，投资者偏好 Gamma 值大的投资产品。

3. Vega

资产组合的 Vega 表示标的资产价格波动率变化对标的资产组合价值的影响。定义为

$$Vega = \frac{\partial V}{\partial \sigma}$$

式中，σ 为标的资产价格波动率。Vega 为正，表示资产价格波动增加，资产价值上升；Vega 为负，表示资产价格波动增加，资产价值下降。期权多头 Vega 为正，对于 Gamma 中性的投资组合，Vega 不一定为中性，投资者需要更多的衍生品种进行资产组合。

（三）久期（Duration）

久期又称为持续期，是由麦考利（F. R. Macaulay）于 1938 年首先提出，用来定义

债券现金流的加权平均期限,衡量的是债券各期现金流支付所需时间的加权平均值,因此久期也称为麦考利久期。

久期不仅仅是一个时间范畴,其重要作用在于可以测度投资品价值对收益率的敏感程度,是债券价值对收益率的导数。债券价格等于未来现金流的折现,则离散条件下债券价格为

$$P = \sum_{t=1}^{n} \frac{C_t}{(1+i)^t} + \frac{A_n}{(1+i)^n}$$

式中,C_t 为每期收益,A_n 为票面价值。

则债券的久期也可以称为债券的有效期限或麦考利久期,其计算公式为

$$D = -\frac{(\Delta P/P)}{\Delta i/(1+i)} = -\frac{1+i}{P}\frac{\mathrm{d}P}{\mathrm{d}i} = \frac{1}{P}\left[\sum_{t=1}^{n} t\,\frac{C_t}{(1+i)^t} + n\,\frac{A_n}{(1+i)^n}\right] \quad (7-3)$$

令 $D^* = \dfrac{D}{1+i}$,称为修正久期(Modified Duration),满足

$$D^* = -\frac{1}{P}\frac{\mathrm{d}P}{\mathrm{d}i} = \frac{1}{P}\frac{1}{(1+i)}\left[\sum_{t=1}^{n} t\,\frac{C_t}{(1+i)^t} + n\,\frac{A_n}{(1+i)^n}\right] \quad (7-4)$$

式(7-4)可变为

$$\frac{\Delta P}{P} = -D^* \times \Delta i \quad (7-5)$$

可以看出,修正久期小于久期,修正久期比久期能更直接地表示利率变动对债券价格变动的影响。从式(7-5)可知,修正久期直接表示与利率变动相关的债券价格变动的百分比。显然,与久期相比,修正久期作为度量利率风险的指标更具有科学性和直观性,可以直接用它与利率变化相乘,以获得预期价格变化的百分比。

(四)凸性(Convexity)

与 Gamma 度量类似,当投资品为非线性模式时,同样需要二阶凸性衡量。凸性则是对债券价格利率敏感性的二阶估计,或是对债券久期利率敏感性的测量。它可以对久期估计的误差进行有效的校正。凸性可以通过计算久期对利率的导数或债券价格对利率的二阶导数再除以债券的价格得到,其计算公式为

$$C = -\frac{\mathrm{d}D^*}{\mathrm{d}i} = \frac{1}{P}\frac{d^2P}{di^2} = \frac{1}{P}\frac{1}{(1+i)^2}\left[\sum_{t=1}^{n} \frac{t(1+t)C_t}{(1+i)^t} + n(n+1)\,\frac{A_n}{(1+i)^n}\right]$$

为了显示凸性的重要性,可以对债券价格的相关变化进行泰勒二阶展开:

$$\frac{\mathrm{d}P}{P} \approx \frac{1}{P}\frac{\mathrm{d}P}{\mathrm{d}i}\mathrm{d}i + \frac{1}{2P}\frac{d^2P}{di^2}(\mathrm{d}i)^2 = -D^*\mathrm{d}i + \frac{C}{2}(\mathrm{d}i)^2$$

当收益率变化较小时,凸性的意义并不明显,可以忽略不计。当收益率波动较大时,凸性的作用就变得很重要。

利用久期和凸性共同来估计债券价格波动将会更加准确。

（五）灵敏度分析的缺点

灵敏度分析的优点在于概念上的简明和直观性,使用上的简单性。但其缺点在于,下述情况下线性近似并不能很好地描述证券价格的变化。

（1）证券价格的变化不是市场因子变化的线性函数,特别是期权类金融工具具有严重的非线性;

（2）市场因子的变化不是同时发生的,需要考虑由于时间的差异对市场因子变化产生的影响;

（3）市场因子的运动并不能完全解释证券价值的变化;

（4）对于互换类衍生证券,其价值开始时常常很小,甚至为零,因此使用绝对值变化较比例性变化更合适;

（5）灵敏度分析对不同的金融工具有不同形式,一方面无法测量由不同证券构成的证券组合的风险,另一方面无法比较不同证券的风险大小。

可见,灵敏度分析比较适合简单性金融工具在市场因子变化较小的情形,对于复杂的证券组合及市场因子的大幅波动情形,灵敏度分析或者准确性差,或者由于复杂而失去了其原有的简单直观性。

二、波动性方法

风险是指未来收益的不确定性,实际结果偏离期望结果的程度——波动性,在一定程度上测量了这种不确定性。这种波动性可以通过规范的统计方法量化,其中,方差或标准差是最为常用的方法,它估计了实际收益与预期收益之间可能的偏离。实际上,人们在使用中通常把波动性与标准差等同起来。

（一）方差

1. 单个资产

首先考虑单个资产收益分布的方差,设已知该资产收益分布的一个历史样本数据序列为 $r_1, r_2, \cdots, r_m$,则该资产收益分布的方差定义为

$$\sigma^2 = \mathrm{var}(r) = \frac{1}{m-1}\sum_{i=1}^{m}\left[r_i - E(r)\right]^2$$

式中,$E(r) = \frac{1}{m}\sum_{i=1}^{m} r_i$ 是收益分布的均值,通常称为预期收益。

2. 资产组合

在第五章第一节,我们对于资产组合做了详细的介绍。资产组合的收益就是各种基础资产收益的线性组合,每种资产的权重 ω_i,由最初对该资产的投资金额决定,则资产组合的收益为

$$R_P = (\omega_1 \quad \omega_2 \quad \cdots \quad \omega_N) \begin{pmatrix} R_1 \\ R_2 \\ \vdots \\ R_N \end{pmatrix} = \boldsymbol{W'R}$$

式中，R_i 是每种资产的收益；$\sum\limits_{i=1}^{N} \omega_i = 1$。

资产组合的收益期望值为

$$E(R_P) = \sum\limits_{i=1}^{N} \omega_i E(R_i)$$

方差为

$$\mathrm{Var}(R_P) = \sigma_P^2 = (\omega_1 \quad \omega_2 \quad \cdots \quad \omega_N) \begin{pmatrix} \sigma_1^2 & \sigma_{12} & \cdots & \sigma_{1N} \\ \sigma_{21} & \sigma_2^2 & \cdots & \sigma_{2N} \\ \vdots & \vdots & & \vdots \\ \sigma_{N1} & \sigma_{N2} & \cdots & \sigma_N^2 \end{pmatrix} \begin{pmatrix} \omega_1 \\ \omega_2 \\ \vdots \\ \omega_N \end{pmatrix}$$

用 $\boldsymbol{\Sigma}$ 来代替上述协方差矩阵，资产组合的方差简写为

$$\sigma_P^2 = \boldsymbol{W'\Sigma W}$$

（二）ARCH 模型和 GARCH 模型

随机波动性测度金融产品风险的方法众多，ARCH 模型和 GARCH 模型是最基本的波动测度模型。

1. ARCH 模型

ARCH 模型为均值和方差联立地建模，主要由两个模型组成：均值模型和方差模型。

ARCH(q)模型设定如下

$$y_t = \alpha + \boldsymbol{\beta'X}_t + u_t, \quad u_t \mid \Omega_t \sim iid(0, \sigma_t^2)$$

$$\sigma_t^2 = \gamma_0 + \sum\limits_{j=1}^{q} \gamma_j u_{t-j}^2$$

式中，我们假定 u_t 独立同分布；Ω_t 是 t 期期初所有已知信息的集合，它前面的竖杠表示以 Ω_t 为条件。

然而，ARCH 模型面临滞后项较多、待估参数较多的情形，因此对 ARCH 模型的波动方程进行扩展，产生了 GARCH 模型。

2. GARCH 模型

GARCH(p,q)模型可以表示为

$$y_t = \alpha + \boldsymbol{\beta}'\boldsymbol{X}_t + u_t, \quad u_t \mid \Omega_t \sim iid(0, \sigma_t^2)$$

$$\sigma_t^2 = \gamma_0 + \sum_{i=1}^{p} \delta_i \sigma_{t-i}^2 + \sum_{j=1}^{q} \gamma_j u_{t-j}^2$$

此模型中方差的值既依赖于冲击的过去值(由滞后的误差项平方代表),又依赖于它自身的过去值(滞后的 σ_t^2)。

在这些基础上可以扩展出指数 GARCH 模型(SV 模型)、非对称 GARCH 模型(VG 过程)、门限 GARCH 模型等。

(三) 隐含波动性

1. 概念

历史波动率是利用历史股价对当期及未来波动率进行估算,但如果将历史波动率代入 B-S 期权定价公式,计算出的期权价值与实际交易价格并不一致。既然期权实际交易价格反映了投资者对当前及未来波动率的认知,那么从期权实际交易价格中反推出来的波动率相对于历史波动率更能反映当前及未来的股价波动。

隐含波动性是指期权价格中所隐含的波动性,它是对未来波动性的预测,而不是对当前波动性的估计。期权定价公式(如 Black-Scholes 模型),给出了期权价格与标的资产价格、期权的执行价格、到期时间、无风险利率及波动性之间的函数关系。如果这些变量值已知,就可以利用期权定价模型来计算期权的价格。这些变量中,只有波动性不能直接观察到,必须进行估计。由于期权价格都可以获得,所以通过反解期权定价公式,可以得到波动性与期权价格及其他变量之间的解析函数关系。尽管有时得不到明确的解析表达式,但可以通过数值算法计算出波动性,这样得到的波动性即为隐含波动性,而使得期权 B-S 理论价值与实际交易价格相等的波动率即为隐含波动率。

为了与隐含波动性相区别,将前面介绍的波动性称为统计波动性。尽管隐含波动性和统计波动性都是对期权的标的资产波动性的预测,但这两种模型明显不同。首先,它们使用的数据不同。隐含波动性使用市场期权价格的当前数据,因此隐含波动性包含投资者对标的资产的未来走势的预期;统计波动性使用的数据则是标的资产的历史价格,只是由过去推断未来。其次,这两种方法使用的模型也不同。隐含波动性假设风险中性,对标的资产价格使用扩散模型;而统计波动性假定序列平稳,对价格使用随机游走模型。

2. 隐含波动率的估算

隐含波动率无法由 B-S 期权定价公式给出显式解,因而其估算通常采用近似方法,包括优化搜索近似方法和直接近似方法。优化搜索近似方法是通过迭代近似的方法,不断更新隐含波动率的估计值,直至 B-S 期权价值与实际价值之差小于指定精度。常用的优化搜索近似方法包括牛顿-拉夫森(Newton-Raphson)迭代算法和二分法。直接近似方法则是通过对 B-S 期权定价公式进行多项式泰勒展开或微分近似以求出关于隐含波动率的近似代数式,再通过近似代数式的数值检验得到隐含波动率的近似解析解。常用的直接近似方法包括加权平均法和多项式近似法。具体如下:

(1) Newton-Raphson 迭代算法。

(2) 二分法。

(3) Vega 加权平均法(Latane 和 Rendleman,1976)。

(4) 等权加权平均法(Schmalensee 和 Trippi,1978)。

(5) 弹性加权平均法(Criras 和 Manaster,1978)。

(6) 最小平方定价误差加权法(Beckers,1981)。

(7) B-Sub 多项式近似法(Brenner 和 Subrahmanyam,1988)。

(8) C-M 多项式近似法(Corrado 和 Miller,1996)。

(四) 波动性方法的缺点

波动性描述了收益偏离其平均值的程度,在一定程度上测量了金融资产价格的变化程度。但波动性方法主要存在两个缺点:

(1) 只描述了收益的偏离程度,却没有描述偏离的方向,而实际中最为关心的是负偏离(损失)。

(2) 波动性并没反映证券组合的损失到底是多大。对于随机变量统计特性的完整描述需要引入概率分布,而不仅仅是方差。

尽管波动性不适宜直接用来测量证券组合的市场风险,但市场因子的波动性是 VaR 计算的核心因素之一。

第二节　债券市场风险

传统的固定收益工具主要是债券,债券是对其持有人未来息票收益与本金偿付的一种契约合同。债券现金流运动相对简单,息票收益偿付结构是未来现金流结构的主要决定因素。根据偿付结构的不同,债券分为零息债券、固定利率债券、浮动利率债券等。

一、债券价格

(一) 债券基本定价公式

任何金融产品的价值都是未来现金流按照适当的折现因子所计算的现值之和,因此债券价格也等于债券未来所有现金收入在以某一市场利率(到期收益率)折现下的现值。

债券定价的关键是确定未来预期现金流和估算适当的必要收益率,假设某债券息票支付为每年 1 次,以复利计算的普通债券未来现金流量(息票收益和本金偿付的

总和)的现值或债券价格可用公式表示为

$$P = \sum_{t=1}^{T} \frac{C_t}{(1+i)^t} + \frac{F}{(1+i)^T} \tag{7-6}$$

式中，P 为债券未来的所有现金流量的现值，即债券价格；T 为债券到期期限年数；C 为息票支付；i 为市场年利率；F 为本金额。

若债券为零息债券（在债券面值基础上折价出售，无须支付利息，到期偿还与面值相等金额的债券），其现值或市场价格公式为

$$P = \frac{F}{(1+i)^T} \tag{7-7}$$

永久债券指无须偿还本金，永续支付利率的债券。若永久债券的息票收益为固定的，则其市场价格为

$$
\begin{aligned}
P &= \lim_{T \to \infty} \left[\sum_{t=1}^{T} \frac{C}{(1+i)^t} + \frac{F}{(1+i)^T} \right]_{t \to \infty} \\
&= \lim_{T \to \infty} \sum_{t=1}^{T} \frac{C}{(1+i)^t} + \lim_{T \to \infty} \frac{F}{(1+i)^T} \\
&= \lim_{T \to \infty} \sum_{t=1}^{T} \frac{C}{(1+i)^t} \\
&= \frac{C}{i} \lim_{n \to \infty} \left[1 - \left(\frac{1}{1+i} \right)^n \right] \\
&= \frac{C}{i}
\end{aligned} \tag{7-8}
$$

由以上公式可见，债券价格与市场利率之间存在反函数关系。

【例 7.1】 假设期限为 3 年的普通债券，其息票支付为每年 2 次，每次为 470 元，到期偿还本金 10 000 元。若市场年利率为 9.4%，根据式（7-6），该债券的市场价格为

$$P = \sum_{t=1}^{6} \frac{470}{(1+0.047)^t} + \frac{10\,000}{(1+0.047)^6} = 10\,000(元)$$

若市场年利率上升到 10%，该债券的市场价格为

$$P = \sum_{t=1}^{6} \frac{470}{(1+0.05)^t} + \frac{10\,000}{(1+0.05)^6} = 9\,848(元)$$

若市场年利率下降到 8.8%，该债券的市场价格为

$$P = \sum_{t=1}^{6} \frac{470}{(1+0.044)^t} + \frac{10\,000}{(1+0.044)^6} = 10\,155(元)$$

图 7-1 反映了债券价格与市场利率之间存在的反函数关系。

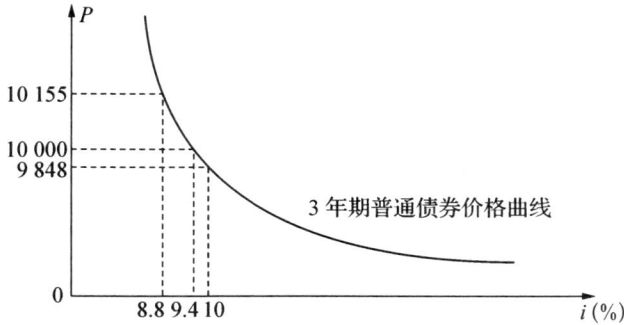

图 7-1 债券价格与市场利率的反函数关系

若对计算结果进一步分析,我们可以发现,债券价格对于利率下降的反应比对利率上升的反应更为敏感。例如,如图 7-1 所示,当市场利率由 9.4% 上升到 10% 时,债券价格下降了 152 元,下降幅度为 1.52% $\left(=\left|\dfrac{9\,848-10\,000}{10\,000}\right|\times100\%\right)$;当市场利率由 9.4% 下降到 8.8% 时,债券价格上升了 155 元,上升幅度为 1.55% $\Big(=\dfrac{10\,155-10\,000}{10\,000}\times100\%\Big)$。因此,债券价格对市场利率变化的反应是不对称的。

(二)影响债券价格的其他因素

除了利率外,影响债券价格的因素还包括到期期限、息票收益、税收规定、融资者信用状况和本国宏观经济周期、政治法律等,下面将重点分析到期期限和息票收益对债券价格的影响。

1. 到期期限

债券到期期限对债券价格与利率的关系有显著影响。在其他因素不变的条件下,长期债券价格对市场利率变化的弹性大于短期债券价格对市场利率变化的弹性。在上例中,当债券到期期限由 3 年变为 6 年时,若市场利率为 9.4%,债券价格仍与其面值相等,为 10 000 元。若市场利率上升 0.6%,达到 10%,则债券价格为

$$P=\sum_{t=1}^{12}\frac{470}{(1+0.05)^t}+\frac{10\,000}{(1+0.05)^{12}}=9\,781(元)$$

若市场利率下降到 8.8%,则债券价格为

$$P=\sum_{t=1}^{12}\frac{470}{(1+0.044)^t}+\frac{10\,000}{(1+0.044)^{12}}=10\,275(元)$$

比较到期期限为 3 年和 6 年的两种债券,我们可以看到:当市场利率上升 0.6% 时,3 年期债券的价格下降 1.52%,而 6 年期债券的价格下降 2.19%;当市场利率下降 0.6% 时,3 年期债券的价格上升 1.55%,而 6 年期债券的价格上升 2.75%。图 7-2

描述了这一变化。

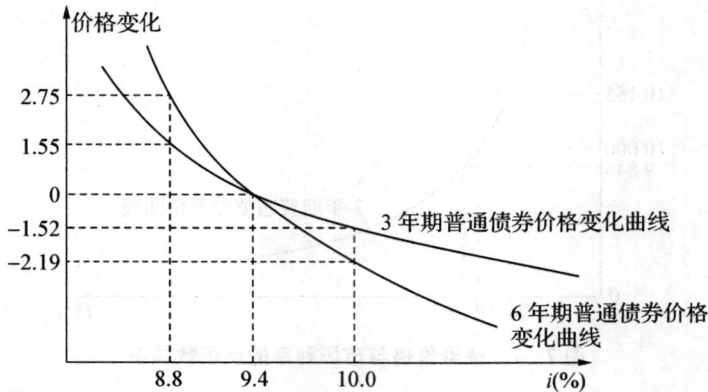

图 7-2　债券到期期限对债券价格与市场利率关系的影响

2. 息票收益

债券息票收益的数额亦会影响债券价格对市场利率变化的弹性。低息票收益债券的价格比高息票收益债券的价格对市场利率的变化更为敏感。在[例 7.1]中,当债券为 3 年期零息债券时,其市场价格可用公式计算得出。若市场利率为 9.4%,债券价格为

$$P = \frac{F}{(1+i)^T} = \frac{10\,000}{(1+0.047)^6} = 7\,591(元)$$

若市场利率上升为 10%,债券价格为

$$P = \frac{10\,000}{(1+0.05)^6} = 7\,462(元)$$

价格变化百分比为

$$\left|\frac{7\,462 - 7\,591}{7\,591}\right| \times 100\% = 1.70\%$$

若市场利率下降为 8.8%,债券价格为

$$P = \frac{10\,000}{(1+0.044)^6} = 7\,723(元)$$

价格变化百分比为

$$\left|\frac{7\,723 - 7\,591}{7\,591}\right| \times 100\% = 1.74\%$$

图 7-3 描述了这一变化。

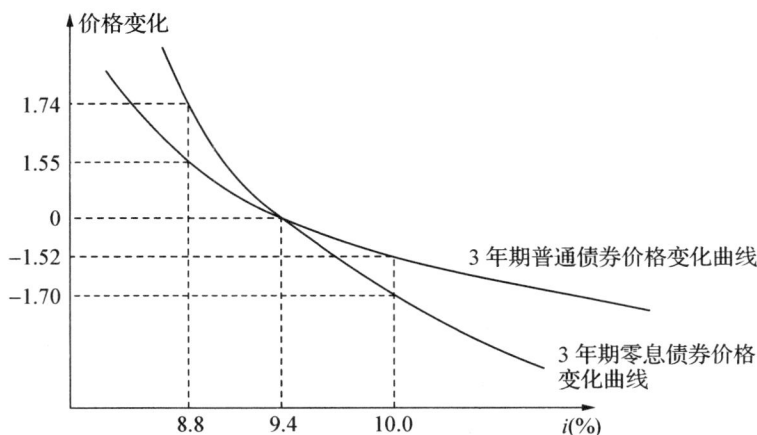

图 7 - 3　债券息票支付金额大小对债券价格与市场利率关系的影响

二、久期的运用

(一) 债券久期的计算

从债券的市场价格公式中可以看出,对于它们的价格变化起关键作用的是利率的变化。债券到期时间越长,其价格受到利率变化的影响越大。因此,对固定收入证券风险进行度量或 VaR 计算的基础就是债券价格对利率变化的敏感性。常用的测量方法是久期,又称为麦考利久期,它包含债券未来现金收益的时间和数额两方面因素。它可以综合地反映息票数额以及债券期限等对债券价格波动的影响。债券的久期可以定义为债券价格相对于市场利率变动百分比的弹性。

$$D=-\frac{(\Delta P/P)}{\Delta i/(1+i)}=-\frac{1+i}{P}\frac{\mathrm{d}P}{\mathrm{d}i}=\frac{\sum_{t=1}^{T}\frac{tC_t}{(1+i)^t}+\frac{TF}{(1+i)^T}}{P} \tag{7-9}$$

式中,D 为债券的麦考利久期,P 为债券价格,i 为市场利率,C 为息票支付,F 为债券面值,T 为债券到期期限。

【例 7.2】　计算[例 7.1]中普通债券的久期。

$$D=\frac{\sum_{t=1}^{6}\frac{470t}{(1+0.047)^t}+\frac{6\times10\,000}{(1+0.047)^6}}{10\,000}=5.36(半年)=2.68(年)$$

保持其他条件不变,债券到期期限为 6 年,则久期为

$$D=\frac{\sum_{t=1}^{12}\frac{470t}{(1+0.047)^t}+\frac{12\times10\,000}{(1+0.047)^{12}}}{10\,000}=9.44(半年)=4.72(年)$$

而同样面值的 3 年期零息债券,市场利率为 9.4%,债券价格为 7 591 元,久期为 $D=n$(债券到期期限)$=3$ 年。事实上

$$P=\frac{F}{(1+i)^T}=\frac{10\,000}{(1+0.047)^6}=7\,591(元)$$

$$D=\frac{\dfrac{TF}{(1+i)^T}}{P}=\frac{\dfrac{TF}{(1+i)^T}}{\dfrac{F}{(1+i)^T}}=6(半年)=3(年)$$

债券的久期可以用来计算当市场利率变化时,债券价格的变化程度。从式(7-9)可以推出计算债券价格变动的公式

$$\frac{\Delta P}{P}=-D\frac{\Delta i}{1+i} \tag{7-10}$$

或

$$\Delta P=-D\frac{\Delta i}{1+i}P \tag{7-11}$$

公式表明,当市场利率变化时,债券价格的变化程度可以通过债券的久期的弹性程度计算出来。显然,债券的久期越大,债券价格相对于市场利率的弹性越大,即既定的市场利率将导致较大的债券价格变动。

【例 7.3】 在[例 7.2]中,若市场利率由 9.4% 上升为 10%,3 年期普通债券的市场价格变动为

$$\frac{\Delta P}{P}=-5.36\times\frac{0.003}{1+0.047}=-1.54\%$$

$$\Delta P=-1.54\%\times 10\,000=-154$$

6 年期普通债券的市场价格变动为

$$\frac{\Delta P}{P}=-9.44\times\frac{0.003}{1+0.047}=-2.71\%$$

$$\Delta P=-2.71\%\times 10\,000=-271$$

3 年期零息债券的市场价格变动为

$$\frac{\Delta P}{P}=-6\times\frac{0.003}{1+0.047}=-1.72\%$$

$$\Delta P=-1.72\%\times 10\,000=-172$$

综合上面例题的计算和前面对于久期详细的分析,我们可以总结出以下几点关于久期的结论:

(1) 零息票债券的久期等于它的到期时间。

(2) 直接债券的久期小于或者等于其到期时间。

（3）永久性债券的久期等于$\dfrac{1+i}{i}$。

（4）到期时间不变的情况下，息票率越高，久期越短，即息票率与久期反相关。

（5）当息票率不变的情况下，债券的久期通常随债券到期时间的增长而增长，即久期与期限一般呈正相关。

（6）在其他因素都不变的情况下，债券的到期收益率越低，附息债券的久期越长（即久期与到期收益率呈反相关）。

（7）久期越短通常意味着债券对利率变动的敏感性较低，因此风险也相对较低。这是因为久期衡量的是债券价格对收益率变动的敏感程度。久期越短，债券持有者收回全部本金和利息的平均时间越短，对利率变动的敏感性也越低，从而风险越小。

（二）修正久期

久期公式也可用微分形式写出

$$\frac{1}{P}\frac{\mathrm{d}P}{\mathrm{d}i} = -\frac{D}{(1+i)} \tag{7-12}$$

当收益率很小时可以忽略不计，上式中的分母$1+i$可以简化为1。可以看出，久期实际上是对债券价格利率敏感性的线性测量，或一阶测量。如果考虑收益项，可以对久期进行修正，修正久期为

$$D^{*} = -\frac{1}{P}\frac{\mathrm{d}P}{\mathrm{d}i} = \frac{D}{(1+i)} \tag{7-13}$$

可以看出，修正久期小于久期。

式（7-13）可变为

$$\frac{\Delta P}{P} = -D^{*} \times \Delta i \tag{7-14}$$

可以看出，修正久期比久期能更直接地表示利率变动对债券价格变动的影响。从式（7-14）可知，修正久期直接表示与利率变动相关的债券价格变动的百分比。显然，与久期相比，修正久期作为度量利率风险的指标更具有科学性和直观性，可以直接用它与利率变化相乘，以获得预期价格变化的百分比。

再进一步思考，由麦考利久期的定义可知，麦考利久期的概念存在一个严重的缺陷：用于所有未来现金流的贴现率是固定的。这一假设限制了其作为债券利率风险度量的有效性。虽然久期较准确地表达了债券的到期时间，但无法说明当利率发生变动时，债券价格的变动程度，因此引入修正久期的概念必不可少。

（三）久期的可加性

由于久期是对债券价格利率敏感性的线性测量，因此，一个债券组合的久期就等于该组合中个别债券久期的加权平均，每种债券的权重等于该种债券在组合中所占的比例。

对于一个包含 N 种债券、每种债券头寸比例为 $x_i(i=1,\cdots,N)$ 的债券组合 P 来说,其久期为

$$D_P = \sum_{i=1}^{N} x_i D_i \qquad (7-15)$$

式中,D_P 为组合的久期,D_i 为组合中各种债券的久期。

(四) 风险免疫策略与久期缺口管理

久期的概念可用于设计利率风险免疫策略。设一家公司有一笔折现型的负债,面值为 Q,期限为 N 年。r_L 为由市场决定的折现率。负债的现值为 $V_L = Qe^{-r_L N}$。公司将负债筹集的资金投资于一项资产,该资产每年提供固定收益现金流 $P_1,\cdots,$ P_N,假定收益曲线是平坦的,发生的变动是平移,则资产的现值为 $V_A = \sum_{t=1}^{N} P_t e^{-r_A t}$。

假设在期初时刻,有 $V_A = V_L$。如果利率发生变动 Δr,因为收益曲线平行移动,所以负债和资产的利率变化是一样的。对于负债来说,有

$$V_L + \Delta V_L = V_L + \frac{dV_L}{dr}\Delta r = V_L + (-NQe^{-r_L N})\Delta r \qquad (7-16)$$

对于资产来说,有

$$V_A + \Delta V_A = V_A + \frac{dV_A}{dr}\Delta r = V_A + \left(\sum_{t=1}^{N} -tP_t e^{-r_A t}\right)\Delta r \qquad (7-17)$$

如果 $\Delta V_A = \Delta V_L$,则市场利率的变动对公司的这项融资活动的效益不产生影响,即可认为对利率风险有免疫功能。而 $\Delta V_A = \Delta V_L$ 的充要条件是式(7-16)与式(7-17)相等,即

$$(-NQe^{-r_L N})\Delta r = \left(\sum_{t=1}^{N} -tP_t e^{-r_A t}\right)\Delta r$$

因为

$$V_A = \sum_{t=1}^{N} P_t e^{-r_A t} = V_L = Qe^{-r_L N}$$

所以有

$$D_A = \frac{\sum_{t=1}^{N} tP_t e^{-r_A t}}{V_A} = \frac{\sum_{t=1}^{N} tP_t e^{-r_A t}}{Qe^{-r_L N}} = N = D_L$$

式中,D_A 表示资产的久期,D_L 表示负债的久期。

现在引入久期缺口的概念。以 V_A 表示企业的总资产价值,V_L 表示总负债的价值,V_E 表示权益的价值,则 $V_A = V_L + V_E$。以 D_A、D_L 和 D_E 分别表示资产的久期、负债的久期和权益的久期,则有

$$D_A = \omega D_L + (1 - \omega) D_E \qquad (7-18)$$

式中

$$\omega = \frac{V_L}{V_A} \qquad (7-19)$$

从而有

$$D_E = \frac{1}{1 - \omega}(D_A - \omega D_L) \qquad (7-20)$$

久期缺口定义为

$$D_{\text{gap}} = D_A - \omega D_L \qquad (7-21)$$

将式(7-18)代入式(7-21),可得

$$D_{\text{gap}} = (1 - \omega) D_E \qquad (7-22)$$

从而有

$$D_E = \frac{1}{1 - \omega} D_{\text{gap}} = \frac{1}{1 - \dfrac{V_L}{V_A}} D_{\text{gap}} = \frac{V_A}{V_E} D_{\text{gap}} \qquad (7-23)$$

根据式(7-9)可得

$$\frac{\Delta V_E}{V_E} = -D_E \frac{\Delta r}{1 + r} = -\frac{V_A}{V_E} D_{\text{gap}} \frac{\Delta r}{1 + r} \qquad (7-24)$$

式中 r 为公司权益的预期收益率,即有

$$\Delta V_E = -D_{\text{gap}} \frac{\Delta r}{1 + r} V_A \qquad (7-25)$$

根据式(7-25)可以制定重要的久期缺口管理策略,这种策略在资产负债综合管理规避风险方面具有重要意义。其基本原理如下:

(1) 如果久期缺口很小,以至于接近于 0,则市场利率的波动对公司净价值(权益价值)的影响很小。由此可制定保守的久期缺口管理策略,即努力使久期缺口的绝对值尽量小,以规避利率风险。

(2) 若久期缺口为正,则公司权益价值的变化与市场利率变化的方向相反。当市场利率上升时,权益的市场价值下跌;反之,当市场利率下降时,权益的市场价值上升。如果久期缺口为负,则情况相反。由此可以依据对市场利率的预期,制定积极的久期缺口管理策略。

(3) 当前的市场利率越高,利率变化对权益价值的影响越小,反之亦然。

(4) 公司的资产总值越大,利率变化对权益价值的影响也就越大。

【例7.4】 假设亚丰银行是一家刚开张的银行,其资产负债表如表7-1所示。在资产项目中,除现金外,还有年利率为 14% 的 3 年期商业贷款和年利率为 12% 的

9年期国库券。在负债项目中,有年利率为9%的1年期定期存款和年利率为10%的可转让定期存单。资本金占资产总额的8%,表中所有金额都以当前市场利率计算。假定所有的利息都是按年收付,没有提前支付和提早取款,不存在问题贷款。

表7-1 亚丰银行资产负债表

资　产	市场现值 (万元)	利率 (%)	久期 (年)	负债和资本	市场现值 (万元)	利率 (%)	久期 (年)
现金	100			定期存款	520	9	1.00
商业贷款	700	14	2.65	可转让定期存单	400	10	3.49
国库券	200	12	5.97	总负债	920		
				股东权益	80		
总　　计	1 000				1 000		

资产平均久期=(700/1 000)×2.65+(200/1 000)×5.97=3.05(年)
负债平均久期=(520/920)×1+(400/920)×3.49=2.08(年)
久期缺口=3.05-(920/1 000)×2.08=1.14(年)

假设市场利率全部上升一个百分点,根据式(7-9),可以求出每笔资产和负债的市值变化情况,见表7-2。

表7-2 亚丰银行资产负债表(利率上升1%)

资　产	市场现值 (万元)	利率 (%)	久期 (年)	负债和资本	市场现值 (万元)	利率 (%)	久期 (年)
现金	100			定期存款	515	10	1.00
商业贷款	684	15	2.64	可转让定期存单	387	11	3.48
国库券	189	13	5.89	总负债	902		
				股东权益	71		
总　　计	973				973		

资产平均久期=(684/973)×2.64+(189/973)×5.89=3.00(年)
负债平均久期=(515/902)×1+(387/902)×3.48=2.06(年)
市场现值的变化:总资产变化=-[(2.65×700/1.14)+(5.97×200/1.12)]×0.01=-27(万元)
总负债变化=-[(1×520/1.09)+(3.49×400/1.10)]×0.01=-17.5(万元)
股东权益变化=总资产变化-总负债变化=-27-(-17.5)=-9.5(万元)

(五)久期的缺陷

久期提供了债券价格利率敏感性的测量,是利率风险管理的重要工具,但久期方法存在一定缺陷。

（1）从久期的计算中可以看出，它对于所有现金流都只采用了一个折现率，也即意味着利率期限结构是平坦的。在前面对利率期限结构的分析中已经指出，平坦的利率期限结构只是一种极特殊的情况，而一般情况下利率期限结构经常是不平坦的，且大多呈上翘的非线性形状，因此用三个月的即期利率来折现 30 年付息债券的现金流显然是不合适的。

（2）久期实际上只考虑了收益率曲线平移的情况，而正如前面所论述的，由于时间因素的影响，不同期限长度收益率对某一市场影响因素的反应是不同的，即不同期限长度收益率的变化幅度不一致，从而导致收益率曲线的变化可以呈现出很多形式，如蝶形变化和扭曲变化。久期的方法则不能适用于这些情况。

（3）采用久期方法对债券价格利率风险的敏感性进行测量实际上只考虑了价格变化和收益率变化之间的线性关系。而市场的实际情况表明这种关系经常是非线性的。例如，价格变化和收益率变化之间的关系不是线性的，而是一种凸性的关系。换句话说，当到期收益率降低某一数值时，价格的增加值大于收益率增加同一数值时价格的降低值。这种特性被称为收益率曲线的凸性。这种凸性将会给债券的定价以及债券价格风险的测量带来重要影响。而且，只有在债券不能提前偿还的情况下，这种凸性才存在。对于有提前赎回权条款的债券来讲，凸性的情况就更为复杂。只有当利率增加时，提前赎回债券的成本上升，因此发行者就不会买回发行的债券，此时价格和收益率之间的关系才接近于不可赎回债券的情况；而当市场利率下降时，发行者执行赎回权的概率增大，此时价格和收益率之间的关系呈现出一种负凸性，即债券价格相对于利率的下降有较小幅度的增加。

因此，只有当收益率的变化幅度很小时，久期所代表的线性关系才能近似成立；当收益率出现较大幅度的变化时，采用久期方法则不能对债券价格相对于利率变化的敏感性给予正确的测量。

正是由于久期存在的上述缺陷使得久期方法的实用性和准确性受到了一定限制。对债券价格利率风险敏感性更准确的测量需要考虑更高阶的价格－收益率波动情况，最常用的方法就是凸性方法。

三、凸性的运用

（一）凸性的概念

久期可以看作债券价格对利率小幅波动敏感性的一阶估计，凸性则是对债券价格利率敏感性的二阶估计，或是对债券久期利率敏感性的测量。它可以对久期估计的误差进行有效的校正。凸性可以通过计算久期对利率的导数或债券价格对利率的二阶导数再除以债券的价格得到

$$C = -\frac{\mathrm{d}D^*}{\mathrm{d}i} = \frac{1}{P}\frac{\mathrm{d}^2 P}{\mathrm{d}i^2} = \frac{1}{P}\frac{1}{(1+i)^2}\left[\sum_{t=1}^{T}\frac{t(1+t)C_t}{(1+i)^t} + \frac{T(1+T)F}{(1+i)^T}\right] \quad (7-26)$$

式中，C 代表债券的凸性，显然凸性大于 0。

为了显示凸性的重要性，可以对债券价格的相关变化进行泰勒级数二阶展开

$$\frac{\mathrm{d}P}{P} \approx \frac{1}{P}\frac{\mathrm{d}P}{\mathrm{d}i}\mathrm{d}i + \frac{1}{2P}\frac{\mathrm{d}^2P}{\mathrm{d}i^2}(\mathrm{d}i)^2 = -D^*\mathrm{d}i + \frac{C}{2}(\mathrm{d}i)^2 \qquad (7-27)$$

当收益率变化较小时，凸性的意义并不明显，可以忽略不计。当收益率波动较大时，凸性的作用就变得很重要。

将式(7-27)变为

$$\frac{\mathrm{d}P}{P} = -\left(D^* - \frac{C}{2}\mathrm{d}i\right)\mathrm{d}i \qquad (7-28)$$

根据微分的知识，可以将式(7-28)改写为

$$\frac{\Delta P}{P} \approx -\left(D^* - \frac{C}{2}\Delta i\right)\Delta i \qquad (7-29)$$

该式表明当利率上升或下降时，凸性（考虑价格变化的二阶项）会引起债券的久期出现下降或上升。不含期权的债券久期为正，因此债券实际的价格—收益率关系曲线在久期之上。这意味着利率变化引起的债券价格实际上升幅度比久期的线性估计要高，而下降的幅度却相对较小，如图 7-4 所示。

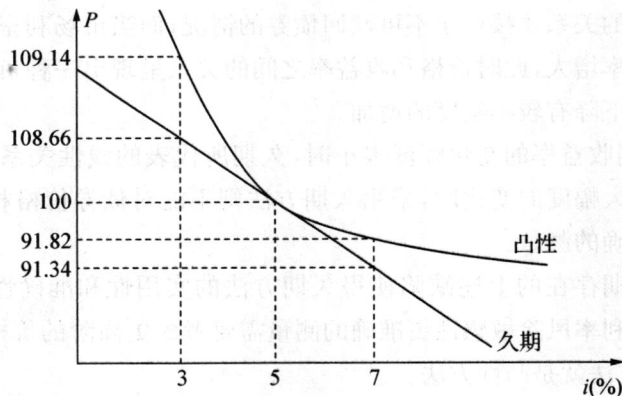

图 7-4　凸性与久期的关系

（二）基于凸性的债券价格的利率敏感性估计

运用凸性可以得到债券价格相对于收益率变化的更准确的估计。由式(7-28)可得到债券价格相对于收益率变化的凸性调整为

$$\Delta P_C = \frac{1}{2}PC(\mathrm{d}i)^2 \qquad (7-30)$$

【例 7.5】　某个 5 年期、面值为 100 元、年息票率为 5％的国库券，根据式(7-30)计算收益率变化对该国库券价格的凸性影响。

凸性的计算及久期和凸性计算的比较见表 7-3 和表 7-4。

表 7-3 凸性的计算

期 限	t	现金流	到期收益率为5%时的折现率	折现值	加权的现金值	(t^2+t)乘以折现值
1 年的息票	1	5	1.050 0	4.761 9	4.761 9	9.523 8
2 年的息票	2	5	1.102 5	4.535 1	9.070 3	27.210 9
3 年的息票	3	5	1.157 6	4.319 2	12.957 6	51.830 3
4 年的息票	4	5	1.215 5	4.113 5	16.454 0	82.270 2
5 年的息票	5	5	1.276 3	3.917 6	19.588 2	117.528 9
本金	5	100	1.276 3	78.352 6	391.763 1	2 350.578 5
总 和				100	454.595 1	2 638.942 6

表 7-4 久期、修正久期和凸性

到期收益率/%	5.00
息票率/%	5.00
久期	4.55
修正久期	4.33
凸性	23.936 0

假设收益率上升到 7%，则凸性的影响为

$$\Delta P_C = \frac{1}{2}PC\,(\Delta i)^2 = 0.5 \times 100 \times 23.936\,0 \times (0.07-0.05)^2 = 0.48$$

国库券的价格变化为

$$\Delta P = -P\left(D^* - \frac{C}{2}\Delta i\right)\Delta i = -100 \times 4.33 \times 0.02 + 0.48 = -8.18$$

则国库券的新价格为 100-8.18=91.82(元)。

按收益率 7% 计算债券价格

$$P = \sum_{t=1}^{5}\frac{C_t}{(1+i)^t} + \frac{F}{(1+i)^5} = \sum_{t=1}^{5}\frac{5}{(1+0.07)^t} + \frac{100}{(1+0.07)^5} = 91.8(元)$$

两种计算方法的结果非常接近。

如果到期收益率下降为 3%，则预测价格变化为 9.14 元(=8.66+0.48)。此时国库券价格变为 109.14 元(=100+9.14)，非常接近于用债券价格公式计算得到的 109.16元。

可以看出，与久期方法相比，凸性在很大程度上提高了对价格变化的准确性。

（三）凸性的可加性

凸性的另一个优点在于，固定收入证券组合的凸性等于组合中各成分凸性的简单加权和。这在很大程度上简化了庞大组合的计算。对于一个由 N 种债券构成的债券组合，如果用 x_i 表示第 i 种债券在组合中所占的比例，用 C_i 表示第 i 种债券的凸性，则组合的凸性为

$$C_P = \sum_{i=1}^{N} x_i C_i \qquad\qquad (7-31)$$

（四）凸性与 VaR

将凸性结合到久期方法中可以大大提高债券价格利率风险敏感性的估计精度，因而也提高了 VaR 估计的准确性。特别是在对于一些非线性金融产品，如期货、期权等金融衍生产品的 VaR 计算中，久期－凸性方法将具有更大的意义。下一章将对这一问题进行更详细的论述。

一般来讲，如果仅考虑久期因素，这种 VaR 模型实际上就是所谓的 Delta-VaR 模型。而凸性则类似于期权定价中的 Gamma 参数，因此，可以把久期和凸性相结合用于 VaR 计算中的 Delta-Gamma 模型中去。一般情况下，只要估计出在给定持有期和置信水平上，收益率的最大增加值 $\max\Delta y$，运用久期－凸性方法，就可以容易地得到固定收入证券组合的 VaR 估计

$$\mathrm{VaR} = 组合的实际市场价值 + \mathrm{Delta} \cdot \max\Delta y + \frac{1}{2}\mathrm{Gamma} \cdot \left(\max\Delta y\right)^2$$

$$(7-32)$$

式中，Delta 是组合的修正久期；Gamma 是组合的凸性。

四、美元久期和美元凸性的套期保值

将麦考利久期乘以债券的现在价格则得到美元久期，美元久期通常用符号 $\$D$ 表示，则有

$$\$D = PD = \sum_{t=1}^{T} \frac{tC_t}{(1+i)^t} + \frac{TF}{(1+i)^T}$$

同理，凸性乘以债券的现在价格则得到美元凸性，美元凸性通常用符号 $\$C$ 表示，则有

$$\$C = PC = \frac{\mathrm{d}^2 P}{\mathrm{d}i^2} = \frac{1}{(1+i)^2}\left[\sum_{t=1}^{T} \frac{t(1+t)C_t}{(1+i)^t} + \frac{T(1+T)F}{(1+i)^T}\right]$$

由于久期考虑的是资产对利率的一阶敏感性，因此在套期保值时如果直接采用对冲久期的方法，在利率变动较大时并不精确，而如果同时引入凸性则会使利率风险管理更有成效。这时一般需要同时引入两种新资产构建方程组

$$\begin{cases} \$D = \$D_1 + n_2\$D_2 + n_3\$D_3 \\ \$C = \$C_1 + n_2\$C_2 + n_3\$C_3 \end{cases}$$

当目标美元久期 $\$D$ 和目标美元凸性 $\$C$ 均为零时，得到的套期保值比率即为最优。

习　题

1. 假设某个金融机构的资产负债表如表 7-5 所示。

表 7-5　某金融机构资产负债表　　　　　　　　　　单位：万元

资　产	金　额	负债与所有者权益	金　额
浮动利率抵押贷款（当前年利率 10%）	50	活期存款（当前年利率为 6%）	70
30 年期固定利率款（固定利率为 7%）	50	定期存款（当前年利率为 6%）	20
		所有者权益	10
资产总计	100	负债与所有者权益总计	100

试计算：

（1）该银行预期年末的净利息收入。

（2）假设利率增加了 2%，该金融机构年末的净利息收入是多少？

（3）通过利率敏感性缺口计算该金融机构利率增加 2% 后的净利息收入。

2. 某固定利率债券面值为 2 000 元，剩余期限为 5 年，票面利率为 6%，每年付息一次，到期收益率为 5% 的情况下，请分别计算凸性和美元凸性。

3. 一张面值 1 000 元，票面利率为 8% 的 5 年期债券，每年付息一次，到期收益率为 10%，试计算持续期。

4. 现假设持有一种面值为 5 000 元的债券，试计算：

（1）期限为 5 年，年利率为 10%，债券收益率为 13% 的久期。

（2）其修正久期。

5. 思考下列问题：

（1）期限为 8 年，市场利率为 10%，票面利率为 7%，每年年末付息、到期还本的国债的久期为多少？

（2）期限为 8 年，市场利率为 10%，票面利率为 7%，每半年付息、到期还本的国债的久期为多少？

（3）根据以上结果可以得出什么结论？

第八章　VaR 方法

教学要点

知识要点	掌握程度	相关知识
VaR 方法概述	掌握	VaR 的含义、VaR 参数选择
VaR 计算原理	了解	VaR 计算的基本模块、主要方法概述
VaR 的计算方法	掌握	分析法、模拟法
固定收益证券的 VaR 计算	重点掌握	现金流映射法
VaR 方法的补充	掌握	压力测试、极值分析

课前导读

通过学习"一带一路"国家经济政策,进而拓展到习近平总书记提出的"构建人类命运共同体"等理论,从而认识到"一带一路""人类命运共同体"均是马克思唯物辩证法的体现。任何事物、任何国家都不能孤立存在、独善其身,整个世界是相互联系的统一整体,国家间互相影响、相互关联。这些治国理政方针不仅为人类文明指明了前进方向,更丰富并发展了马克思主义理论体系。

第一节　VaR 方法概述

一、VaR 产生的背景

灵敏度分析,主要是针对不同金融工具测量其对市场因子的敏感性,它反映了不同金融工具的交易方式,主要适用于简单金融市场环境下(单一产品、单一风险)的风险测量,或复杂金融环境下的前台业务。随着金融市场的规模增大,交易方式的动态性和复杂性的增加,灵敏度分析存在的主要缺陷在于其测量风险的单一性——不同的风险因子对应不同的灵敏度。

这就导致以下几个问题:① 无法测量交易中极为普遍的、由类型不同的证券构成的证券组合的风险；② 由于不能汇总不同市场因子、不同金融工具的风险暴露，灵敏度方法无法满足在市场风险管理和控制中具有核心作用的中台、后台全面了解业务部门和机构面临的整体风险的需要，以致无法展开有效的风险控制和风险限额设定；③ 灵敏度分析在测量风险时，没有考虑证券组合的风险分散效应；④ 机构高层无法比较各种不同类型的交易头寸间的风险大小，并依此做出绩效评估和资本分配。

波动性方法，不能给出一定数量的损失发生的概率。在这种情况下，交易者或管理者只能根据自己的经验来进一步判断每天发生损失的可能性。

为了解决传统的风险测量方法所不能解决的各种问题，产生了一种能全面测量复杂证券组合的市场风险的方法——VaR 方法。

VaR 方法是由 JP Morgan 公司率先提出的。当时 JP Morgan 总裁 Weatherstone 要求其下属每天下午在当天交易结束后的 4 点 15 分，给他一份一页的报告（即著名的 4.15 报告），说明公司在未来 24 小时总体上的潜在损失是多大。为了满足这一要求，JP Morgan 的风险管理人员开发了一种能够测量不同交易、不同业务部门市场风险，并将这些风险集成为一个数的风险测量方法——VaR。

VaR 是指一定的概率水平下（置信度），证券组合在未来特定一段时间内的最大可能损失。其最大优点在于测量的综合性，可以将不同市场因子、不同市场的风险集成为一个数，较准确地测量由不同风险来源及其相互作用而产生的潜在损失，较好地适应了金融市场发展的动态性、复杂性和全球整合性趋势。因此，VaR 方法在风险测量、监管等领域获得了广泛应用，成为金融市场风险测量的主流方法。

二、VaR 的含义

VaR(Value at Risk，在险价值)是指在正常的市场条件和给定的置信度（通常是 95%或 99%)下，在给定的持有期间内，某一金融资产或投资组合预期可能发生的最大损失，或者说，在正常的市场条件下和给定的时间段内，该金融资产或投资组合发生的 VaR 值损失的概率仅为给定的概率水平。可表示为

$$\mathrm{Prob}(\Delta P > \mathrm{VaR}) = 1 - \alpha$$

式中，ΔP 为金融资产或投资组合在持有期内的损失；VaR 为置信水平 α 下处于风险中的价值，通常 α 的取值为 0.95 或 0.99。注意，本书中 VaR 及收益或损失均取正数形式（事实上取正负都无关紧要，只需做一个变换即可），这里取正数只是为了与日常习惯一致。

三、VaR 的参数选择

在 VaR 定义中，有两个重要参数——持有期和置信水平。任何 VaR 只有在给定这两个参数的情况下才有意义。下面分析影响这两个参数确定的重要因素。

(一) 持有期的选择

持有期是计算 VaR 的时间范围。由于波动性与时间长度呈正相关,所以 VaR 随持有期的增加而增加。通常的持有期是一天或一个月,但某些金融机构也选取更长的持有期如一个季度或一年。在 1997 年年底生效的巴塞尔委员会的资本充足性条款中,持有期为两个星期(10 个交易日)。一般来讲,金融机构使用的最短持有期是一天,但理论上可以使用小于一天的持有期。

选择持有期时,往往需要考虑四种因素:流动性、正态性、头寸调整、数据约束。

(1) 流动性。

影响持有期选择的第一个因素是金融机构所处的金融市场的流动性。在不考虑其他因素的情况下,理想的持有期选择是由市场流动性决定的。如果交易头寸可以快速流动,则可以选择较短的持有期;如果流动性较差,由于交易时寻找交易对手的时间较长,则选择较长的持有期更加合适。实际中,金融机构大多在多个市场上持有头寸,而在不同市场上达成交易的时间差别很大,这样,金融机构很难选择一个能最好地反映交易时间的持有期。因此,金融机构通常根据其组合中比重最大的头寸的流动性选择持有期。

(2) 正态分布的要求。

在计算 VaR 时,往往假定回报的正态分布性。金融经济学的实证研究表明,时间跨度越短,实际回报分布越接近正态分布。因此,选择较短的持有期更适用于正态分布的假设。典型的情况是包含期权的证券组合。通常期权的回报在实际中并不服从正态分布,但一般仍然在正态分布的假定下进行计算。当持有期较短时,期权回报的实际分布会更接近于正态分布的假设。因此,在较短的持有期下得到的估计结果更加合理。

(3) 头寸调整。

在实际金融交易中,投资管理者会根据市场状况不断调整其头寸或组合。如果一种头寸不断地发生损失,则管理者会把这种头寸变为其他的头寸。持有期越长,投资管理者改变组合中头寸的可能性越大。而在 VaR 计算中,往往假定在持有期下组合的头寸是相同的。因此,持有期越短就越容易满足组合保持不变的假定。

(4) 数据约束。

VaR 的计算往往需要大规模的历史样本数据,持有期越长,所需的历史时间跨度越长。例如,假定计算 VaR 所需数据为 1 000 个观测值,如果选择持有期为一天,则需要至少 4 年的样本数据(每年 250 个交易日);如果选择持有期为一周(或一个月),则历史样本采用的是周(或月)数据,需要 20 年(或 80 年)的数据才能满足基本要求。这样长时间的数据不仅在实际中无法得到,而且时间过早的数据也没有意义——金融市场的不断、大幅变化,十几年前的市场与现在的市场截然不同。因此,VaR 计算的数据样本量要求表明,持有期越短,得到大量样本数据的可能性越大。

可见,上述四个因素中,后三个因素都建议采用较短的持有期。

在实际应用中,当回报服从正态分布时,由于波动性与时间范围的平方根同比例增加,因此,不同持有期下的 VaR 可以通过平方根转换。在金融机构中,内部 VaR 的计算最常选用 1 天的时间期限。巴塞尔协议规定的计算银行监管资本的 VaR 的时间长度则为 10 天。在实际中,即使选择的时间长度不是 1 天,其 VaR 值的计算也通常以 1 天的 VaR 值为基础,具体公式如下

$$N \text{ 天 VaR 值} = 1 \text{ 天 VaR 值} \times \sqrt{N} \qquad (8-1)$$

在下文的 VaR 估计中,均从 1 天的 VaR 估计开始,再运用式(8-1)计算得到 N 天的 VaR 值。

(二) 置信水平的选择

置信水平的选择依赖于对 VaR 验证的需要、内部风险资本需求、监管要求以及在不同机构之间进行比较的需要。同时,正态分布或其他一些具有较好分布特征的分布形式(如 t 分布)也会影响置信水平的选择。

(1) 有效性验证。

如果非常关心 VaR 实际计算结果的有效性,则置信度不应选得过高。置信度越高,则实际中损失超过 VaR 的可能性越小。这种额外损失的数目越少,为了验证 VaR 预测结果所需的数据越多。因此,实际中无法获取大量数据的约束,限制了较高置信水平的选择。

(2) 风险资本需求。

当考虑内部资本需求时,置信水平选择依赖于金融机构对极值事件风险的厌恶程度。风险厌恶程度越高,则越需准备更加充足的风险资本来补偿额外损失。因此,用 VaR 模型确定内部风险资本时,安全性追求越高,置信水平选择也越高。置信水平反映了金融机构维持机构安全性的愿望和抵消设置风险资本对银行利润不利影响之间的均衡。

(3) 监管要求。

金融监管当局为保持金融系统的稳定性,会要求金融机构设置较高的置信水平。例如,巴塞尔委员会在 1997 年年底生效的资本充足性条款中要求的置信度为 99%。

(4) 统计和比较的需要。

不同的机构使用不同的置信水平报告其 VaR 数值,如银行家信托公司在 99% 的置信水平下计算 VaR,JPMorgan 在 95% 的置信水平下计算 VaR。如果存在标准的变换方法,将不同置信度下的 VaR 转换成同一置信水平下的 VaR 进行比较,则置信水平的选择就无关紧要了。例如,在正态分布的假设条件下,一种置信水平下的 VaR 可以方便地转换为另一种置信水平下的 VaR。因此,在正态分布假定下可以选择任意水平的置信度,不会影响不同金融机构间的比较。如果不服从正态分布或一些具

有类似性质的分布,则一种置信水平下的 VaR 数值将无法说明另一种置信水平下的情况。

综上所述,不同置信水平适用于不同目的:当考虑 VaR 的有效性时,需要选择较低的置信水平;内部风险资本需求和外部监管要求则需要选择较高的置信水平;此外,对于统计和比较的目的需要选择中等或较高的置信水平。

第二节 VaR 计算的基本原理分析

一、VaR 的一般计算方法

(一)一般分布下的 VaR 计算

考虑一个证券组合,假定 P_0 为证券组合的初始价值,R 是持有期内的投资回报率,则在持有期末,证券组合的价值可以表示为 $P = P_0(1+R)$。假定回报率 R 的期望回报和波动性分别为 μ 和 σ。如果在某一置信水平 c 下,证券组合的最低价值为 $P^* = P_0(1+R^*)$,则根据 VaR 的定义——在一定的置信水平下,证券组合在未来特定的一段时间内的最大可能损失,可以定义相对于证券组合价值均值(期望回报)的 VaR,即相对 VaR 为

$$\text{VaR}_R = E(P) - P^* = -P_0(R^* - \mu) \tag{8-2}$$

如果不以组合价值的均值(期望回报)为基准,可以定义绝对 VaR 为

$$\text{VaR}_A = P_0 - P^* = -P_0 R^* \tag{8-3}$$

根据以上定义,计算 VaR 就相当于计算最小值 P^* 或最低的回报率 R^*。考虑证券组合未来日回报行为的随机过程,假定其未来回报的概率密度函数为 $f(p)$,则对于某一置信水平 c 下的证券组合最低值 P^*,有

$$c = \int_{P^*}^{\infty} f(p)\mathrm{d}p \ \text{或} \ 1-c = \int_{-\infty}^{P^*} f(p)\mathrm{d}p$$

无论分布是离散的还是连续的,是厚尾还是瘦尾,这种表示方式对于任何分布都是有效的。

(二)正态分布下的 VaR 计算

如果假定分布是正态分布形式,则可以简化 VaR 的计算。在正态分布条件下,可以根据置信水平选择一个对应的乘子,用组合的标准差与该乘子相乘,就可求得 VaR。这种方法是基于对参数标准差的估计,而不是从经验分布上确定百分位数,因此称这种方法为参数方法。

首先,把一般的分布 $f(p)$ 变换为正态分布,因为 $P = P_0(1+R)$,则 $R \sim N(\mu,$

σ^2)。这是因为 P 服从正态分布,R 是由 P 经过线性变换得到的,故 R 仍然服从正态分布,因此 $\dfrac{R-\mu}{\sigma}$ 服从标准正态分布,其概率密度函数记为 $\varphi(\varepsilon)$,标准正态分布 $\Phi(\varepsilon)$,其中 ε 的均值为 0,标准差为 1。用最低回报 R^* 表示的组合价值的最小值为 $P^* = P_0(1+R^*)$,即 $R^* = \dfrac{P^*}{P_0} - 1$。一般而言,$R^*$ 通常是负的,可以表示为 $-|R^*|$。进一步,把 R^* 和标准正态分布的偏离 $\alpha > 0$ 联系起来,即

$$-\alpha = \frac{-|R^*|-\mu}{\sigma} \quad (\alpha > 0)$$

$$R^* = -\alpha\sigma + \mu \quad (\alpha > 0) \tag{8-4}$$

给定置信水平 c,可以由下式确定 P^*

$$
\begin{aligned}
1-c &= \int_{-\infty}^{P^*} f(p)\mathrm{d}p \\
&= P(p \leqslant P^*) \\
&= P[P_0(1+R) \leqslant P^*] \\
&= P\left(R \leqslant \frac{P^*}{P_0} - 1\right) \\
&= \int_{-\infty}^{R^*} g(r)\mathrm{d}r \\
&= \int_{-\infty}^{-|R^*|} g(r)\mathrm{d}r \\
&= \int_{-\infty}^{-\alpha} \varphi(\varepsilon)\mathrm{d}\varepsilon \\
&= \Phi(-\alpha)
\end{aligned}
\tag{8-5}
$$

式中,$g(r)$ 为 R 的概率密度函数。而且

$$\int_{-\infty}^{R^*} g(r)\mathrm{d}r = F(R^*) = \Phi\left(\frac{R^*-\mu}{\sigma}\right) = \Phi(-\alpha) = \int_{-\infty}^{-\alpha} \varphi(\varepsilon)\mathrm{d}\varepsilon$$

因此,VaR 的计算问题就等价于寻找一个偏离 α,使得上式成立,而 α 可用标准正态分布表查得。表(标准正态分布表)中的数值表示服从标准正态分布随机变量的概率密度函数与 x 轴及 $x=d$ 所围成的左边区域的面积。引入累积标准正态分布函数

$$N(d) = \int_{-\infty}^{d} \varphi(\varepsilon)\mathrm{d}\varepsilon$$

图 8-1 给出了累积密度函数 $N(d)$,它是从 0 ($d=-\infty$)~1 ($d=+\infty$) 的单调增函数,当 d 为 0 时函数值为 0.5。

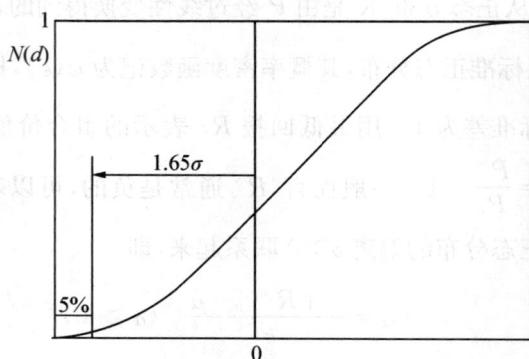

图 8-1　累积正态概率分布(d 为标准正态分布变量)

在标准正态分布下,当给定一个置信水平如 95% 时,则 $\alpha = 1.65$(α 的取值见表 8-1),对应 1.65σ,于是就可以计算出相应的最小回报 R^* 和 VaR。由式(8-4),最小回报可以表示为

$$R^* = -\alpha\sigma + \mu, \quad \alpha > 0$$

假定参数 μ 和 σ 是以一天的时间间隔计算出来的,则时间间隔为 Δt 的相对 VaR 为

$$\mathrm{VaR}_R = E(P) - P^* = -P_0(R^* - \mu) = P_0\alpha\sigma\sqrt{\Delta t} \tag{8-6}$$

因此,VaR 是分布的标准差与由置信水平确定的乘子的乘积。

类似地,对于绝对 VaR 有如下形式

$$\mathrm{VaR}_A = P_0 - P^* = -P_0 R^* = P_0(\alpha\sigma\sqrt{\Delta t} - \mu\Delta t) \tag{8-7}$$

这种方法适用于资产价值服从正态分布的情形,根据它和置信水平就可以确定 α。由中心极限定理可知,满足一定条件的随机变量序列之和服从正态分布。因此,正态分布代表了许多经验分布,而且最容易处理。这种方法尤其适用于样本容量大、多样化程度高的投资组合,但不适用于具有期权的投资组合。

表 8-1　正态分布在置信水平下对应的分位数

置信水平	分位数
90%	1.282
95%	1.645
97.5%	1.960
99%	2.326
99.9%	3.090
99.99%	3.719

（三）波动率换算

在第六章第一节期权定价中,我们将波动率表示成年波动率 σ_{year},在计算 VaR 中,我们也可以将波动率表达成日波动率 σ_{day} 或周波动率 σ_{week}。严格来说,我们应该将 σ_{day} 定义成一天中连续复利收益率的标准差,但在实务中,我们假定它是一天百分比变动的标准差。在计算市场可交易证券收益率的波动率时,通常认为市场交易本身是产生波动率的来源。因此,对于股票这样具有活跃交易市场的证券,计算的时间期限是按交易日天数来进行计算的(每年按 252 个工作日计算,每周按 5 个工作日计算)。因此有

$$\sigma_{year} = \sigma_{day}\sqrt{252}$$

$$\sigma_{week} = \sigma_{day}\sqrt{5}$$

$$\sigma_{year} = \sigma_{week}\sqrt{52}$$

由此还可以进一步得到一周时间期限的标准差为

$$\sigma_{week} = \frac{\sigma_{year}}{\sqrt{52}}$$

【例 8.1】 VaR 参数的转化。

当资产价值服从正态分布时,VaR 取决于两个参数:① 选定的时间间隔(确定 $\sigma\sqrt{\Delta t}$);② 置信水平(确定 α)。两者都可根据需要调整。例如,我们可将"风险度量制"(Riskmetrics)的风险度量转化为巴塞尔银行监管委员会内部模型的风险度量。前者选择了间隔 1 天和 95% 的置信水平(1.65 σ),后者选择了间隔 10 天和 99% 的置信水平(2.33σ),它们采用的修正形式如下

因为

$$\text{VaR}_{RM} = P_0\alpha\sigma\sqrt{\Delta t} = P_0 \times 1.65\sigma \times \sqrt{\frac{1}{T}}$$

$$\text{VaR}_{BC} = P_0\alpha\sigma\sqrt{\Delta t} = P_0 \times 2.33\sigma \times \sqrt{\frac{10}{T}}$$

所以

$$\text{VaR}_{BC} = \text{VaR}_{RM} \times \frac{2.33}{1.65}\sqrt{10} = 4.466\text{VaR}_{RM}$$

式中,VaR_{BC} 为巴塞尔银行监管委员会的 VaR 值;VaR_{RM} 为风险度量制的 VaR 值。由此可见,巴塞尔体系下的 VaR 值均为风险度量制下 VaR 值的 4 倍多。

【例 8.2】 一个投资组合的现值 P_0 是 5 亿美元。以一天为时间间隔的 μ 和 σ 分别为 0 和 0.032 1,置信水平为 95%,收益分布直方图如图 8 - 2 所示,计算该组合的绝对 VaR。

概率

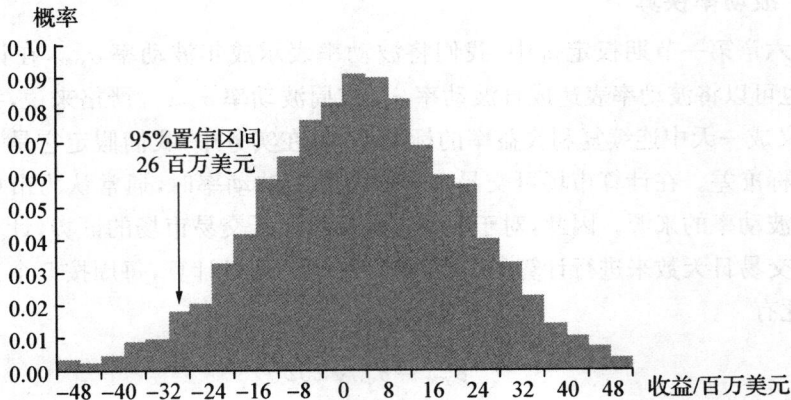

图 8-2　投资组合收益直方图

解：

$$P^* = P_0(1 + R^*) = P_0(1 - \alpha\sigma) = 5 \times (1 - 1.65 \times 0.032\ 1) = 4.74(亿美元)$$

$$VaR_A = P_0 - P^* = 5 - 4.74 = 0.26(亿美元)$$

二、VaR 计算的基本原理及其基本模块

（一）VaR 计算的基本思想

上述分析表明,VaR 计算的核心在于估计证券组合未来损益的统计分布或概率密度函数。大多数情况下,直接估算证券组合的未来损益分布几乎是不可能的,因为金融机构的证券组合往往包含种类繁多的金融工具,且无法保留估计过程中所需要的所有相关金融工具的历史数据。因此,通常将证券组合用其市场因子来表示(证券组合价值是其所有市场因子的函数)。所谓映射(Mapping),就是通过市场因子的变化来估计证券组合的未来损益分布(或概率密度函数)。计算 VaR 时,首先使用市场因子当前的价格水平,利用金融定价公式对证券组合进行估值[盯市(Mark-to-Market)];然后预测市场因子未来的一系列可能价格水平(是一个概率分布),并对证券组合进行重新估值;在此基础上计算证券组合的价值变化——证券组合损益,由此得到证券组合的损益分布。根据这一分布就可求出给定置信水平下证券组合的 VaR。

（二）VaR 计算的基本模块

综上所述,计算 VaR 的关键在于确定证券组合未来损益的统计分布或概率密度函数。这一过程由三个基本模块构成:第一个模块是映射过程——把组合中每一种头寸的回报表示为其市场因子的函数;第二个模块是市场因子的波动性模型——预测市场因子的波动性;第三个模块是估值模型——根据市场因子的波动性估计组合的价值变化和分布。

三、VaR 计算的主要方法概述

在 VaR 计算的三个模块中,波动性模型和估值模型是其核心和难点。不同的波动性模型和估值模型构成了 VaR 计算的不同方法。

(一)市场因子的波动性模型

市场因子波动性的预测方法有多种,这里简单给出几种在 VaR 计算中最有代表性的方法。

(1)历史模拟法。

历史模拟法假定回报分布为独立同分布,市场因子的未来波动与历史波动完全一样。其核心在于用给定历史时期中所观测到的市场因子的波动性,来表示市场因子未来变化的波动性。它不需要假定资产回报服从的统计分布形式。

(2)Monte Carlo 模拟法。

Monte Carlo 模拟法(Monte Carlo Simulation,简称 MC)是一种随机模拟方法,它用市场因子的历史波动参数产生市场因子未来波动的大量可能路径(而历史模拟法只能根据市场因子的特定历史变动路径产生有限的未来波动情景)。虽然正态分布是 MC 中最常用的分布假定,但 MC 无须假定市场因子服从正态分布。

(3)情景分析。

情景分析采用市场因子波动的特定假定(如极端市场事件)定义和构造市场因子的未来变化情景。压力试验是最为常用的情景分析方法。

(4)Risk Metrics 方法。

Risk Metrics 采用移动平均方法中的指数移动平均模型预测波动性。它假定过去的回报分布可以合理地预测未来情况,可用历史数据的时间序列分析估计市场因子的波动性和相关性。Risk Metrics 假定市场因子变化服从正态分布。

(5)GARCH 模型。

GARCH(Generalized Autoregressive Conditional Heteroscedasticity)用于对市场因子波动的条件异方差性建模,它可以更好地预测市场因子的真实波动性,如波动性集聚效应。虽然 GARCH 最常用的是正态分布,但也可以采用其他分布假定。

(6)隐含波动性模型。

隐含波动性是指期权价格中隐含的波动性,它是对未来波动性的预测,而不是对当前波动性的估计。隐含波动性模型认为当前的市场数据蕴含市场对未来波动性的预期,而不采用前述各种方法所依据的历史信息。

(7)随机波动性模型。

随机波动性模型是描述时变波动性的有效模型,近年来由于计量经济学的发展而得到广泛应用。

(二)证券组合的估值模型

根据市场因子的波动性估计证券组合价值变化和分布的方法主要有两类,即分析方法（局部估值模型）和模拟方法（全值模型）。

（1）分析方法。

分析方法主要是依据金融工具的价值和其市场因子间的关系，即根据灵敏度确定组合价值的变化

$$\Delta V = f(s, \Delta r)$$

式中，ΔV 为证券组合的价值变化；s 为灵敏度；Δr 为市场因子的变化。

分析方法最简单的形式可以表示为

$$\Delta V = s \times \Delta r$$

利用灵敏度来近似估计证券组合价值变化的分析方法，大大简化了计算。由于只有当市场变化范围较小时，灵敏度才能较好地近似实际变化，因此基于灵敏度的分析方法是一种局部模型。

（2）模拟方法。

模拟方法是在模拟市场因子未来变化的不同情景基础上，给出市场因子价格的不同情景，并在不同情景下分别对证券组合中的金融工具重新定价，在此基础上计算证券组合的价值变化。由于模拟方法采用的是金融定价公式而非灵敏度，可以处理市场因子的大范围变动（当然必须保证定价公式的适用性），反映了因市场因子变化而导致的证券组合价值的完全变化，因此模拟方法是一种全值模型。在模拟方法中，产生情景的方法有多种，如历史模拟法、Monte Carlo 模拟法、情景分析方法（如压力试验）。

综上所述，可以从市场因子的波动性模型和证券组合的估值模型两个角度对 VaR 模型分类，如表 8-2 所示。

表 8-2　根据两种因素对 VaR 模型的分类

波动性模型	估值模型	
	分析方法	模拟方法
历史模拟		在历史回报分布下，对组合价值进行重新定价
MC 模拟		根据统计参数来确定随机过程
情景分析	单一金融工具的敏感性分析	有限数量的情景
Risk Metrics		
GARCH 模型	协方差矩阵，应用于标准的映射方法	协方差矩阵，应用于构造 MC 方法
隐含波动性模型		
随机波动性模型		

目前 VaR 的计算方法都是基于对这两种模型的选择和组合，典型的三类方法是分析方法、历史模拟法和 Monte Carlo 模拟法。

四、VaR 计算的假设条件分析

在 VaR 的实际计算中,选择上述方法时必须考虑两个关键因素:

(1)市场因子的变化与证券组合价值变化间的关系是否呈线性关系。线性类证券价值的变化可以通过灵敏度近似;而对于期权类显著非线性金融工具,一方面可以通过模拟方法描述其价值与市场因子间的非线性关系,另一方面在某些情形下也可以采用近似的方法处理,如在期权定价公式成立的条件下,取期权定价公式的一阶或二阶近似。

(2)市场因子的未来变化是否服从正态分布。如果市场因子的变化服从多元正态分布,则可以用方差和协方差描述市场因子的变化,同时证券组合的价值变化也服从正态分布,VaR 的估计可大为简化;如果不服从正态分布,则只能采用较为复杂的其他分布形式。

在上述两种因素的各种组合中,线性、正态情况是最简单也是最常用的 VaR 模型,如图 8-3 所示。

图 8-3(a)中,斜线代表随着市场因子的变化,组合的盯市价值的累积变化。其中 Y 轴表示组合价值的变化,X 轴表示市场因子的变化。图 8-3(b)中曲线代表市场因子变化的(边际)概率密度函数。其中 Y 轴表示概率,X 轴表示市场因子的变化。图 8-3(c)为组合的损益分布。

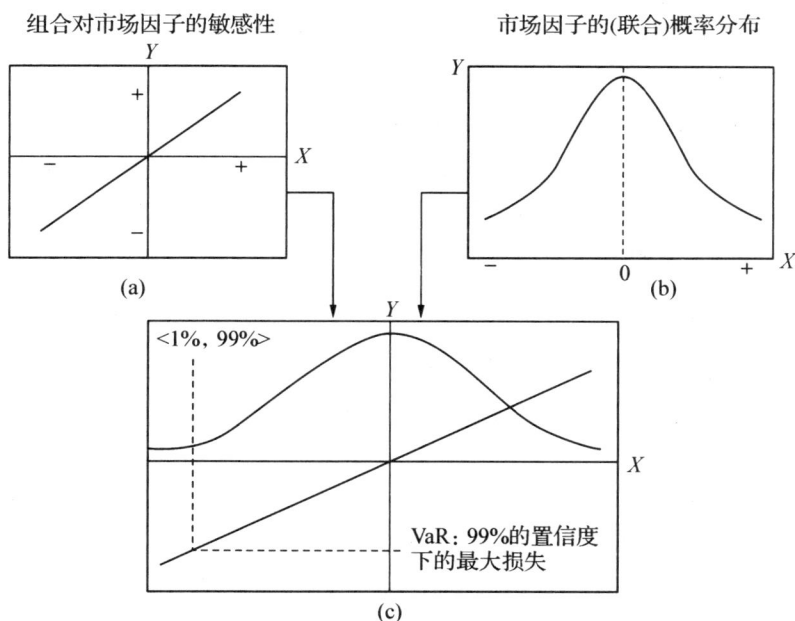

图 8-3 VaR 的构成因素

在这种正态、线性情况下,VaR 计算的解析公式为

$$VaR = z_a \sqrt{W'\Sigma W} \sqrt{\Delta t}$$

式中,z_a 为与置信度对应的分位数,如对于标准正态分布,在 99% 的置信度下有 $z_{99\%} = 2.33$。W 为组合头寸权重的 $N \times 1$ 向量;Σ 为头寸每年回报的 $N \times N$ 的协方差矩阵,Δt 是为持有期。

在实际 VaR 的计算中,只有对上述两种因素做出合理假设,才能得到有效的 VaR 估计。

第三节　VaR 的计算方法

一、分析法

分析方法,也可以称为方差—协方差方法,是 VaR 计算中最为常用的方法。它假设收益率服从一定分布,利用证券组合的价值函数与市场因子之间的近似关系、市场因子的统计分布(方差—协方差矩阵)简化 VaR 的计算。根据证券组合价值函数形式和市场因子的模型的不同,分析方法可以分为两大类:Delta-类模型和 Gamma-类模型。

在 Delta-类模型中,证券组合的价值函数均取一阶近似,但不同模型中市场因子的统计分布假定不同。例如,Delta-正态模型假定市场因子服从多元正态分布;Delta-加权正态模型使用加权正态模型(WTN)估计市场因子回报的协方差矩阵;Delta-GARCH 模型使用 GARCH 模型描述市场因子。

在 Gamma-类模型中,证券组合的价值函数均取二阶近似,其中 Gamma-正态模型假定市场因子的变化服从多元正态分布,Gamma-GARCH 模型使用多元 GARCH 模型描述市场因子。考虑到方法的难度,下面主要介绍 Delta-正态模型和 Gamma-正态模型。

(一) Delta-正态模型

1. 计算原理和假设条件

Delta-正态模型假定所有资产服从正态分布,由于有价证券组合是正态分布变量的线性组合,因此,它也服从正态分布。当资产组合发生变动时,可采用泰勒展开式来估计其变动。

用 $P(X_{n \times 1})$ 表示资产组合的线性价值函数,$X_{n \times 1}$ 表示 $n \times 1$ 维向量因子。

$P(X_{n \times 1})$ 对每一个向量因子取一阶导数:

$$\delta'_{n \times 1} = \left[\frac{\partial P(X_{n \times 1})}{\partial x_1}, \frac{\partial P(X_{n \times 1})}{\partial x_2}, \cdots, \frac{\partial P(X_{n \times 1})}{\partial x_n}\right]$$

设 $P(X'_{n \times 1})$ 表示资产组合的变化,则泰勒展开式为

$$P(X'_{n \times 1}) = P(X_{n \times 1}) + \delta'(X'_{n \times 1} - X_{n \times 1}) + o(2)$$

式中 $o(2)$ 为包含二阶导数和高阶导数在内的误差项,因为 $P(X_{n\times1})$ 是线性的,所以该项为 0,泰勒展开式变为

$$\Delta P(X_{n\times1}) = \delta'\Delta X_{n\times1}$$

由 $P(X_{n\times1})$ 和 $X_{n\times1}$ 均服从正态分布,则 $\Delta P(X_{n\times1}) \sim N(0, \delta'\boldsymbol{\Sigma}\delta)$

$$\mathrm{VaR} = z_a\sigma_p\sqrt{\Delta t}, \quad \sigma_p = \sqrt{\delta'\boldsymbol{\Sigma}\delta} \tag{8-8}$$

2. 计算步骤

利用 Delta-正态模型计算 VaR 包括以下主要步骤(图 8-4 给出了 Delta-正态模型的核心计算步骤)。

(1) 风险映射。识别基础市场因子,将证券组合中的金融工具映射为一系列只受单一市场因子影响的标准头寸。

(2) 市场因子的方差—协方差矩阵估计。假设市场因子的变化服从正态分布,估计分布的参数(如方差和相关系数),得到方差-协方差矩阵。

(3) 估计标准头寸的 Delta。

(4) 估计标准头寸的方差—协方差矩阵。根据估计出的 Delta 和市场因子的方差—协方差矩阵,计算相应的标准头寸的方差—协方差矩阵。标准头寸的方差由市场因子的方差和标准头寸对市场因子的 Delta 决定,相关系数与市场因子之间的相关系数数值相等,但有时符号不同。

(5) 组合价值变化与 VaR 估计。使用标准的统计方法,根据标准头寸的方差、协方差求取组合价值的变化,得到 VaR 的估计结果。

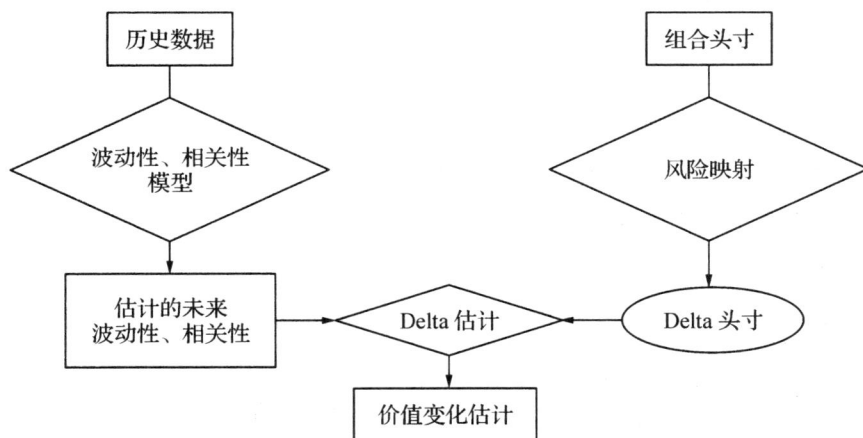

图 8-4　Delta-正态模型

3. 计算实例

下面用一个例子说明计算步骤。

【例 8.3】　假定一个美国公司持有一个 3 个月的外汇远期合约,该合约在 91 天后

交割，支出1 500万美元，收到1 000万英镑。其以美元计值的VaR计算可分为四步。

（1）风险映射。

识别风险工具中包含的基本市场因子，将远期合约映射为只包含一个市场因子的标准头寸。该合约包含的市场因子为英镑利息、美元利息和即期汇率。将远期合约分解为多头和空头，即面值为1 000万英镑的3个月英镑零息债券和面值为1 500万美元的3个月美元零息债券。

美元空头的盯市价值（X_1）：使用美元利率折现（负号表示空头），有

$$X_1 = -\frac{15\,000\,000}{1 + r_{\text{USD}}\left(\frac{91}{360}\right)} = -\frac{15\,000\,000}{1 + 0.054\,69 \times \frac{91}{360}} = -14\,795\,461(\text{美元})$$

英镑多头的盯市价值（X_2）：其价值依赖于两个市场因子——3个月英镑的利率和美元/英镑的即期汇率（S）。假设美元/英镑的即期汇率为1.533 5 USD/GBP，则英镑多头的美元盯市价值为

$$X_2 = S \times \frac{10\,000\,000}{1 + r_{\text{GBP}}\left(\frac{91}{360}\right)} = (1.533\,5\text{ USD/GBP}) \times \frac{10\,000\,000}{1 + 0.060\,63 \times \frac{91}{360}}$$

$$= 15\,103\,524(\text{美元})$$

假定即期汇率S不变，则投资于3个月的英镑债券（$X_2 = 15\,103\,524$美元）存在利率风险；假定英镑利率不变，则面值1 000万英镑的债权（现金头寸为15 103 524美元）存在汇率风险。现金英镑头寸的美元价值为$X_3 = 15\,103\,524$美元，因为X_2、X_3都代表远期合约英镑的美元价值，所以它们是等值的。从美国公司的角度看，以英镑支付债券的头寸暴露于两个市场因子的变化，所以合约中英镑的美元价值在映射后的头寸中出现两次。

所以，远期合约被描述为三种标准头寸（X_1, X_2, X_3）的数量。

（2）市场因子的方差—协方差矩阵估计。

假定基本市场因子的变化服从均值为零的正态分布，表8-3给出了标准差和相关系数的估计。

表8-3　市场因子变化的标准差和相关系数

市场因子	变化(%)的标准差	市场因子变化(%)的相关系数			
		市场因子	3个月的美元利率	3个月的英镑利率	美元/英镑汇率
3个月的美元利率	0.61	3个月的美元利率	1.00	0.11	0.19
3个月的英镑利率	0.58	3个月的英镑利率	0.11	1.00	0.10
美元/英镑汇率	0.35	美元/英镑汇率	0.19	0.10	1.00

（3）标准头寸的方差—协方差矩阵估计。

标准头寸价值变化的标准差由市场因子的标准差和标准头寸对市场因子变化的Delta决定。假定Delta为x，市场因子变化1%时，标准头寸的价值变化$x\%$。标准头寸变化的标准差是市场因子变化的标准差的x倍。用X_1代表第一个标准头寸的价值，则

$$\Delta X_1(\%) \approx \frac{\partial X_1}{\partial r_{\text{USD}}} \times \frac{1}{X_1} \times \Delta r_{\text{USD}}(\%) = \frac{\partial X_1}{\partial r_{\text{USD}}} \times \frac{r_{\text{USD}}}{X_1} \times \Delta r_{\text{USD}}(\%)$$

这表明X_1变化$(\%)$的标准差$\approx -\dfrac{\partial X_1}{\partial r_{\text{USD}}} \times \dfrac{r_{\text{USD}}}{X_1} \times [\Delta r_{\text{USD}}(\%)$的标准差$]$由于$\dfrac{\partial X_1}{\partial r_{\text{USD}}}$是负的，所以公式中出现了负号。用$\sigma_1$代表$X_1$变化$(\%)$的标准差，用$\sigma_{\text{USD}}$代表美元利率变化$(\%)$的标准差，则公式可表示为

$$\sigma_1 \approx -\frac{\partial X_1}{\partial r_{\text{USD}}} \times \frac{r_{\text{USD}}}{X_1} \times \sigma_{\text{USD}}$$

同理，对于其他两个标准头寸有

$$\sigma_2 \approx -\frac{\partial X_2}{\partial r_{\text{GBP}}} \times \frac{r_{\text{GBP}}}{X_2} \times \sigma_{\text{GBP}} \text{ 和 } \sigma_3 \approx \frac{\partial X_3}{\partial S} \times \frac{S}{X_3} \times \sigma_S$$

由于$\dfrac{\partial X_2}{\partial r_{\text{GBP}}}$是负值，所以公式中出现负号。

所以

$$\sigma_1 = \frac{15\,000\,000}{(1 + 91/360 r_{\text{USD}})^2} \times \frac{91}{360} \times \frac{r_{\text{USD}}}{X_1} \times \sigma_{\text{USD}} = 0.008\,3\%$$

同理可得$\sigma_2 = 0.009\%$，$\sigma_3 = 0.35\%$。

标准头寸价值变化之间的相关性等于市场因子之间的相关性，如果标准头寸的价值变化与市场因子的变化相反时，则相关系数异号。第一和第二个标准头寸与美元利率和英镑利率反向变化，所以这两个相关系数的符号要变号，即

$$\rho_{13} = -\rho_{\text{USD},S}, \quad \rho_{23} = -\rho_{\text{GBP},S}$$

第一和第二个标准头寸与利率同方向变化，相关系数不受影响，即

$$\rho_{12} = \rho_{\text{USD},\text{GBP}}$$

标准头寸的方差—协方差矩阵为

$$A = \begin{pmatrix} \sigma_1 & 0 & 0 \\ 0 & \sigma_2 & 0 \\ 0 & 0 & \sigma_3 \end{pmatrix} \begin{pmatrix} \rho_{11} & \rho_{12} & \rho_{13} \\ \rho_{21} & \rho_{22} & \rho_{23} \\ \rho_{31} & \rho_{32} & \rho_{33} \end{pmatrix} \begin{pmatrix} \sigma_1 & 0 & 0 \\ 0 & \sigma_2 & 0 \\ 0 & 0 & \sigma_3 \end{pmatrix}$$

$$= \begin{pmatrix} 0.008\,3\% & 0 & 0 \\ 0 & 0.009\% & 0 \\ 0 & 0 & 0.35\% \end{pmatrix} \begin{pmatrix} 1 & 0.11 & -0.19 \\ 0.11 & 1 & -0.1 \\ -0.19 & -0.1 & 1 \end{pmatrix} \begin{pmatrix} 0.008\,3\% & 0 & 0 \\ 0 & 0.009\% & 0 \\ 0 & 0 & 0.35\% \end{pmatrix}$$

$$= \begin{pmatrix} 6.9 \times 10^{-9} & 8.2 \times 10^{-10} & -5.5 \times 10^{-8} \\ 8.2 \times 10^{-10} & 8.1 \times 10^{-9} & -3.15 \times 10^{-8} \\ -5.5 \times 10^{-8} & -3.15 \times 10^{-8} & 1.2 \times 10^{-4} \end{pmatrix}$$

（4）组合价值变化与 VaR 估计。

使用标准头寸的价值矩阵、标准头寸价值变化的方差—协方差矩阵估计组合价值变化的方差。

$$\sigma_P^2 = X'AX$$

$$= (X_1 \quad X_2 \quad X_3) \begin{pmatrix} \sigma_1 & 0 & 0 \\ 0 & \sigma_2 & 0 \\ 0 & 0 & \sigma_3 \end{pmatrix} \begin{pmatrix} \rho_{11} & \rho_{12} & \rho_{13} \\ \rho_{21} & \rho_{22} & \rho_{23} \\ \rho_{31} & \rho_{32} & \rho_{33} \end{pmatrix} \begin{pmatrix} \sigma_1 & 0 & 0 \\ 0 & \sigma_2 & 0 \\ 0 & 0 & \sigma_3 \end{pmatrix} \begin{pmatrix} X_1 \\ X_2 \\ X_3 \end{pmatrix}$$

$$= 2\,807\,711\,711（美元）$$

则组合的标准差为 $\sigma_P = 52\,987$ 美元，使用 95％的置信区间计算风险价值，则

$$VaR = 1.65 \times \sigma_P = 87\,430（美元）$$

（二）Gamma-正态模型

Delta-类模型采用线性形式，简化了 VaR 的计算。但它的缺点在于无法识别非线性风险。为此，引入能识别凸性或 Gamma 风险的 VaR 计算方法——Gamma-类模型。Gamma-类模型使用二阶泰勒展开式近似估计组合的非线性风险。

Gamma-类模型是在 Delta-类模型基础上发展而来的，通常称之为 Delta-Gamma 模型。本小节介绍最基本的 Gamma-正态模型。

1. Gamma 近似

Gamma-正态模型与 Delta-正态模型类似，都假定市场因子的变化服从正态分布。不同之处在于，Gamma 近似使用泰勒二阶展开形式描述组合的价值函数，可以更好地捕捉组合价格变化的非线性特征。其形式如下

$$\Delta P = \theta \Delta t + \delta' \Delta x + \Delta x' \gamma \Delta x / 2 + o \quad (3)$$

式中，ΔP 为组合的价值变化量；Δx 为市场因子的价值变化量；$\theta = \dfrac{\partial P(x)}{\partial t}$ 为组合对

时间的一阶导数（Theta）；$\delta = \dfrac{\partial P(x)}{\partial x}$ 为组合对市场因素的一阶导数（灵敏度，Delta）；

$\gamma_{ij} = \dfrac{\partial^2 P(x)}{\partial x_i \cdot \partial x_j}$，$\gamma$ 为二阶海赛阵；$o(3)$ 为高阶无穷小。

在 VaR 中对 Gamma 因素的考虑是 Delta-Gamma 模型的核心。许多学者就此提出了不同的方法。下面介绍最基本的 Delta-Gamma 正态模型。

2. Delta-Gamma 正态模型

Delta-Gamma 正态模型假定因子的变化 Δx 服从联合正态分布，并假定 $(\Delta x)^2$ 也服从正态分布，且 Δx 与 $(\Delta x)^2$ 是独立的。这样，可以将组合价值的变化简化为两个市场因子的表达形式

$$\Delta P \approx \delta' \Delta x + (\gamma/2)(\Delta x)^2 = \delta' \Delta x + (\gamma/2)\Delta S$$

式中，$\Delta S = (\Delta x)^2$，是一个与 Δx 独立的正态变量。

因为 Δx 与 ΔS 均服从正态分布，所以组合的价值变化 ΔP 也服从正态分布。组合的 VaR 可由 Delta-正态模型给出

$$\begin{aligned}
\text{VaR} &= z_a \sigma_p P = z_a P \sqrt{\delta^2 \sigma^2 + (\gamma/2)^2 \sigma_S^2} \\
&= z_a P \sqrt{\delta^2 \sigma^2 + (1/2)^2 \gamma^2 \sigma^4} = z_a \sigma P \sqrt{\delta^2 + (1/2)^2 \gamma^2 \sigma^2}
\end{aligned}$$

式中，z_a 为置信度 α 对应的分位数（以下同）；σ 为因子 x 的波动性；σ_S 为"因子"S 的波动性。

Delta-Gamma 正态模型本质上是将 $(\Delta x)^2$ 视为一个独立的风险因子，利用 Delta-正态模型近似考虑期权风险，其主要优点在于简化了计算。但该模型存在严重缺陷：Δx 与 $(\Delta x)^2$ 不可能同时服从正态分布，如果 Δx 服从正态分布，$(\Delta x)^2$ 就服从 χ^2 分布，于是 ΔP 服从 χ^2 分布。Delta-Gamma 正态模型存在的逻辑矛盾可能使 VaR 估计产生较大的误差。

3. 凸性与 VaR

将凸性结合到久期方法中可以大大提高债券价格利率风险敏感性的估计精度，因而也提高了 VaR 估计的准确性。特别是在对一些非线性金融产品，如期货、期权等金融衍生产品的 VaR 计算中，久期—凸性方法将具有更大的意义。

一般来讲，如果仅考虑久期因素，这种 VaR 模型实际上就是所谓的 Delta-VaR 模型。而凸性则类似于期权定价中的 Gamma 参数，因此，可以把久期和凸性相结合用于 VaR 计算中的 Delta-Gamma 模型中去。一般情况下，只要估计出在给定持有期和置信水平上，收益率的最大增加值 $\max\Delta y$，运用久期—凸性方法，就可以容易地得到固定收入证券组合的 VaR 估计

$$\text{VaR} = 组合的实际市场价值 + \text{Delta} \cdot \max\Delta y + \frac{1}{2}\text{Gamma} \cdot (\max\Delta y)^2$$

式中，Delta 是组合的修正久期；Gamma 是组合的凸性。

二、模拟法

对 VaR 值采用分析方法是通过假定金融资产收益率服从一定的分布特征,然而参数模型对实际分布所做的假设通常难以做到与真实数据相一致,因此,人们提出了另一种不依赖于收益率分布假定的方法,即模拟方法。历史模拟法和蒙特卡罗模拟方法,由于其理论与方法的简单成为最常用的两种模拟方法。

(一) 历史模拟法

历史模拟法是利用收益率的历史值作为其将来的可能取值,其基本思想是认为"历史在未来会重演"。该模型的好处在于不需要对收益率的分布做任何假定,不必讨论是否独立同分布以及是否有尖峰后尾等现象。由于无须估计波动性、相关性等参数,因而没有参数估计的风险,不易导致模型风险。该模型的主要假定是整个样本取值区间和预测区间内,投资组合收益率的分布不变。

历史模拟法的基本步骤如下:

(1)确定影响组合价值变动的 n 个风险因子以及组合与风险因子之间的关系。

(2)选定历史观察期,并记录在每个观察期内各风险因子的变动情况。

(3)根据风险因子当前值及第(2)步的结果来模拟各种历史情形下风险因子未来一期的值。

(4)根据每种历史情形下风险因子的模拟值计算出对应情形下组合的价值。

(5)根据第(4)步的结果,对组合价值变化的 N 个模拟结果按亏损由高到低进行排序,然后根据给定的置信水平找到对应的分位数就得到了组合的 VaR。

(二) 历史模拟法的评价

历史模拟法的优点在于:

(1)历史模拟法概念直观,计算简单,实施方便,容易被风险管理者和监管当局接受。

(2)它是一种非参数方法,无须假定市场因子变化的统计分布,可有效处理非对称和厚尾问题。

(3)它无须估计波动性、相关性等各种参数,没有参数估计的风险,且无须市场动态性模型,因此避免了模型风险。

(4)它是全值估计方法,可较好地处理非线性、市场大幅波动的情况,捕捉各种风险的信息。

其主要缺点在于:

(1)该方法假定市场因子的未来变化与历史变化完全一样,服从独立同分布,概率密度函数不随时间变化,这与实际金融市场变化不一致。该方法不能预测和反映未来的突然变化和极端事件。

(2)需要大量的历史数据。通常认为,该方法需要的样本数据不能少于 1 500

个，但太长的历史数据无法反映未来情况，因为包含太多的旧信息，可能违反独立同分布的假设。

（3）计算出的 VaR 波动性较大。当样本含有异常数据时，滞后效应较明显。

（4）难以进行灵敏度分析。在实际应用中，通常需要考察不同市场条件下 VaR 的变动情况，而历史模拟法只能局限于给定的环境条件下，很难做出相应的调整。

（5）对计算能力要求较高。该法采用的是定价公式而不是灵敏度，特别当组合较为庞大且结构复杂时。在实际应用中，可采用简化的方法，减少计算时间，但过多的简化会削弱全值估计法的优点。

（三）蒙特卡罗（Monte Carlo）模拟方法

蒙特卡罗模拟方法综合了分析方法和历史模拟法的优点。首先假定资产回报服从一定的分布形式（既可以是正态分布，也可以是其他任何形式的分布），通过伪随机数发生器产生 N 个模拟市场因子值，然后采用与历史模拟法类似的方法求出资产或组合未来回报的分布，测得投资组合的 VaR 值。

蒙特卡罗模拟方法的具体计算过程可以分为以下四个步骤：

（1）同历史模拟法一样分辨出投资组合的基本市场风险因子，并确定由市场因子表示的投资组合盯市价值的表达式。

（2）选定市场风险因子所服从的特征分布，估计分布参数。这一步是蒙特卡罗模拟方法区别于前两种方法的主要特征。描述市场因子可能变化的统计分布既可以是正态分布、对数正态分布，也可以是 t 分布等，而方差、相关系数等参数的估计可以从历史数据或期权数据中获得。

（3）根据已选定的分布，利用伪随机数发生器产生 N 个模拟市场因子值，然后根据每一组市场风险值对组合进行估价，确定组合的相应价值。

（4）与历史模拟法相同，即对盯市组合价值进行排序、分组，得到投资组合回报的概率分布，测定组合的 VaR 值。

（四）蒙特卡罗模拟方法的评价

蒙特卡罗模拟方法的优点在于：

（1）可产生的大量情景，比历史模拟方法更精确和可靠。

（2）是一种全值估计方法，可以处理非线性、大幅波动及厚尾问题。

（3）可模拟回报的不同行为（如白噪声、自回归和双线性等）和不同分布。

其主要缺点在于：

（1）产生的数据序列是伪随机数，可能导致错误结果；随机数中存在群聚效应而浪费了大量的观测值，降低了模拟效率。

（2）依赖于特定的随机过程和所选择的历史数据。

（3）计算量大、计算时间长，比分析方法和历史模拟方法更复杂。

（4）具有模型风险，一些模型（如几何布朗假设）不需要限制市场因子的变化过程是无套利的。

由于蒙特卡罗模拟方法的全值估计、无分布假定等特点及处理非线性、非正态问题的强大能力和实际应用中的灵活性,其近年来广为应用。许多研究致力于改进传统的蒙特卡罗模拟方法,试图提高其计算速度和准确性。

到目前为止,介绍了 VaR 计算的三种主要方法,即历史模拟方法、分析方法(方差-协方差方法)和蒙特卡罗模拟方法。表 8-4 给出了这三种方法的比较。

表 8-4 VaR 计算三种方法比较

	历史模拟法	分析法	蒙特卡罗模拟法
数据收集的状况	困难	容易	容易
方法实现的难易度	较容易	容易	困难
计算的速度	快速	快速	除非整卷组合包含的工具相当少,否则较慢
向高层管理者解释的难易度	容易	较容易	困难
市场不稳定	结果将产生偏差	除非使用其他的标准差和相关系数,否则结果将产生偏差	除非使用其他的分布参数,否则结果将产生偏差
检验其他假设的能力	无	可以检验其他的标准差和相关系数的假设,不能检验其他分布的假设	都可以检验

综上所述,在各种方法中进行选择时,实际上需要在计算效率、所需信息和准确性等几方面进行平衡。最为关键的是要准确理解每一种方法的缺点并进行控制,用最简单的方法得到最有价值的信息,而不是盲目追求精度。

第四节　固定收益证券的 VaR 计算

一、现金流映射的概念

在 VaR 模型中,资产组合在每一天的变动率是无法提供的,风险矩阵提供固定时点的变动率,当计算单一资产或资产组合现金流时,应将其映射到这些固定时点上,以便计算其风险。

风险矩阵提供固定时点如下:1 月、3 月、6 月、1 年、2 年、3 年、4 年、5 年、7 年、9年、10 年、15 年、20 年、30 年。

这些端点有两个重要特征：

（1）无论现在起算还是在未来某个时刻起算，无论是线性工具还是非线性工具，它们都是固定不变的。

（2）J.P.摩根的风险矩阵数据库提供了这些端点的波幅和相关系数。

一个实际的现金流映射是将其分解到最近的两个端点上，如第 6 年的现金流可分解为第 5 年和第 7 年，如图 8-5 所示。

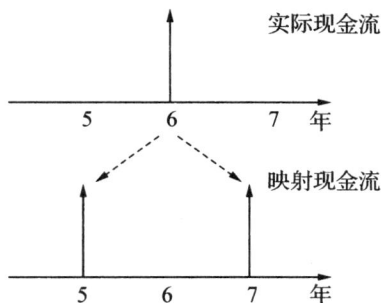

图 8-5　现金流的映射分解

现金流的映射分解应采取三原则：

（1）现值不变，两端点现金流市值之和与初始现金流的现价相等；

（2）风险不变，端点现金流组合的市场风险必须与初始现金流的市场风险相同；

（3）现金流符号不变，分解后现金流的符号必须与初始现金流的符号相同。

二、分解的现金流的计算

（一）用插入法计算实际现金流的收益率

用风险矩阵提供的 5 年期和 7 年期的收益率，使用线性插值法可得到 6 年期收益率

$$r_6 = \alpha r_5 + (1-\alpha)r_7, \quad 0 \leqslant \alpha \leqslant 1 \qquad (8-9)$$

式中，r_6 是插入法得到的 6 年期零息债券收益率，α 是线性权重系数，r_5 是 5 年期零息债券收益率，r_7 是 7 年期零息债券收益率。

（二）计算实际现金流的现值

已知 6 年期的零息收益率 r_6，可求得其现金流现值。

三、计算实际现金流现值分布的标准差

已知 5 年期和 7 年期现金流的标准差，可以用线性插值法求得 6 年期零息债券收益率的标准差，风险矩阵提供的 σ_5 和 σ_7 分别表示风险统计中的 $1.65\sigma_5$ 和 $1.65\sigma_7$。

$$\sigma_6 = \alpha\sigma_5 + (1-\alpha)\sigma_7, \quad 0 \leqslant \alpha \leqslant 1 \qquad (8-10)$$

四、计算相同波幅时的映射权重

用上面线性方法求出的分配权重,会导致投资组合的风险与原来的不同,如果想得到有相同风险的分配权重,需采用下述公式

$$\sigma_6^2 = \bar{\alpha}^2 \sigma_5^2 + 2\bar{\alpha}(1-\bar{\alpha})\rho_{5,7}\sigma_5\sigma_7 + (1-\bar{\alpha})^2\sigma_7^2 \qquad (8-11)$$

式中,$\rho_{5,7}$ 是 5 年期和 7 年期收益率的相关系数,由风险矩阵提供,σ_6^2 由式(8-10)提供。式(8-11)可被写成如下形式

$$a\bar{\alpha}^2 + b\bar{\alpha} + c = 0 \qquad (8-12)$$

式中,$a = \sigma_5^2 + \sigma_7^2 - 2\rho_{5,7}\sigma_5\sigma_7$,$b = 2\rho_{5,7}\sigma_5\sigma_7 - 2\sigma_7^2$,$c = \sigma_7^2 - \sigma_6^2$。则有

$$\bar{\alpha} = \frac{-b \pm \sqrt{b^2 - 4ac}}{2a} \qquad (8-13)$$

求出的 $\bar{\alpha}$ 应满足现金流的映射分解的三原则。

【例8.4】 某一银行在第 4.6 年将收到 1 000 万美元,现在该银行希望计算这一资产的 VaR。由风险矩阵提供的数据见表 8-5。

表 8-5 风险矩阵的相关数据

4 年期收益率	5 年期收益率	4 年期收益率的变动率 （1.65 σ_4）	5 年期收益率的变动率 （1.65 σ_5）	相关系数
9%	11%	0.533%	0.696%	0.963

(1) 计算现金流的收益率。

$$\alpha = \frac{5-4.6}{5-4} = 0.4,$$

$$r_{4.6} = \alpha r_4 + (1-\alpha)r_5 = 0.4 \times 9\% + 0.6 \times 11\% = 10.2\%$$

(2) 计算实际现金流的现值。

$$PV = \frac{10\,000\,000}{(1+10.2\%)^{4.6}} = 6\,396\,828(美元)$$

(3) 计算实际现金流现值分布的标准差。

$$\sigma_{4.6} = \alpha\sigma_4 + (1-\alpha)\sigma_5 = 0.4 \times 0.533\% + 0.6 \times 0.696\% = 0.630\,8\%$$

(4) 计算相同波幅时的映射权重。

$$a\bar{\alpha}^2 + b\bar{\alpha} + c = 0$$
$$a = \sigma_4^2 + \sigma_5^2 - 2\rho_{4,5}\sigma_4\sigma_5$$
$$b = 2\rho_{4,5}\sigma_4\sigma_5 - 2\sigma_5^2$$
$$c = \sigma_5^2 - \sigma_{4.6}^2$$

$$\bar{\alpha} = \frac{-b \pm \sqrt{b^2 - 4ac}}{2a} \Rightarrow \bar{\alpha}_1 = 0.369, \bar{\alpha}_2 = 4.34$$

第八章　VaR 方法

因为当 $\bar{\alpha}_2 = 4.34$ 时,违反了三条原则中的现金符号不变原则 $1 - \bar{\alpha}_2 < 0$,故舍去。

（5）计算现金流现值的分配。

$W_4 = \bar{\alpha}_1 PV = 0.369 \times 6\ 396\ 828 = 2\ 360\ 686$（美元）

$W_5 = PV - W_4 = 6\ 396\ 828 - 2\ 360\ 686 = 4\ 036\ 142$（美元）

（6）计算 VaR。

$\text{VaR} = P_0 z_a \sigma_P = 10\ 000\ 000 \times 0.630\ 8\% = 63\ 080$（美元）

第五节　VaR 方法的优缺点及其补充

一、VaR 方法的优点和缺点

VaR 方法有许多优点：

（1）VaR 可以测量不同市场因子、不同金融工具构成的复杂证券组合和不同业务部门的总体市场风险暴露。

（2）由于 VaR 提供了一个统一的方法来测量风险,因此为高层管理者比较不同业务部门的风险暴露大小、基于风险调整的绩效评估、资本配置、风险限额设置等提供了一个简单可行的方法。

（3）VaR 概念简单、理解容易。给出了一定置信水平下、特定时间内证券组合的最大损失,比较适宜与股东、外界沟通其风险状况。

（4）VaR 充分考虑了不同资产价格变化之间的相关性,这可以体现出投资组合分散化对降低风险的贡献。

（5）特别适合监管部门的风险监管。

VaR 方法也有缺陷：

（1）它是一种向后看的方法（Backward-Looking）——对未来的损失是基于历史数据,并假定变量间过去的关系在未来保持不变。显然,许多情况下,这并不符合实际。

（2）VaR 是在特定的假设条件下进行的,如数据分布的正态性等,有时这些假定与现实可能不符。

（3）VaR 的计算有时非常复杂。

（4）VaR 只是市场处于正常变动下市场风险的有效测量,它不能处理金融市场处于极端价格变动的情形,如金融危机、股市崩盘等。理论上讲,这些缺陷的根源不在 VaR 自身,而在于其所依据的统计方法。

二、压力测试和极值分析

VaR 描述的是市场正常波动下的最大可能损失。而现实金融市场中,常常出现

203

一些极端情形,如市场崩溃、金融危机、政治巨变或自然灾害等。在这些情况下,经济变量间、金融市场因子间的一些稳定关系就会遭到破坏,如原有市场因子之间的价格关系、相关性、波动性都会发生巨大改变;市场因子之间、市场风险和信用风险之间的因果关系也会出现较大变化,其他一些原本不该出现的意外联系在极端市场情况也会出现;市场因子和组合价值之间的关系也会发生根本改变。

在这些极端情况下,VaR 赖以成立的假定和计算的参数发生巨大变化,而进导致 VaR 方法估计的结果出现极大误差。为了测量极端市场状况下的金融市场风险,人们引入了压力试验和极值分析方法。

(一) 压力试验

压力试验是测量市场因子发生极端不利变化时,金融机构或组合证券的损失大小。包括识别那些会对金融机构产生致命损失的情景,并评估这些情景对金融机构的影响;同时产生、模拟一些违背 VaR 模型假设的极端市场情景,并评价这些极端情景对证券组合价值的不利影响。

情景分析是最常用的压力试验方法,目的在于评估金融市场中的某些特殊情景或事件对资产组合价值变化的影响。情景分析给出了某种特殊市场情景下资产组合的损失,但没有指明损失发生的概率,而 VaR 指出了不利事件发生的概率(损益分布的左尾部分),却没有说明不利事件发生时的实际损失到底有多大。因此,这二者互为补充。

(二) 极值分析

极值分析是测量极端市场情况下风险损失的另一种常用方法,与压力试验相比,极值分析更多地利用了统计理论和方法。通过描述价值变化的尾部统计特征,对收益的尾部分布进行统计分析,从另外一个角度估计极端市场条件下金融机构的损失。显然,压力试验与极值分析这两种方法是对正常市场情况下 VaR 的补充。

三、其他风险度量方法

(一) CVaR 方法

CVaR 最早由 Rockafeller 和 Uryasev(2000)正式提出,被认为是一种比 VaR 风险度量更为合理有效的现代风险管理方法。

CVaR 代表在投资期内,当资产或资产组合所承受的潜在跌幅(或者涨幅)高于给定置信水平下的 VaR 时的平均损失,用数学符号表示为

$$\text{CVaR} = E[f(w,r) \mid f(w,r) > \text{VaR}_\alpha]$$
$$= \text{VaR}_\alpha + E[f(w,r) - \text{VaR}_\alpha \mid f(w,r) > \text{VaR}_\alpha]$$

这里由 n 种金融资产的收益率组成的随机向量为 $r = (r_1, r_2, \cdots, r_n)^T$,投资组合中各种资产的权重组成的向量为 $w = (w_1, w_2, \cdots, w_n)^T$,资产组合的损失函数为 $f(w,r)$,在置信水平 α 和持有期 Δt 之下,金融资产或组合损失超过 VaR_α 时的期望

损失为 $CVaR_a$。

用实例来描述 CVaR 的含义。例如,某一金融资产投资组合在 2018 年 12 月 20 日的 99% 的 VaR 和 CVaR 分别为 50 万元与 75 万元,这表明投资者至少有 99% 的概率保障,这天该组合在市场的正常波动下,其损失不会高于 50 万元,同时,即使市场发生了小概率状况,该组合损失也不会高于 75 万元。

(二) ES 方法

在大多数文献中,CVaR 方法和 ES 方法是一样的,都是尾部极端风险的均值。ES 风险测度也是以 VaR 为基础描述损失超过 VaR 的风险值。Artzner 等(1999)证实了 ES 与 CVaR 等价。我国学者在实际应用中发现 ES 与 CVaR 并不完全等价,事实上,在连续状态下,ES 与 CVaR 是等价的;但是,在离散情形下,CVaR(此时不保持风险一致性测度性质)和 ES 有较大差别。

(三) CoVaR 方法

2007 年美国次贷危机爆发以后,风险和损失迅速地在各金融机构与金融市场传导和扩散,从而形成系统性风险,严重影响到金融体系的稳定。传统的 VaR 方法和 ES 方法不能反映金融危机存在的风险溢出效应,这会严重低估风险和损失。为了有效分析金融危机所带来的风险和损失,Adrian 和 Brunnermeier(2008)在 VaR 方法的基础上提出了 CoVaR(Conditional Value at Risk)方法。假设 i 和 j 分别是两个不同的金融市场或者金融机构,则 j 关于 i 的条件风险价值可以用 $CoVaR^{j|i}$ 表示,它所表示的是当金融市场或者金融机构 i 面临大小为 VaR 的风险时,金融市场或者金融机构 j 面临的风险大小。用数学公式可以表示为

$$P(X^j \leqslant CoVaR_q^{j|i} \mid X^i = VaR_q^i) = q$$

式中,q 为显著性水平。

由上述定义可知,$CoVaR_q^{j|i}$ 本质上也是 VaR,只不过 $CoVaR_q^{j|i}$ 是条件 VaR,$CoVaR_q^{j|i}$ 表示的是 j 的总风险价值,可以看作无条件风险价值和溢出风险价值之和。为了更明确地描述 i 对 j 的风险溢出水平,在此用 $\Delta CoVaR_q^{j|i}$ 来表示,相应的表达式如下:

$$\Delta CoVaR_q^{j|i} = CoVaR_q^{j|i} - VaR_q^j$$

式中,VaR_q^j 为无条件风险价值,表示 j 在不考虑风险溢出情况下的风险价值;$\Delta CoVaR_q^{j|i}$ 为 i 对 j 的风险溢出值。但是,不同金融市场或者金融机构的无条件风险价值相差比较大,这样就使得 $\Delta CoVaR_q^{j|i}$ 不具有可比性,因此对 $\Delta CoVaR_q^{j|i}$ 进行如下的标准化处理:

$$\% CoVaR_q^{j|i} = (\Delta CoVaR_q^{j|i} / VaR_q^j) \times 100\%$$

$\% CoVaR_q^{j|i}$ 剔除了量纲的影响,能够更为准确地反映出金融市场或者金融机构 i 发生极端情况时对另一金融市场或者金融机构 j 的风险溢出程度。

习 题

1. 假设股票 A 的收益率服从正态分布,且年标准差为 30%(每年按照 252 个工作日计算),某投资者购买了 100 万元的股票 A,请计算:

(1) 在 95% 的置信水平下,样本观察时间段为 1 天、1 周的 VaR(每周按 5 个工作日计算)。

(2) 在 99% 的置信水平下,样本观察时间段为 1 天、1 周的 VaR。

2. 现有资产 A 和资产 B 的日波动率分别为 1.5% 和 1.8%,这两种资产收益率之间的相关系数的估计值是 0.3,一个由 30 万美元的资产 A 和 50 万美元的资产 B 组成的投资组合,其 99% 置信度 10 天的 VaR 是多少美元?

3. 一家金融机构持有 10 万德国马克现汇,目前的即期汇率为 1 德国马克 = 0.625 0 美元,汇率的日波动率是 0.7%。计算 10 天期 95% 置信度的 VaR 美元值。

4. 已知一个价值 500 万美元并由三种资产组成的投资组合,下表是该组合之间的关系,请计算该组合在 95% 置信度下的 VaR(见 8-6)。

表 8-6

	权重/%	标准差	相关系数		
			资产 1	资产 2	资产 3
资产 1	30	0.25	1.0	0.6	0.5
资产 2	25	0.27	0.6	1.0	0.3
资产 3	45	0.30	0.5	0.3	1.0

5. 某银行在第 6 年将收到 100 万美元,该银行希望计算这一资产的现金流映射在 95% 置信度下的 VaR。相关数据见下表(见表 8-7):

表 8-7

y_5	5 年期收益率	6.605%
y_7	7 年期收益率	6.745%
$1.65\sigma_5$	5 年期收益率的变动率	0.577%
$1.65\sigma_7$	7 年期收益率的变动率	0.809 5%
$\rho_{5,7}$	5 年期与 7 年期收益率之间的相关系数	0.997 5

请根据上表所提供的 95% 置信度下的风险矩阵相关数据,分析计算下面的问题:

(1) 现金流的收益率。

(2) 实际现金流的现值。

(3) 实际现金流现值分布的标准差。

(4) 相同波幅时的映射权重。

(5) 现金流现值的分配。

(6) VaR。

第九章　信用风险管理

教学要点

知识要点	掌握程度	相关知识
内部评级法	掌握	风险加权资产
专家评定方法	了解	5C、5W、5P
评分模型	掌握	信用评级、Z 评分模型、ZETA 评分模型
现代信用风险的度量模型	重点掌握	KMV 模型、Creditmetrics 模型

课前导读

　　信用风险的学习让我们深刻感受到:诚信是人们生活中必不可少的品德。只有讲诚信,才能营造出良好的社会风气。在面对名利等诱惑时更应讲诚信,树立良好的道德观念。"以诚信为本者,谓之君子;以诈伪为本者,谓之小人"。中国历来信奉诚实守信,人无信不立,业无信不兴。古人就用一言九鼎、一诺千金等成语来比喻承诺的分量。诚实守信是中华民族的传统美德,是做人之本,立德之源,是大学生道德规范的基本要求。当今社会的许多问题,都与诚信缺失有关,在大学里开展诚信教育有深刻的意义。

　　分析我国目前金融市场的信用风险问题,正确认识国内金融发展所面对的严峻问题,理解"中国梦"的内涵和对新时代青年提出的要求。

第一节　内部评级法

一、信用风险管理的意义

　　现代意义上的信用风险是指由于交易对手直接违约或交易对手信用水平、履约能力的变化而使投资组合中资产价格下降进而造成损失的风险。

　　长期以来,信用风险都是银行业,乃至整个金融业最主要的风险形式。但直至今日,无论是从风险水平的衡量方法还是从风险转移和控制的手段来看,金融机构和监管部门对信用风险管理的手段和措施都还处于比较落后的阶段。

而近年来,贷款出售和贷款证券化的使用,以及各种信用衍生产品的出现,对信用风险的测量和控制都提出了更高的要求。因为只有在精确度量信用风险的基础上才能对是否运用这些新型金融工具做出正确的决策。同时,由于这些新的金融工具又衍生出新的信用风险,度量信用风险的重要意义就成为双重的了。此外,随着金融自由化和金融全球化的发展,世界范围内破产的结构性增加、融资的非中介化、更具竞争性的价差,以及表外业务发展所导致的信用风险暴露头寸的增大等,都使得信用风险再度引起普遍的关注,成为银行内部的风险管理者和银行监管者共同面对的重要课题。

二、内部评级法的意义

内部评级法是《巴塞尔协议Ⅲ》框架中有关信用风险的管理办法,巴塞尔委员会允许银行业在两大类计算信用风险所要求的最低资本需求的方法中进行选择:一种可供选择的方法为依靠外部信用评级机构评估结果的标准法;另一种则是由内部评级来支持的内部评级法。内部评级法的优势在于:它以银行内部对其交易对手的风险评估结果为支持。对于不同风险特征、不同风险管理水平的银行,其所需的风险资本要求是不同的。这样就使得商业银行信用风险管理有了更高的风险敏感度,对资本要求更加精确,有效实现资本要求与银行内部的信用风险管理水平相匹配,促进商业银行提高自身的信用风险管理能力和效果。对于内部评级法的介绍,我们已经在前面第三章完成,本章就不再重复,本章着重介绍内部评级法中信用风险的度量方法。

三、内部评级法中信用风险度量

在内部评级法下,风险权重是违约概率、违约损失率和有效期限构成的连续函数,在估计一个贷款组合的风险权重时,还要计算资产间的相关系数 ρ。由违约概率、违约损失率、有效期限和相关系数 ρ 的连续函数计算得出的风险权重能科学、精确、有效地反映资产质量。在内部评级法框架下,风险权重与违约概率和违约损失率等指标正相关。不同的风险因素将产生不同的风险权重。

风险加权资产总额等于各项资产的风险权重乘以其违约风险值。风险加权资产的确定分为以下两步:

(1)首先计算敞口的基准风险加权资产额,可以由单项风险值乘以风险权重得到。

(2)根据资产的风险集中度对基准风险加权资产进行上下调整,得出风险加权资产总额。

风险权重函数是内部评级法的核心内容,也集中反映了内部评级法处理信用风险的基本思想。对每一个敞口分类,风险权重函数是通过一个精确、连续的函数给出的,其含义是违约时单位风险敞口的损失率,表明某项资产对总风险加权资产的边际贡献。由于各种敞口在历史损失特征和相关性上有着较大的差异,因此,不同敞口的风险权重函数在相关参数的规定上也有所不同。这里以公司类敞口为例,计算《巴塞尔协议Ⅲ》中风险加权资产的公式为

$$风险加权资产 = 监管资本要求 \times 12.5 \times 风险敞口$$

即

$$RWA = K \times 12.5 \times EAD$$

这里

$$K = LGD \times N\Big[\frac{G(PD)}{\sqrt{1-\rho}} + \frac{\sqrt{\rho}}{\sqrt{1-\rho}} \times G(0.999) - PD \times LGD\Big] \times$$

$$\frac{1}{1-1.5 \times (PD)} \times [1 + (M-2.5) \times b(PD)]$$

$$\rho(PD) = 0.12 \times \Big(\frac{1-e^{-50 \times PD}}{1-e^{-50}}\Big) + 0.24 \times \Big(1 - \frac{1-e^{-50 \times PD}}{1-e^{-50}}\Big)$$

$$b(PD) = [0.118\,52 - 0.054\,78 \times \ln(PD)]^2$$

式中,ρ 代表相关度,b 代表期限调整,都与违约概率 PD 挂钩;M 为期限;LGD 为违约损失率;$G(z)$ 表示标准正态随机变量累积分布函数的反函数,即 $N(x) = z$ 条件下的 x 值,其中 N 表示标准正态随机变量累积分布函数。

第二节 传统信用风险的度量

一、专家评定方法

专家评定方法是一种古老的信用风险分析方法,其特点是银行信贷的决策权由那些经过长期训练、具有丰富经验的信贷人员所掌握,由他们做出是否贷款的决定。因此,在信贷决策过程中,信贷人员的专业知识、主观判断以及对某些关键因素的权衡成为决定因素。

(一)专家评定方法的主要内容

对于专家评定方法,西方商业银行在多年的实践中逐渐形成了一整套衡量标准,即通常所称的贷款审查"5C"原则。

(1)品德(Character):主要考查借款者是否有良好的偿还债务的意愿,是否能够严格履行合同。如果借款者是个人,则指此人的工作作风、个人交往、在企业和社会

中的声望、生活方式和诚信等内容;如果是企业法人,则是指其负责人的品德,企业管理、经营方针和资金运用等方面健全与否,经营妥当与否,以及偿还愿望度如何等。

(2)能力(Capacity):主要考察借款者是否具有偿还贷款的能力,主要根据借款者的企业实力、经营状况、财务状况等方面来评定。

(3)资本(Capital):借款者是否有足够的资金积累,通常用现值来衡量。借款者拥有自有资本的多少在某种程度上是衡量其经济实力的一个重要方面。

(4)担保或抵押(Collateral):借款者应提供一定的、合适的担保品,以减少或避免银行贷款风险;或者由保证人担保,保证贷款按时、全部归还,也要考察担保人的各方面条件和信誉。

(5)环境(Condition):借款者自身经营状况和外部环境。

有些商业银行将这些因素归纳为"5W",即借款人(Who)、借款用途(Why)、还款期限(When)、担保物(What)及如何还款(How);或者"5P"因素,即个人因素(Personal)、借款目的(Purpose)、偿还(Payment)、保障(Protection)和前景(Perspective);或者"5C"因素,即品德与声望(Character)、资格与能力(Capacity)、资金实力(Capital or Cash)、担保(Collateral)、经营条件或商业周期(Condition)。

(二)专家评定方法的缺陷

专家评定方法的缺陷就是主观性太强。目前,我国商业银行审贷制度还不是很健全,审贷员的专业素质参差不齐,有可能由于主观性的原因造成信用风险评定的误差较大,造成不必要的损失。另外,这种方法还加剧了商业银行在贷款组合方面过度集中的问题,使商业银行面临更大的风险。所以,专家评定方法只能作为一种辅助性信用分析工具。

二、信用评级方法

与专家评定方法类似,信用评级方法也是一种定性的信用风险评估方法。信用评级(Credit Rating)就是评估受评对象信用风险的大小。从狭义上看,受评对象可以是债券,如长期公司债券、可转换公司债券等;也可以是债务人,如个人、公司,甚至是一个国家。从广义上看,随着金融创新和金融产品的不断增加,评级对象也包括固定收益评级(如资产证券化债券评级)、公司治理水平评级等。

通过评级机构进行信用评级被称为外部评级(External Rating)。正如学术界和实务界所强调的,评级也是商业银行等金融机构的使命之一。建立和完善内部评级系统(Internal Rating Systems)是巴塞尔协议的核心内容。

(一)评级概念

无论何时对信用风险进行度量,都需要考虑三个变量:违约风险敞口、违约概率和违约损失率。

违约可以看成是一个离散变量,即分为违约和不违约两种状态。违约定义为以下两种情况的一种或者两者同时出现:银行认定除非采取追索措施,如变现抵质押品(如果存在的话),借款人可能不能全额偿还对银行集团的债务;借款人对银行集团的主要信贷债务逾期 90 天以上。

违约依靠违约概率来测量。违约概率(Probability of Default,PD)即交易对手不履行交易合约的概率,数值范围在 0 和 1 之间。

违约风险敞口(Exposure at Default,EAD)是指当交易对手发生违约时,该资产的经济价值或市值。

违约损失率(Loss Given Default,LGD)是指因违约所造成的损失部分。其与回收率(Fractional Recovery Rate)相加为 1。例如,如果违约造成的回收率仅有 40% 的话,则违约损失率为该违约风险敞口的 60%。

根据以上三个变量,欧美银行已开发出多种信用管理系统及工具。

对于大型企业客户,目前欧美银行的信用风险管理主要采用 5 种不同的计算机系统,它们是 JP 摩根的 CreditMetrics,KMV 公司的 Credit Monitor/Portfolio Manager,麦肯锡公司的 Credit Portfolio View,穆迪公司的 Risk Calc 和 CSFP 公司的 CreditRisk+。以 CreditMetrics 和 KMV 的 Portfolio Manager 系统为例,它的输入是客户的信用评级、客户所处行业、客户主要财务指标等。输出的是一笔贷款或一类投资组合可能的"预期损失"和"非预期损失"等。对于预期损失,银行可将其作为成本加到贷款的价格上,或用呆账准备金予以核销;对于非预期损失,银行可以通过分配经济资本来抵御该风险。

对于中型企业客户,银行通常采用自行开发的信用管理工具进行风险的识别和管理。一些银行的内部分析工具,是由其风险管理部参照 CreditMetrics 的一些思路来进行开发的。

对于个人客户或小型企业客户,国外银行广泛采用由银行外机构——个人信用登记系统(Credit Bureau,如 Equifax 和 Trans Union)来了解和确定客户的信用风险情况,从而快速审批客户的信用申请,如信用卡、住房抵押贷款、消费信贷等。同时,银行通常会内部开发一种信用打分系统(Credit Scoring)来识别客户的风险。

(二)信用评级

标准普尔公司(以下简称"标准普尔")、穆迪投资者服务公司(以下简称"穆迪")和惠誉国际信用评级公司(以下简称"惠誉")并称为世界三大评级机构。三者评级均有长期和短期之分,但级别序列各有不同,详细内容见表 9-1 与表 9-2。

表 9-1 标准普尔各信用级别的定义

AAA	AAA 级是标准普尔给予的最高级别。债务发行人履行其债务偿还承诺的能力极强
AA	被评级为 AA 级的债务同 AAA 级的债务只有很小的差别。债务发行人履行其债务偿还承诺的能力也很强

A	相对于较高评级的债务，A级债务较易受外在环境及经济波动状况变动的不利影响，但是债务发行人偿还债务的能力仍然较强
BBB	目前有足够的偿债能力，但是恶劣的经济条件或外在环境很可能使其偿债能力变得较为脆弱
BB	相对于其他投机级评级，违约的可能性最低。但是，持续的重大不确定性或恶劣的商业、金融、经济条件可能令其没有足够的偿债能力
B	违约可能性比BB级高，但是债务发行人目前仍有能力偿还债务。恶劣的商业、金融或经济条件可能削弱债务发行人的偿债能力和意愿
CCC	目前有可能违约，债务发行人需依靠良好的商业、金融或经济条件才有能力偿债。如果商业、金融或经济条件恶化，债务发行人没有能力偿还债务
CC	目前违约的可能性较高
C	已经提出破产申请或采取其他类似行动，但债务发行人仍在继续偿付债务
D	与其他级别不同，D级不是对违约的预期。只有当违约缺失发生时，债务才会被评为D级。出现以下两种情况时，标准普尔把债务评级调为D级： ·当债务的本金或利息到期而债务发行人未能按期偿还债务时，债务将会被评为D级。只有当标准普尔相信债务可于宽限期内清偿时，原评级才会保留 ·如果正在申请破产或已做出类似行动，标准普尔亦会给予D级。除非标准普尔认为在一定条件下，债务在未来可以被清偿。在没有支付违约和申请破产的情况下，技术性违约（如违反契约）不会被评为D级
＋或－	从AA到CCC级，各级都可以加标"＋"或"－"予以微调，以反映信用级别内部的微小差异
R	金融工具面临明显的非信用风险时，会被授予这一评级。这一评级强调信用评级中未涉及的本金或预期回报波动的风险。常见的例子有：与权益、货币、商品相关或挂钩的债务、具有非常高的提前偿还风险的债务，如只获取利息的抵押债券或只获得本金的抵押证券，以及利率风险较平常为高的债务

资料来源：王勇，隋鹏达，关晶奇. 金融风险管理.北京：机械工业出版社，2014：165.

表9-2　穆迪各信用级别的定义

Aaa	Aaa级债券是质量最好的债券。Aaa级债券投资风险最小，又称"金边"债券。利息支付有充足的或极稳定的利润做保证，本金是安全的。即使各种保证本息按时支付的因素可能发生变化，这些变化也不会削弱债券的稳健地位
Aa	无论以何种指标衡量，Aa级债券都应被认为是高质量的。一般地，Aa级债券与Aaa级债券共同构成高等级债券。由于利润保证不如Aaa级充足，给予保证因素的波动性可能大于Aaa级，或者还有其他因素使之面临的长期风险高于Aaa级，因而Aa级债券的级别比Aaa级低
A	A级债券具有许多优良的投资品质，被认为是中上等级的债券。它有足够的因素保证本金和利息的安全，但人们会怀疑其偿付本息的能力在将来某个时候有所削弱
Baa	Baa级是中等级别的债券（安全性既不高也不低）。利息支付和本金安全在当前是有保证的，但一段时间之后，保证因素可能消失或变得不可靠。事实上，这类债券缺乏优良的投资品质，而且带有投机性

续 表

Ba	Ba 级债券具有投机性,其未来情况没有良好的保证。一般情况下,其本息偿付的保证是有限的,因此,无论未来情况较好或较差,这类债券的本息偿付能力都有可能被削弱。不确定性是这类债券的特征
B	B 级一般缺乏值得投资的品质。本息偿付或长期内履行合同中其他条款的保证都是极小的
Caa	Caa 级别信誉较差,有违约的可能性或当前就存在危及本息安全的因素
Ca	Ca 级具有高度的投机性。这类债券经常发生违约或有其他明显的缺点
C	C 级债券是最低级别的债券,这类债券的本息安全情况非常糟糕,根本不能达到真正的投资级别

资料来源:王勇,隋鹏达,关晶奇.金融风险管理.北京:机械工业出版社,2014:166.

虽然几家主要的评级机构的债务工具评级方法都类似,但有时候它们对同一债务工具的评级会有所不同。对信用评级行业的学术研究发现,在大样本中仅有过半的被评为 AA 级(或 Aa 级)和 AAA 级(或 Aaa 级)的企业被两个顶级评级机构评为相同的评级。

三、信用评分方法

(一) Z 评分模型

美国纽约大学斯特商学院教授爱德华·阿尔特曼(Edward Altman)在 1968 年提出了著名的 Z 评分模型(Z-score Model)。阿尔特曼对当时美国破产和非破产生产企业进行观察,采用了 22 个最能反映借款人财务状况和还本付息能力变量,经过数理统计筛选,建立了著名的 5 个财务比率变量的 Z 评分模型。该模型根据各行业的实际情况,确定每一变量的权重,将每一变量乘以相应的权重,然后相加,得到一个 Z 值。该值就是判断某一公司的财务状况和风险水平的临界值。Z 值越大,资信就越好;Z 值越小,风险就越大。根据阿尔特曼的分析,当 $Z<1.81$ 时,借款人会违约;如果 $Z=2.99$,则借款人会履约;当 $1.81 \leqslant Z<2.99$ 时,称为"未知区"或者"灰色区域",在此区域内判断失误的可能性较大,是因为原始样本存在错误类或两类的重叠现象。Z 评分模型用式(9-1)表达

$$Z = 1.2X_1 + 1.4X_2 + 3.3X_3 + 0.6X_4 + 0.999X_5 \qquad (9-1)$$

式中,

X_1:营运资本/总资产(WC/TA)。这是衡量公司在一定的总资本额下流动性资金数量及规模的指标,其中营运资本是公司流动资产与流动负债之差。一般来说,对于长期经营损失的公司,其流动性资产一定会处于萎缩状态。

X_2:留存收益/总资产(RE/TA)。这是一个反映公司累积盈利能力的指标。留存收益是再投资的收益总量和公司在整个寿命期内的损失总量。这就意味着在考虑

这一指标时还必须考虑公司的年龄因素。一家年轻的公司由于其累积利润少，该比值可能会较低，因而其倒闭的概率会大于老公司。公司累积盈利能力越强，实力就越强。

X_3：息税前利润/总资产（EBIT/TA）。息税前利润/总资产比率可以衡量除去税或其他杠杆因素外公司资产的盈利能力。因为公司的最终生存依赖于资产的盈利能力，所以该指标常用来衡量公司是否能长期稳健地生存下去。如果一家公司即将倒闭，该指标将会持续走低。

X_4：权益市值/总负债账面值（MVE/TL）。该指标反映公司负债超过资产额之前即破产前用股权市值加债务额所表示的公司资产价值下降的程度。在该指标中，股权市值包括所有优先股和普通股，总负债账面值则由短期负债面值和长期负债面值构成。

X_5：销售收入/总资产（S/TA）。也就是资产周转率，是反映公司资产营运能力的财务比率。它用于衡量公司产生销售收入的能力以及该公司管理层应对市场、参与竞争的能力。

若将 Z 评分模型中的 X_4 用账面价值代替市场价值，可以得到非上市公司的 Z' 评分模型，如式（9-2）所示

$$Z' = 0.717X_1 + 0.847X_2 + 3.107X_3 + 0.420X_4 + 0.998X_5 \qquad (9-2)$$

（二）ZETA 评分模型

1977 年，阿尔特曼、罗斯·G. 霍尔德曼（Ross G. Haldeman）和保罗·纳拉亚南（Paul Narayanan）对原始的 Z 评分模型进行了扩展，推出了 ZETA 评分模型。新模型反映了财务报告标准和会计实践方面的变化，并对原模型构建中采用的统计判别技术进行了修正。ZETA 评分模型将原始模型中的变量由 5 个增加到 7 个，使辨认精度大大提高。这 7 个变量分别如下：

X_1：资产报酬率，是公司息税前收益与总资产之比，这是衡量公司业绩的一个十分有效的指标。

X_2：收入的稳定性，是公司 5～10 年资产收益率变化的标准差。公司收入上的变化会直接影响到公司风险，因而这一指标对衡量公司风险相当有效。

X_3：债务偿还能力，用利息保障倍数即公司息税前收益与总利息偿付之比来度量。固定收益证券分析师和债券评级机构通常用这一变量来评估债务人的利息偿付能力。

X_4：积累盈利，用公司的留存收益（资产减负债/总资产）来度量。这一指标对于度量公司的信用状况极为有用。该比率需要考虑以下几个因素：公司年龄、公司的分红政策及不同时期的获利记录。

X_5：流动比率（流动资产/流动负债），是用来说明公司的变现能力的指标。

X_6：资本比率，即普通股权益与总资本之比。普通股权益可以用公司 5 年的平均

市场值,而非账面值衡量,如果普通股在总资产中占的比重较大,则可认为该公司的资本实力较强。

X_7:规模指标,用公司总资产的对数形式来表示,并根据企业财务报告的变化做出相应的调整。

由于商业秘密,ZETA 评分模型中的 7 个变量的系数无法公开,但从模型的改进来看,ZETA 评分模型的分类准确度比 Z 评分模型要高,尤其是在预测破产前较长时间的准确度方面更为明显。

(三) Z 评分模型和 ZETA 评分模型的缺陷

Z 评分模型和 ZETA 评分模型具有较强的操作性、适应性及较强的预测能力,一经推出便在许多国家和地区得到推广和使用并取得了显著的效果,成为当代预测企业违约或破产的核心分析方法之一。

然而无论是 Z 评分模型还是 ZETA 评分模型都存在许多不足之处:首先,两个模型都依赖于财务报表的账面数据而忽视日益重要的各项资本市场指标,削弱了模型预测结果的可靠性和及时性;其次,两个模型都缺乏对违约和违约风险的系统认识,理论基础比较薄弱;再次,两个模型都假设在解释变量中存在线性关系,而现实的经济现象是非线性的,使得违约模型不能精确地描述经济现实;最后,两个模型都无法计量企业表外的信用风险。另外,对于某些特定行业的企业(如公用企业、财务公司、新公司以及资源企业),这两个模型也不适用,因而它们的应用范围受到较大限制。

(四) Logit 模型和 Probit 模型

Probit 模型和 Logit 模型用以预测某一时期开始时生存的某一公司在该时期(一个月、一年等)结束时生存的概率。两种模型旨在改进线性模型的预测值可能落在区间 $[0,1]$ 外的缺陷,即研究者假设事件发生的概率服从某种累积概率分布,使模型预测值落在 $[0,1]$ 内。若假设事件发生的概率服从累积标准正态分布,则称为 Probit 模型;若假设事件发生的概率服从累积 Logistic 分布,则称为 Logit 模型。

Probit 模型和 Logit 模型采用一系列财务比率指标预测公司破产或违约的概率,根据风险偏好程度设定风险警戒线并以此进行信用风险定位和决策。Probit 模型的基本形式与 Logit 模型相同,差异仅是用于转换的累积概率函数不同:前者为累积正态概率函数,后者则为 Logistic 概率函数。Probit 模型和 Logit 模型在信用风险度量中都得到了相当广泛的应用。

第三节 现代信用风险的度量

由于传统的信用风险度量方法主要依赖评估者的专业技能、主观判断和对某些决定违约概率的关键因素的简单加权计算,难以对信用风险做出精确的测量,因此,近年来有关信用风险量化模型的开发得到了理论界和实务界越来越高的重视。

根据对风险的不同定义,信用风险的量化模型主要分为集中于预测违约损失的模型(违约模型,即 DM 模型)和以贷款的市场价值变化为基础计算 VaR 的模型(盯住市场模型,即 MTM 模型)。

DM 模型只考虑违约和不违约这两种状态,将价差风险视为市场风险的一部分,其典型代表是瑞士信贷银行推出的信用风险附加法(CreditRisk+)以及 KMV 公司开发的 KMV 模型(Credit Monitor Model,信用监控模型)。前者以在财产险文献中发现的保险精算方法为基础来计算资本要求;后者主要运用期权定价理论对有风险的贷款和债券进行估值,从借款企业股权持有者的角度考虑贷款偿还的激励问题。

MTM 模型考虑了信用的升降及因而发生的价差变化,在计算贷款价值的损益中也考虑了违约。其典型代表是 J. P. 摩根于 1997 年推出的信用风险计量模型(Credit Metrics),主要通过计算个别贷款和贷款组合的 VaR 值来衡量其信用风险的大小。

下面我们对几种主要的信用风险量化模型进行介绍。

一、KMV 模型

KMV 模型由美国 KMV 公司(现已经被世界著名的信用评级机构——穆迪投资服务公司收购)创立并商品化。该公司位于美国旧金山,成立于 1989 年,公司以其 3 位创办者史蒂芬·考尔霍夫(Stephen Kealhofer)、约翰·麦克奎恩(John McQuown)和欧德里希·瓦西塞克(Oldrich Vasicek)姓的首字母(KMV)为名。KMV 模型的起源可溯及 1972 年布莱克、斯科尔斯和默顿有关期权定价模型的研究。1974 年,默顿论述了有关将期权定价理论运用于风险债务估值的思想,该研究提供了一种实用、高效的分析方法,用以衡量公司违约风险。其后,默顿的思想沿着许多方向发展,许多学者尝试将期权定价理论应用于信用风险的度量领域,KMV 模型正是这样的一个成功的例子。该模型以期权定价理论为基础,通过计算预期违约频率(Expected Default Frequence,EDF),对所有其股权公开交易的公司和银行的违约可能性做出了预测。

(一)模型的假设

(1)满足期权定价模型的基本假设,即公司股票价格是个随机过程、交易是无摩擦的等,且企业价值变化过程服从正态分布过程。

(2)借款人资产价值大于其债务价值时,借款人不会违约;反之,借款人资产价值小于其债务价值时,借款人就会违约。

(3)借款人资本结构只有所有者权益、短期债务、长期债务和可转化的优先股。

(4)违约距离是对企业进行评级的一个合适指标。

(二)模型的构造和参数估计

KMV 模型的构造可以分 3 个模块来进行。

模块 1：估计公司资产的价值及其波动性。

根据默顿风险债务定价原理，KMV 模型将银行的贷款问题转换过来考虑，即从借款企业的股权所有者角度来看待企业借款偿还的激励问题。它是把股东对公司的股权看作一种期权。为了解决企业的资产市值（V_A）以及资产市值的变动程度（σ_A）这两个变量不可观测的难题，KMV 模型运用了以下两个关系：

（1）企业股权市值与它的资产市值之间的结构性关系。

（2）企业资产市值波动程度和企业股权市值的波动程度之间的关系。

图 9-1 给出了从借款人（企业的股权所有者）角度考虑的贷款偿还问题。假设企业借款 OB，期末企业资产的市场价值是 OA_2，这时企业会偿还贷款。在贷款期末，企业资产的市场价值越大，股权所有者所持有的企业资产的剩余价值越大。然而，如果企业的资产减少到 OB 以下，如 OA_1，那么企业的股权所有者就会无力偿还贷款，他们就会在经济上失去清偿能力，同时将企业的资产转交给银行。同时可以看出，无论资产的价值与借款数量相比有多低，企业股权所有者的损失有一最低限额。具体地说是"有限责任制"保护了企业股权所有者，使其损失不会超过 OL（即企业股权所有者在企业的原始投入）。从信用分析的角度来看，可以将违约视为股权所有者不执行期权，股权所有者可以"有选择地"拥有公司。但是，如果公司营运状况较差，他们就选择不执行这个期权，而宁愿将公司的所有权转让给债权人而不偿债。

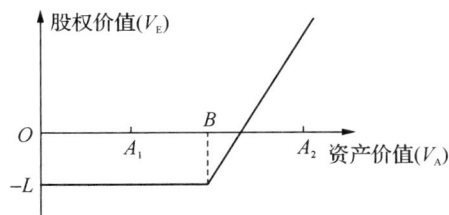

图 9-1　股权价值与资产价值的关系曲线

从图 9-1 可以看到，一家利用了财务杠杆的企业的股权所有者的报酬函数与购买了股票看涨期权的报酬函数之间是相互同构的。

同样，股权的价值可以表示为一个看涨期权的价值：

股权的价值＝f（违约边界，资产的市场价值，资产的波动性，时间范围，无风险利率）

利用上述的期权定价公式代替函数 f，就可以得到如下表达式

$$V_E = V_A N(d_1) - \mathrm{e}^{-r(T-t)} X N(d_2) \tag{9-3}$$

式中

$$d_1 = \frac{\ln(V_A/X) + (r + \sigma_A^2)(T-t)}{\sigma_A \sqrt{T-t}}$$

$$d_2 = d_1 - \sigma_A \sqrt{T-t}$$

$$N(d) = \int_{-\infty}^{1} \frac{1}{\sqrt{2\pi}} e^{-\frac{x^2}{2}} \, \mathrm{d}x$$

式中，T 为到期日；V_A，V_E 为公司资产的市场价值和股权的市场价值；σ_A 为公司资产市场价值的波动率；X 为 T 时刻的违约边界。

式（9-3）中有两个未知数：资产的价值 V_A 及资产价值的波动性 σ_A。

对式（9-3）两边求微分，即可得到下面等式

$$\Delta V_E = \left[N(d_1) + V_A \times \frac{1}{\sqrt{2\pi}} e^{-\frac{d_1^2}{2}} \times \frac{1}{\sigma_A \sqrt{T-t}} \times \frac{X}{V_A} \times \frac{1}{X} \right] \Delta V_A -$$

$$\left[e^{-r(T-t)} \times X \times \frac{1}{\sqrt{2\pi}} e^{-\frac{d_2^2}{2}} \times \frac{1}{\sigma_A \sqrt{T-t}} \times \frac{X}{V_A} \times \frac{1}{X} \right] \Delta V_A$$

经简化，得

$$\Delta V_E = N(d_1) \times \Delta V_A$$

进一步变化得到

$$\frac{\Delta V_E}{V_E} = N(d_1) \times \frac{V_A}{V_E} \times \frac{\Delta V_A}{V_A}$$

即

$$\sigma_E = N(d_1) \times \frac{V_A}{V_E} \times \sigma_A \qquad\qquad (9-4)$$

式中，σ_E 为股权价值的漂移率。

这样就得到了一个关于 V_A 和 σ_A 的函数关系式。由式（9-3）和式（9-4）两个方程，两个未知数 V_A 和 σ_A，从而能求出它们的解。

模块 2：违约距离（Distance to Default，DD）的计算。

企业的资产价值及其波动性计算出来后，为了计算违约距离，还需要先确定企业的违约实施点（Default Point，DP）。在现实中，多数企业在其资产价值相当于所有债务的账面价值时并没有违约（当然也有许多企业此时发生违约），这是因为一些长期债务为该企业提供了喘息机会。

注：

在确定违约实施点时，应该考虑公司债务的结构，即要从债务求偿权等级和到期期限两个角度来分析。一般来说，公司的负债包括当期债务（如应付账款、应交税金、到期本息和应派红利等）、短期债务（一般指一年期以内的银行贷款、债券等）、长期债务等。对不同的债权人，首先需要弄清公司各种债务求偿权的等级以及其债权在所有求偿权中的等级。随着具有较低求偿权等级的新债的增加或具有较高求偿权等级的债务的到期，公司的信用状况将得到改善。但是，随着求偿权等级较低的债务总量的减少和求偿权等级较高的债务总量的增加，信用状况将恶化。其次，还需要根据期

限将债务分类。这是因为如果具有不同求偿权等级的债务在不同的时间到期,早到期的债务就有可能导致公司违约或破产,尽管它的求偿权等级是比较低的。

如果公司的债务结构采取一般的形式,求偿权等级和到期期限划分债务的类型将导致公司违约概率的度量变得非常复杂。因此,KMV公司没有在债务结构方面就资历、抵押品或契约条件做出区别,可转换债券和优先股也被视为长期债务。KMV公司通过大量违约企业的数据进行分析后得出结论,企业的违约触发点通常位于流动负债与总债务金额之间。在实证研究中,违约实施点一般等于流动负债加50%的长期负债。

确定了企业的资产价值、资产波动率(相对)以及违约实施点后,将这三者结合起来就可以形成违约风险的一个单一测度——违约距离。违约距离等于市场净值(企业资产的市值减去公司的违约点)除以资产价值波动的一个标准差,可以表示为

$$违约距离(DD) = \frac{资产市值 - 违约点}{资产市值 \times 资产市值的波动率} = \frac{V_A - X}{V_E \sigma_A}$$

模块3:估计违约率(Expected Default Frequency,EDF),即确定违约距离与违约率的映射关系。

根据KMV模型的假设,违约距离是评价企业违约风险的一个度量指标,可用其作为不同企业之间的比较,如表9-3所示。但该值是个序数指标,而非基数或者概率指标,也即人们无法直接从违约距离中得知企业违约概率到底是多少。违约距离和预期违约概率的关系曲线如图9-2所示。

表9-3 将违约距离对应到预期违约概率

违约距离(DD)	DD=1	DD=2	DD=3	DD=4	DD=5	DD=6
企业总数	9 000	15 000	20 000	35 000	40 000	42 000
违约企业数	720	450	200	150	28	17
预期违约概率	8%	3%	1%	0.43%	0.07%	0.04%

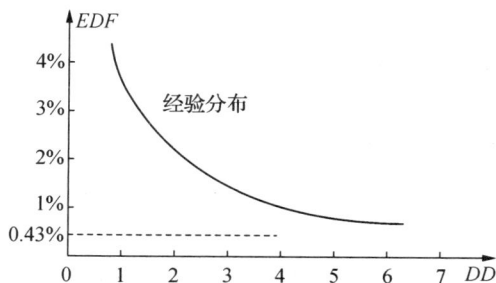

图9-2 违约距离和预期违约概率的关系曲线

(资料来源:巴塞尔银行监管委员会.外部信用评级与内部信用评级体系.北京:中国金融出版社,2004)

如果已知资产的概率分布,那么就可以通过违约距离来直接计算违约概率。通常假设资产价值服从正态分布或对数正态分布,这样就能计算理论上的违约概率,但是做出该假设可能是不现实的。为了计算经验上的违约概率,KMV 公司运用了大量违约公司样本的历史数据,通过比较违约距离和破产频率的历史,拟合出代表公司违约距离的预期违约率函数。

经过测试基于不同行业、规模、时间和其他因素的违约距离与违约概率之间的关系,KMV 公司发现这种函数关系相对稳定。

一般来说,经验 EDF 与 EDF 的理论值会有一定的差异。但是,只要样本很大,由大数定律可知,用频率代替概率是合理的。因此,KMV 模型建立在大规模的世界范围内的企业及企业违约数据基础上的经验 EDF 是可信的。

(三)模型的评价

1. 模型的优点

(1) KMV 模型是一种动态模型,可以及时反映信用风险水平的变化。上市公司股价每天有交易数据,且定期公布财务报表,这使得该模型可以经常更新模型的输入数据,得出及时反映市场预期和企业信用状况变化的新的 EDF 值。

(2) KMV 模型是一种具有前瞻性(Forward-looking)的方法,在一定程度上克服了依赖历史数据向后看(Back-looking)的数理统计模型的"历史可以在未来复制其自身"的缺陷。KMV 模型提供的 EDF 指标来自对股票市场价格实时行情的分析,而股票市场的实时行情不仅反映了该企业历史的和当前的发展状况,更重要的是反映了市场中的投资者对该企业信用状况未来发展趋势的判断。

(3) KMV 模型所提供的 EDF 指标在本质上是一种对风险的基数衡量法。与序数衡量法不同,以基数法来衡量风险最大的特点在于不仅可以反映不同企业风险水平的高低顺序,而且可以反映风险水平差异的程度,因而更加准确。这也更加有利于对贷款的定价。而序数衡量法只能反映企业间信用风险的高低顺序,如 BBB 级高于 BB 级,却不能明确说明高到什么程度。

2. 模型的缺点

(1) 该模型的适用范围受到了限制。KMV 模型一般适用于对上市公司的信用风险进行评估,而对非上市公司进行评估则困难较多。

(2) 该模型不能够对长期债务的不同类型进行分辨。实际上,可以根据长期债务的优先偿还顺序、是否担保、是否有契约、能否转换等来区别不同的长期债务,因而可能会造成在违约点的确定上不准确,使模型的产出变量不准。

(3) 该模型基本上属于一种静态模型。因为作为 KMV 模型基础的期权定价模型有个基本假设——借款企业一旦将企业的债务结构确定下来,该企业的这一结构就不会发生变化,但实际情况并不是这样。

(4) 对短期风险利差估计是不现实的。资产价值连续时间扩散中,企业资产价值降低到债务边界以下的概率会随着违约时限趋向于 0 而急剧下降，信用利差随风险债务到期日而趋向于零。但实际中由于流动性和交易成本的影响，可观察的短期债务价差并不为零，因此低估了短时限中的违约概率。

二、Creditmetrics 模型

Creditmetrics 模型是近年来在国际金融领域信用风险管理方面的重要模型之一。就其框架而言，它实际上是一种度量组合价值和信用风险的方法，包括一整套的分析方法和数据库。在这里，我们将介绍该模型的算法与基本思路，包括单笔贷款信用风险情况的计算、两种贷款信用风险状况的计算以及多种组合贷款信用风险状况的计算等。

该模型是 J. P.摩根在 1997 年 4 月推出的用于量化信用风险的一种方法，其主导思想是通过风险价值来衡量风险。VaR 方法发展与完善的直接动力来自 1993 年国际清算银行对世界各国商业银行提出的市场风险资本金的要求。实际上，欧盟自 1997 年起，美国自 1998 年起，许多大型商业银行就已经开始使用其内部模型来计算其交易账簿下的 VaR 损失。最早的 VaR 分析的是银行的市场风险，但随着该方法使用的进一步深化，VaR 方法也被引入信用风险的度量中，其中的典型代表就是 Creditmetrics，又称"信用度量法"。我们通过 Creditmetrics 模型可以对商业银行进行信用风险衡量，提高信用风险管理的透明度和市场流动性，并对信用风险的资本充足率提供统一尺度。该模型除了可以应用于传统的商业贷款之外，还可以应用于信用证、承付书、固定收入证券以及掉期合同等衍生产品。下面将以单笔贷款的情况来介绍 Creditmetrics 模型的基本思路。

（一）信用转移矩阵

一笔贷款在发放的有效期内，其质量水平在不同年份内可能是有所差别的，即使贷款本息最终都能收回，我们也应该关注该期限内的不同质量变化情况。而标志贷款质量变化的最主要工具就是信用等级转移概率，也就是同一笔贷款在一年后的信用等级出现不同变化情况的概率。假设某笔贷款的信用等级为 AAA，表 9 - 4 展示了信用等级的转移概率。

表 9 - 4　信用等级转移概率表

最初的等级	一年后可能的等级							
	AAA	AA	A	BBB	BB	B	CCC	违约
AAA	90.81	8.33	0.68	0.06	0.12	0	0	0

资料来源：Morgan J. P. CreditMetrics™, Technical Document, April 2000.

如果考虑到初始贷款的不同信用等级，把所有初始信用等级情况下的信用等级转移概率放入一张表中，那就是信用转移矩阵，如表 9 - 5 所示。例如，初始信用级别

为 A 的贷款在一年内维持信用等级不变的比例为 91.05%,升级为 AA 的比例为 2.27%,降级为 BBB 的比例为 5.52%,降级为 BB 的比例为 0.74%。

表9-5 信用转移矩阵

最初的等级	一年后可能的等级							
	AAA	**AA**	**A**	**BBB**	**BB**	**B**	**CCC**	**违约**
AAA	90.81	8.33	0.68	0.06	0.12	0	0	0
AA	0.70	90.65	7.79	0.64	0.06	0.14	0.02	0
A	0.09	2.27	91.05	5.52	0.74	0.26	0.01	0.06
BBB	0.02	0.33	5.95	86.93	5.30	1.17	0.12	0.18
BB	0.03	0.14	0.67	7.73	80.53	8.84	1.00	1.06
B	0	0.11	0.24	0.43	6.48	83.64	4.07	5.20
CCC	0.22	0	0.22	1.30	2.38	11.24	64.86	19.79

资料来源:Morgan JP.CreditMetrics™, Technical Document, April 2000.

信用转移矩阵的数据是由标准普尔、穆迪、J.P.摩根、KMV 等公司提供,并由这些公司的信用分析人员根据多年所积累的贷款(债券)信用等级变化的历史数据集分析得来。目前,国际上比较通行的信用等级一共是 8 级,即 AAA、AA、A、BBB、BB、B、CCC 和违约。也就是说,每一种贷款(债券)的信用转移情况是 8 种。

(二) 贷款现值的估计

从风险管理本质来说,贷款的现值概念要比期值概念更有意义,其主要原因在于:信用风险管理的重要目标是对风险级别的分析与比较,包括上面讨论过的贷款信用等级的转移问题,而在比较过程中必须有一个标准,也就是我们要将不同期限的贷款(债券)风险放在同一个可比的层面上。因此,如果能将不同期限的贷款都转化成当期贷款就显得更有意义。

在 Creditmetrics 模型中,它使用一个简单易行的折现公式来实现这一点

$$P = \sum_{t=0}^{n} \frac{D}{(1+r_t+s_t)^t} + \frac{A}{(1+r_n+s_n)^n}$$

式中,A 为贷款的本金,在 t 年偿还;D 为贷款每年所支付的利息[1];r_t 为零息票利率[2];s_t 为信用风险价差[3]。

---

① 为了方便起见,我们假设该笔贷款是固定利率贷款。如果是浮动利率贷款,该式同样适用,只不过每年所支付的利息不是固定的 D 而已。

② 也可以称为无风险利率,根据无风险套利模型计算得出。之所以采用零息票利率来折现未来现金流,是因为零息票利率中不含有再投资的因素。

③ 信用风险价差是指信用等级的变化在折现率上的反映。如果贷款信用等级下降,那么在将来收到利息和本金支付的不确定性就必然增加,因此在折现时必须使用更高的折现率,S_t 为正值。例如,对于一笔 AAA 等级的贷款,在一年后收到的 1.1 元的利息支付相当于当前确定的 1 元;在信用等级下降的情况下,这 1.1 元的不确定性增加,那么折现到当前必然少于 1 元。如果贷款信用等级上升,则正好相反,S_t 为负值。

另外,需要指出的是,当出现违约的情况时,只需要估计贷款的残值或回收值的现值就可以了。

(三) VaR 的计算

在信用转移矩阵中,我们可以知道一笔贷款信用等级转换的概率,而在贷款现值估计中,我们又可以得出该贷款不同信用等级转换后的现值。在假定该贷款信用状况服从正态分布的情况下,我们就可以求出该笔贷款在下一年度的期望、方差以及标准差。在不同的置信度情况下,我们可以根据下面的公式直接求出该贷款的 VaR[①]。

$$VaR = P_0(\alpha\sigma\sqrt{\Delta t} - \mu\Delta t)$$

式中,P_0 为贷款的初始价值;α 在给定一定的置信水平后通过正态分布表可查得;σ 为贷款价值的标准差;μ 为贷款价值的期望;Δt 为选定的所要考察的时间间隔。

(四) 信用风险数据集

Creditmetrics 数据集可从 http://www.jpmorgan.com 免费得到,这个网站还详细描述了信用风险度量术的方法论。其数据集由四种数据类型构成:收益率曲线、价差、转换矩阵和相关系数。

1. 收益率曲线

Creditmetrics 收益率曲线数据集由主要货币的无风险到期收益率构成。图 9-3 显示了这些无风险收益率的一个例子。数据集包括 1 年、2 年、3 年、5 年、7 年、10 年和 30 年到期的收益率。

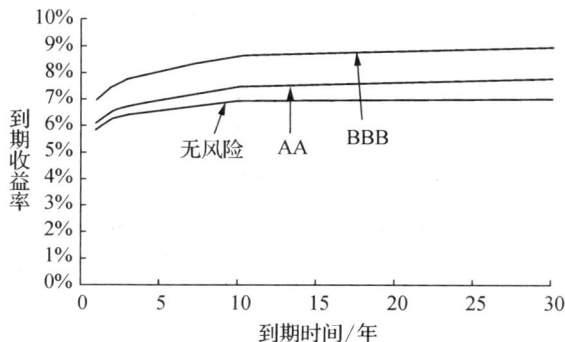

图 9-3　无风险收益率曲线和两条风险收益率曲线

2. 价差

对于每一个信用评级,数据集提供对于各个到期日超过无风险收益率的价差。图 9-3 显示了一个典型的美国无风险收益率曲线,以及 AA 债券的收益率曲线和 BBB 债券的收益率曲线。例如,3 年的 AA 债券超过 3 年无风险债券收益率的价差是

---

① 我们在此采用绝对 VaR,主要是考虑贷款的绝对损失。

0.54％。我们看到债券的风险越大收益率越高；无论在哪里，BBB 债券的收益率都比 AA 债券的高，而 AA 债券的收益率比无风险收益率高。这种风险债券较高的收益率是对将来没有获得息票或本金的可能性的补偿。

3. 转换矩阵

在 Creditmetrics 框架中，转换矩阵为一年时间各信用等级变动的概率。例如，从 AA 升级为 AAA 的概率为 5.5％。Creditmetrics 数据集的时间期限是一年。除非时间期限非常长，典型的情况是债券保留在它的最初等级的概率最大，让我们假定在这个例子中停留在 AA 级的概率为 87％。

4. 相关关系

在无风险收益率、价差和转换矩阵中，对于 Creditmetrics 方法存在足够信息来推导单个债券的将来可能价值的分布。我们将在下一节介绍如何做。然而，当我们开始考察一个风险债券投资组合的行为时，我们必须考虑一个债券的重新评级或者违约与另一个债券的重新评级或违约之间是否存在任何相互关系。换句话说，由不同的公司或政府发行的债券是否在某种意义上是相关的？这正是 Creditmetrics 相关关系数据集流行起来的原因。这个数据集给出了许多国家主要指数之间的相关关系。

每个发行债券的公司可以将它的股票收益率分解成与这些指数相关的部分和一个这家公司特有的部分。通过将所有的债券发行人与这些指数相关联，我们可以确定在我们的投资组合中公司之间的相关关系。

（五）模型的评价

1. 模型的优点

（1）对违约概念进行了拓展，认为违约也包括债务人信用等级的恶化。

（2）该模型的应用非常广泛，包括传统的贷款、固定收益证券、贸易融资和应收账款等商业合同，而且其高级版还能够处理互换合同、期货合同以及其他衍生工具。

（3）在对债务价值的分布有正态分布假设下，解析方法和蒙特卡罗模拟法在一定程度上避免了资产收益率正态性的硬性假设，可以用资产价值分布和百分位求出资产损失。

2. 模型的缺点

（1）大量证据表明信用等级转移概率并不遵循马尔可夫过程，而是跨时期相关的。

（2）模型中违约率直接取自历史数据平均值，但实证研究表明，违约率与宏观经济状况有直接关系，不是固定不变的，在经济高速增长阶段，违约率较低；在经济衰退阶段，违约率较高。

（3）没有考虑市场风险，债务未来市场价值和风险完全由其远期利率分布曲线决定，模型中唯一的不确定性是信用等级的改变，也就是说，信用风险是独立于市场风险进行分析的,然而市场和经济状况的改变,如利率、股指、汇率、失业率的变化等,可能会影响公司的整体盈利性,从而可能导致违约或者信用等级的变动。

(4)该模型通过股权回报关系来估计资产回报关系,而这可能导致不精确的估计。

现代风险度量模型比较如表9-6所示。

表9-6 现代风险度量模型比较

比较的维度	KMV 模型	Creditmetrics 模型	CreditRisk＋模型	Wilson 模型
1. 风险的定义	DM	MTM	DM	MTM
2. 风险驱动因素	资产价值	资产价值	宏观因素	预期违约率
3. 信用事变的波动性	可变	不变	可变	可变
4. 信用事变的相关性	多变量正态资产收益	多变量正态资产收益	因素负载	预期违约率的相关性
5. 回收率	不变的或随机的	随机	随机	在频段内不变
6. 数字方法	解析的	模拟的或解析的	模拟的	解析的

资料来源:[美]桑德斯(saunders,A.).信用风险度量:风险估值的新方法与其他范式.刘宇飞.译.北京:机械工业出版社,2001.

第四节 信用风险计量模型的一些问题

信用风险属于非系统性风险,由于其概率分布的有偏性,以及观察数据少,不易获取,难以进行有效性检验等特征,信用风险在量化和模型管理上显得更加困难。因此,总体而言,国外对于信用风险模型的研究尚处于早期阶段,现有模型还具有诸多的缺陷。比如相关参数的主观设定不尽合适;某些类型的风险被忽略;对相关模型缺乏系统和全面的经验验证等。

通过对现有模型的深入比较分析,我们发现在其较大的表面差异之下,其基础性的数学结构却有着极大的相似性,只要在几个关键维度上加以协调就有可能得出相当相似的对于未预期到的损失的预测。正如在市场风险的模型化这一领域里已经发生的那样,在不久的将来推出一个为多数人所接受的更为完善的信用风险计量模型也不是不可能的。但要建立更为完善和成熟的信用风险量化模型,首先必须重点解决以下几个问题。

一、信用风险损失计量方法的选择

目前,对信用风险损失的理解有两种观点:一种是传统的观点,认为只有在违约实际发生后贷款才发生损失，而在违约之前，借款者信用状况的变化并不影响贷款的价值；另一种较新的观点则认为，贷款的价值随时受到借款者信用状况变化的影响，在贷款的存续期内，即使借款者不违约，但只要其信用等级降低，贷款的价值也就相应降低。

与信用风险损失的这两种理解相对应，信用风险损失的计量也存在两种不同的方法：① 违约模型（Default Model，DM）；② 逐日盯市（Mark-to-Market，MTM）。

在违约模型下，信用风险损失只存在两种状况：① 违约发生，损失为贷款账面价值与可能回收价值现值的差额；② 没有发生违约，损失为零。因此，采用损失法的计量模型又称"两状态模型"，KMV 模型就是这种模型。逐日盯市则是多状态的，违约只是其中的一种状态。在不同的状态下，其贷款的价值不同，因而损失也就不同。在这种方法下，我们对损失的计量是盯市的[①]，因而能够更准确地计量损失和反映信用风险的变化。Credit-metrics 模型采用的就是逐日盯市。

二、信用资产估值方法的选择

目前大多数模型都采用下述两种估值方法中的一种：合同现金流贴现法（Credit-metrics 模型所采用）和风险中性估值法（KMV 模型所采用）。前者尽管简单明了、容易操作，但无法体现同一信用等级下优先和次级贷款的信用风险差异，也无法体现同一信用等级上与市场关联度不同的信用资产的风险差异。后者则能较好地克服以上缺陷，贷款价值最终取决于损失率 LGD，等于基于借款人资产价值的或有要求权（即衍生产品）的现值。

三、模型的参数估计问题

信用风险计量模型中的参数估计是最艰巨的一项任务。

首先，这些计量模型所涉及的参数规模庞大、种类复杂。例如，在违约模型下，我们必须估计每笔贷款违约的概率以及在违约情况下贷款损失的概率分布。如果考虑到贷款组合的情况，那就更为复杂了，还要估计组合中每两笔贷款之间违约的相关系数。对于采用逐日盯市的模型，由于它要考虑不同信用等级变化的多种状态，模型所需的参数估计将更为复杂。

其次，由于商业银行的贷款一般具有周期较长的特点，因此要获得较为准确的估计值，就必须拥有历时多年的历史数据，而大多数商业银行都不具备这一条件。

正是由于这种数据上的局限性，许多模型在建立时都采用了不少用于简化问题的假设和主观判断，如假设一些随机变量呈正态分布。

---

① 更准确的说法是"按模型定价"（Mark to Model），因为大多数贷款缺乏二级交易市场。在通常情况下，借款者信用状况变化给贷款价值带来的变化由模型给出。

四、模型有效性的检验问题

信用风险计量模型的参数估计问题直接导致了模型有效性的检验问题。既然模型在建立过程中不得不依赖许多主观性很强的假设,而且参数估计因数据的局限也很难保证其准确性,人们就很容易对模型的有效性产生怀疑。因此,信用风险计量模型的有效性检验是十分有必要的。然而,同样因为数据的局限,对模型有效性的检验十分困难,也使得对模型进行返回测试和压力测试更加困难。

习　题

1. 某大型企业财务资料如下:总资产 350 000 元,流动资产 80 000 元,流动负债 75 000 元,息税前利润 30 000 元,留存收益 20 000 元,股票总市值 100 000 元,长期负债 200 000 元,销售收入 600 000 元,则该企业的 Z 值为多少?

2. 某公司当前资产的市值为 2 500 万元,资产的增长率预计为每年 20%,公司资产波动率预计为 14%,公司 1 年后的违约临界值为 870 万元。求违约距离。

第十章　ARCH 模型与 GARCH 模型

教学要点

知识要点	掌握程度	相关知识
计量经济学	掌握	回归分析
时间序列分析	掌握	各类模型
ARCH 模型	掌握	ARCH 效应检验和参数估计
GARCH 模型	掌握	GARCH 模型表述

课前导读

　　时间序列分析是通过研究按时间顺序排列的、随时间变化且相互关联的数据序列，分析历史数据的变化趋势，来评估和预测未来的计量经济学方法。时间序列分析法常应用于经济、金融、商业数据的分析领域。因此，我们应该坚持马克思主义的立场和原理，正确并科学地运用计量经济方法研究和阐释中国现实经济问题，揭示中国经济发展的独特规律和评估各种改革举措与经济政策，树立"中国自信"。

　　在对金融时间序列的实证分析过程中，我们通过搜集数据、编写程序得到理论结果，进而思考理论结果和实际数据产生差距的原因，培养严谨的逻辑思维和锻炼解决问题的能力，从而成为具备金融定量分析和复杂金融数据处理等能力，为政府、企事业等提供适应金融科技发展和大数据需求的金融数学创新型、复合型、应用型专门人才。

　　通过时间序列分析课程的学习，我们不仅要掌握对金融风险进行定量和对金融资产价格进行预测的方法，还要培养严谨求真的职业精神。金融专业的学生毕业后可能会进入银行、证券等金融机构工作，所以我们要树立正确的人生观、价值观，以专业知识来提升服务意识和创新意识，促进职业责任感和使命感的养成。

第一节　研究方法背景介绍

从经济理论角度而言，计量经济建模的产生和发展与经济问题研究密不可分，强调经济学的逻辑基础和理论架构，属于社会科学的范畴。因此，我们应通过典型的中国经济和金融案例，阐述如何学以致用，运用计量经济学方法研究中国现实经济和金融问题，揭示中国经济和金融发展的独特规律，评估各种改革举措与经济政策。

计量经济学研究经历了简单而初级的单一方程模型，过渡到联立方程模型，由基础的回归分析进化到复杂多变的时间序列分析和面板数据分析。从 20 世纪 80 年代至今，时间序列分析已经成为计量经济学中重要、新颖的建模方法，从而把计量经济学研究推入一个全新的发展阶段。本章我们就着眼于时间序列分析中两个较为重要的模型——ARCH 模型和 GARCH 模型，借助 EViews 分析软件来具体实现上机操作，进一步研究金融风险管理中风险的分析和度量。

一、时间序列分析的发展历程

时间序列分析主要是从经济领域的研究中发展而来的，当前许多有关经济和金融方面的定量分析都需要用到时间序列的分析方法。在计量经济学的内容体系中，时间序列分析是非常重要的一个分支，其产生最早可以追溯到 1927 年英国统计学家（Yule）提出的 AR 模型（Autoregressive Model）。随后不久英国数学家（Walker）在分析印度大气规律时使用了 MA 模型（Moving Average Model）和 ARMA 模型（Autoregressive Moving Average Model）。1976 年美国统计学家（Box）和英国统计学家（Jenkins）合作写了 *Time Series Analysis Forecasting and Control* 一书，该书系统阐述了 ARIMA 模型（Autoregressive Integrated Moving Average Model）的识别、估计、检验及预测的原理和方法。ARIMA 模型通常也称为 Box-Jenkins 模型（亦可简写为 BJ 模型）。BJ 模型是适用于单变量、同方差场合的常用线性模型。

随着对时间序列研究的深入，统计学家和计量经济学家们对时间序列的分析方法分别从多变量、异方差和非线性三个方向进行了拓展，取得了一系列的成果。在异方差方向上，美国计量经济学家（Engle, 1982）提出 ARCH 模型（Autoregressive Conditional Heteroscedasticity Model），用来研究英国通货膨胀率的建模问题；为了放宽 ARCH 模型的约束条件，（Bollerslev, 1986）提出了 GARCH 模型（Generalized Autoregressive Conditional Heteroscedasticity Model）；随后，（Engle 等, 1987）提出了 ARCH-M 模型（ARCH-In-Mean Model）、GARCH-M 模型（GARCH-In-Mean Model）；（Nelson, 1991）提出了 EGARCH 模型（Exponential GARCH Model）；（Glosten 等, 1993）提出了 TARCH 模型（Threshold ARCH Model）等，这些异方差

模型是对经典的 ARIMA 模型的很好补充,能够更为准确地刻画金融市场风险的变化过程,特别适用于金融时间序列的分析。在多变量方向上,(Granger,1987)提出了协整(Cointegration)理论,为多变量时间序列的建模拓展了空间,使得多变量时间序列建模中"变量是平稳的"假定不再是必须的;另一方面,(Sims,1980)提出 VAR 模型(Vector Autoregressive Model),将单变量自回归模型推广到多变量时间序列组成的向量自回归模型,推动了经济系统动态性分析的应用。在非线性时间序列分析方向上,(Tong,1983)提出了利用分段线性化构造的 TAR 模型(Threshold Autoregressive Model),该模型是目前分析非线性时间序列的经典模型;范剑青、姚琦伟(2003)则在 *Nonlinear Time Series* 一书中全面系统地介绍了非线性时间序列迄今的全部历程。

二、ARCH 模型和 GARCH 模型的背景和意义

ARCH 模型(Autoregressive Conditional Heteroscedasticity Model)最早由 Engle 于 1982 年提出,并经 Bollerslev(1986)发展成为 GARCH 模型(Generalized ARCH Model)。Engle 在 1982 年分析英国通货膨胀率序列时,发现经典的 ARIMA 模型始终无法取得理想的拟合效果,研究发现大的及小的预测误差通常成群出现,经过对 ARIMA 模型的残差进行仔细研究才发现原因在于残差序列存在异方差。

传统的计量经济分析假定扰动项方差不随时间而变,这就是同方差性或常数方差的假设。可是,金融和经济时间序列往往展示这样一种特点:一些时段展现异常高的波动,随后跟着一些低波动的平稳时段。一些金融分析员称之为"狂野"期和"平静"期。显然,对于具有这种特点的时间序列,同方差性或常数方差的假设是站不住脚的,有必要研究这种情况下扰动项方差依赖于其历史值的方式。

为了更好地了解这一点,考虑一位投资者,他计划在 t 期买入一项资产并准备在 $t+1$ 期卖出。对于这位投资者来说,仅仅预测这项资产的回报率是不够的,他还需要关心他所持有时期回报的方差。因此,该投资者需要研究该项资产时间序列的条件方差的行为,以便估计他持有期间该项资产的风险。这种研究思路导致金融风险的度量与时间序列分析紧密联系起来,实现了交叉学科的进一步拓展。

本章将重点讨论条件方差行为的建模,或者更确切地说,是条件异方差性(Conditional Heteroscedasticity)行为的建模,ARCH 和 GARCH 的后两个字符正是来源于此。模型的分析过程和研究结果在一定程度上揭示了金融风险度量的重要变量——方差和标准差(金融学中又可以称为波动率)的变化规律。

第二节　模型概述

一、ARCH 模型

恩格尔(Engle)1982 年提出的 ARCH 模型,假定 t 期误差项的方差依赖于过去若干期误差项的平方。他建议,当怀疑一个序列的条件方差不是常数时,最好对该序列的均值和方差联立地建模。

让我们做进一步的说明。考虑简单模型:

$$y_t = \alpha + \boldsymbol{\beta}' \boldsymbol{X}_t + u_t$$

其中,$\boldsymbol{X}_t$ 是 $K \times 1$ 阶解释变量向量,$\boldsymbol{\beta}$ 是 $K \times 1$ 阶系数向量。我们假定 u_t 独立同分布,即

$$u_t \sim iid(0, \sigma^2)$$

恩格尔的想法始于允许误差项的方差(σ^2)依赖于历史,或者说允许异方差性,因为方差将随时间而变。一种简单的方式是让方差依赖于误差项平方的一期滞后,即

$$\sigma_t^2 = \gamma_0 + \gamma_1 u_{t-1}^2$$

这就是基础的 ARCH(1)过程。

(一) ARCH(1)模型

ARCH(1)模型为均值和方差联立地建模,设定如下

$$y_t = \alpha + \boldsymbol{\beta}' \boldsymbol{X}_t + u_t, \quad u_t \Big| \Omega_t \sim iid(0, \sigma_t^2) \tag{10-1}$$

$$\sigma_t^2 = \gamma_0 + \gamma_1 u_{t-1}^2 \tag{10-2}$$

这里式(10-1)称为均值方程,式(10-2)是方差方程。其中 Ω_t 是 t 期期初所有已知信息的集合,它前面的竖杠表示以 Ω_t 为条件。

ARCH(1)模型表明,当 $t-1$ 期发生一个大的冲击时,很可能 u_t 的值(绝对值)也会很大,也就是说,当 u_{t-1}^2 大时,u_t 的方差也会大。

(二) ARCH(q)模型

事实上,条件方差不仅依赖于误差项的一期滞后,而且依赖于多期滞后,ARCH(q)过程由下式给出:

$$\sigma_t^2 = \gamma_0 + \gamma_1 u_{t-1}^2 + \gamma_2 u_{t-2}^2 + \cdots + \gamma_q u_{t-q}^2 = \gamma_0 + \sum_{j=1}^{q} \gamma_j u_{t-j}^2$$

ARCH(q)模型设定如下：

$$y_t = \alpha + \boldsymbol{\beta}' \boldsymbol{X}_t + u_t, \quad u_t \big| \Omega_t \sim iid(0, \sigma_t^2) \qquad (10-3)$$

$$\sigma_t^2 = \gamma_0 + \sum_{j=1}^q \gamma_j u_{t-j}^2 \qquad (10-4)$$

当然，为了保证方差非负，式(10-4)中估计的系数(诸 γ)必须非负。

从式(10-4)可以看出，条件方差 σ_t^2 由 $u_{t-1}^2, \cdots, u_{t-q}^2$ 所决定，当 u_{t-1} 很大时，t 期的扰动项的方差也一定很大，即过去的扰动项对市场的未来波动有着正向而减缓的影响，q 值的大小决定了随机变量 y_t 的某一跳跃所持续影响的时间。所以 ARCH(q)模型通常能够反映金融市场的变量变化特点，即大幅波动往往集中在某些时段上，而小幅波动往往集中在另外一些时段上。

（三）ARCH 效应的检验

什么样的序列会具有 ARCH 效应呢？通常需要通过检验来确定。最常用的检验方法是回归模型异方差性检验中所用的 ARCH-LM 检验，首先用 OLS 法估计均值方程

$$y_t = \alpha + \boldsymbol{\beta}' \boldsymbol{X}_t + u_t$$

注意，这里解释变量中可以包括滞后因变量。估计均值方程，得到 OLS 残差 e_t，然后进行下面的辅助回归：

$$e_t^2 = \gamma_0 + \gamma_1 e_{t-1}^2 + \gamma_2 e_{t-2}^2 + \cdots + \gamma_q e_{t-q}^2 \qquad (10-5)$$

检验是否存在 ARCH 效应等价于检验式(10-5)是否成立。若式中所有回归系数同时为 0，式(10-5)不成立，表明不存在 ARCH 效应；若有一个回归系数不为 0，则式(10-5)可以描述条件方差变化，存在 ARCH 效应。相应的假设为：

$$H_0: \gamma_1 = \gamma_2 = \cdots = \gamma_q = 0$$
$$H_1: 存在 \gamma_i \neq 0 \quad (1 \leqslant i \leqslant q)$$

检验统计量为：

$$LM = nR^2 \sim \chi^2(q) \qquad (10-6)$$

式中，n 为计算辅助回归时的样本数据个数；R^2 为辅助回归方程式(10-5)的未调整可决系数，即拟合优度。

检验标准：根据辅助回归式(10-5)的最小二乘估计，得到拟合优度 R^2，由式(10-6)计算检验统计量 LM，根据给定的显著性水平 α 和自由度 q，查 χ^2 分布表，得到相应的临界值 $\chi_\alpha^2(q)$。若 $LM > \chi_\alpha^2(q)$，拒绝 H_0，表明存在 q 阶 ARCH 效应；若 $LM < \chi_\alpha^2(q)$，不能拒绝 H_0，表明序列不存在 q 阶 ARCH 效应。若能得到原假设 H_0 成立的概率 p，将 p 与显著性水平 α 比较，也可得出结论。

还有一个问题，就是 ARCH(q)模型中阶数 q 如何确定的问题。

方法一:检验时,从 $q=1$ 开始,直到不存在 ARCH 效应为止。存在 ARCH 效应的最高阶数为 q 的取值。

方法二:将残差的平方 e_t^2 看成是对 σ_t^2 的一个近似估计,这样把 e_t^2 看成一个序列,进而可以参照时间序列分析的 AR(p) 模型中阶数 p 的确定方法,利用偏自相关函数(Partial Autocorrelation Function,PACF)的计算值的大小来进行初步判断。

(四) ARCH 模型的估计

回归模型中出现 ARCH 效应并不完全排斥 OLS 法的使用,毕竟系数的 OLS 估计值仍是一致估计值。可是参数的方差—协方差矩阵的 OLS 估计值是有偏的,会导致失真的 t 值,从而使得假设检验的结果不可信赖。要解决这个问题,需要建立恰当的 ARCH 模型,这个模型就不能再用 OLS 估计,ARCH 模型中参数的估计,通常采用极大似然法(ML),在假定误差项服从正态分布的情况下,建议采用 Berndt、Hall 和 Hausman(1974)提出的 BHHH 算法来求解最大似然函数,该算法由于计算量小而优于 Newton 算法。

二、GARCH 模型

如恩格尔所说,ARCH 模型的一个缺点是它看上去更像是一个移动平均模型,而不大像自回归模型。ARCH 模型实质上是使用误差平方序列的 q 阶移动平均拟合当期异方差函数值,所以 ARCH 模型实际上只适用于异方差函数短期自相关过程,不能反映实际数据中的长期记忆性质,在估计无约束的滞后分布时经常导致参数非负约束的破坏。为此,Bollerslev 于 1986 年提出 GARCH 模型,其意义不仅在于能够弥补 ARCH 模型的不足,而且可以将所有的 ARCH 过程都扩展为 GARCH 过程。下面先来介绍一下 GARCH 模型的表述。

Bollerslev(1986)给出的 GARCH(p,q) 模型可以表示为:

$$y_t = \alpha + \boldsymbol{\beta}' \boldsymbol{X}_t + u_t, \quad u_t \Big| \Omega_t \sim iid(0, \sigma_t^2)$$

$$\sigma_t^2 = \gamma_0 + \sum_{i=1}^{p} \delta_i \sigma_{t-i}^2 + \sum_{j=1}^{q} \gamma_j u_{t-j}^2$$

此模型中方差的值既依赖于冲击的过去值(由滞后的误差项平方代表),又依赖于它自身的过去值(滞后的 σ_t^2)。

显然,在 $p=0$ 的情况下,GARCH(p,q) 模型就简化为 ARCH(q) 模型。GARCH(p,q) 模型最简单形式是 GARCH(1,1) 模型,该模型的方差方程为:

$$\sigma_t^2 = \gamma_0 + \delta_1 \sigma_{t-1}^2 + \gamma_1 u_{t-1}^2$$

此模型应用中通常效果很好,并且易于估计,因为它仅有三个未知参数。用 GARCH(1,1) 模型通常能够描述许多金融时间序列的条件异方差问题,因为

GARCH (1,1) 模型可以转化为 ARCH (∞) 过程, 也就是说 GARCH (1,1) 模型与无限阶的 ARCH 过程是等价的, 能够一定程度上反映实际数据中的长期记忆特征, 下面简单给出这一结论的推证。

对于 GARCH (1,1) 模型, 将 $\sigma_{t-1}^2 = \gamma_0 + \delta_1 \sigma_{t-2}^2 + \gamma_1 u_{t-2}^2$ 代入 $\sigma_t^2 = \gamma_0 + \delta_1 \sigma_{t-1}^2 + \gamma_1 u_{t-1}^2$, 得到

$$\sigma_t^2 = \gamma_0 + \delta_1 (\gamma_0 + \delta_1 \sigma_{t-2}^2 + \gamma_1 u_{t-2}^2) + \gamma_1 u_{t-1}^2$$
$$= \gamma_0 + \gamma_1 u_{t-1}^2 + \delta_1 \gamma_0 + \delta_1^2 \sigma_{t-2}^2 + \delta \gamma_1 u_{t-2}^2$$

逐次替代可得:

$$\sigma_t^2 = \gamma_0 + \gamma_1 u_{t-1}^2 + \delta_1 \gamma_0 + \delta_1^2 (\gamma_0 + \delta_1 \sigma_{t-3}^2 + \gamma_1 u_{t-3}^2) + \gamma_1 u_{t-2}^2$$
$$\cdots$$
$$= \frac{\gamma_0}{1 - \delta_1} + \gamma_1 (u_{t-1}^2 + \delta_1 u_{t-2}^2 + \delta_1^2 \gamma_1 u_{t-3}^2 + \cdots)$$
$$= \frac{\gamma_0}{1 - \delta_1} + \gamma_1 \sum_{j=1}^{\infty} \delta_1^{j-1} u_{t-j}^2$$

上式表明, GARCH(1,1) 模型等价于无限阶的 ARCH 模型, 其系数(各期扰动项的平方对 σ_t^2 的影响)呈几何指数递减。

上述结论给了我们一个启示, 如果在检验 ARCH(q) 模型时发现 q 值较大, 我们可以采用 GARCH(1,1) 模型来代替高阶 ARCH 模型, 因为 GARCH(1,1) 要估计的参数少, 从而失去的自由度少。

第三节 案例分析

本小节的实证分析, 我们的讨论基于人民币实际有效汇率(简称为 REER)与中国对美国的出口额(表示为变量 X)的相互影响关系。在计量经济学的初级学习中, 这两个变量的相互影响问题, 是我们经常讨论的基本问题, 应该可以熟练地使用多种建模方法进行分析。基于此, 下面进一步深入探讨 ARCH 模型和 GARCH 模型。

一、ARCH 模型

下文所做的模型采用的数据详见附录, 所用的软件为 EViews。

首先, 打开 EViews 的主页面, 如图 10-1 所示。

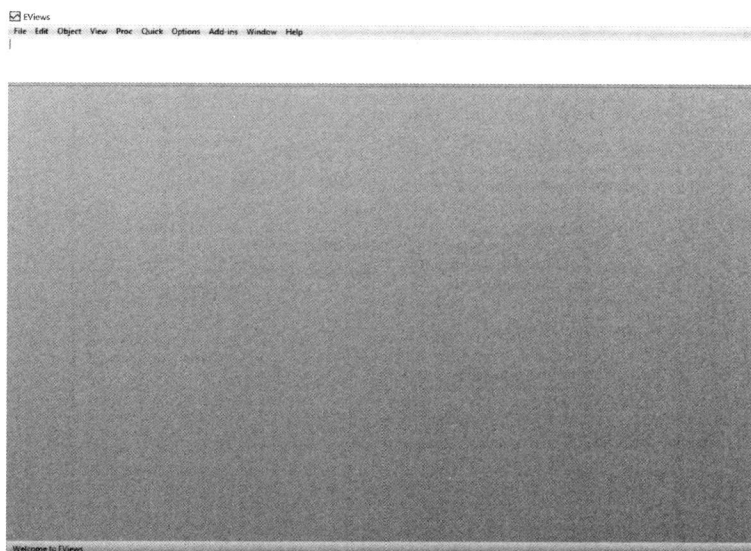

图 10‐1　EViews 主页面

然后，创建工作文件，选择"File"→"New"→"Workfile"，可得到如图 10‐2 所示界面。

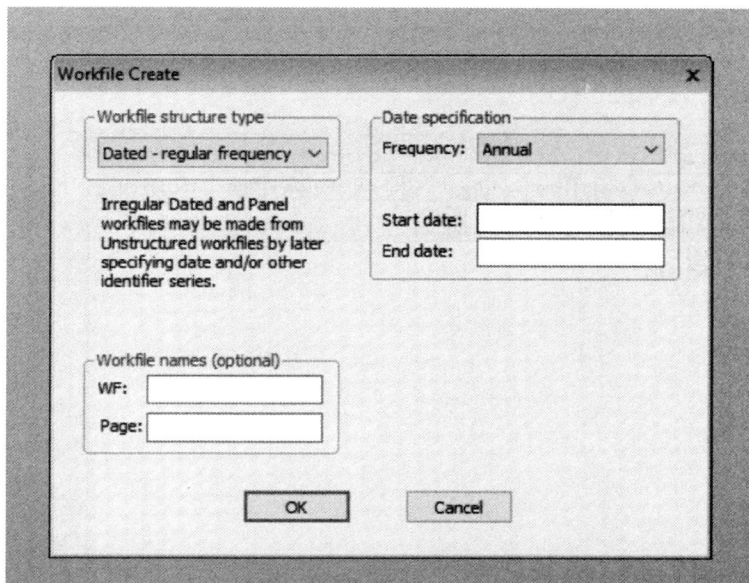

图 10‐2　创建工作文件

　　由于所用数据为月度数据，因此，在图 10‐2 中，单击"Date specification"部分的"Frequency"后面向下的箭头，在下拉菜单中选择"Monthly"；在"Start date"（起始时间）部分填入"1994：1"；在"End date"（终止时间）部分填入"2009：12"。在"Workfile names（optional）"部分的"WF"后面的框中填入"ARCH"；在"Page"后面的框中填入"Monthly"，具体细节如图 10‐3 所示。然后单击"OK"按钮，结果如图

235

10 - 4 所示。

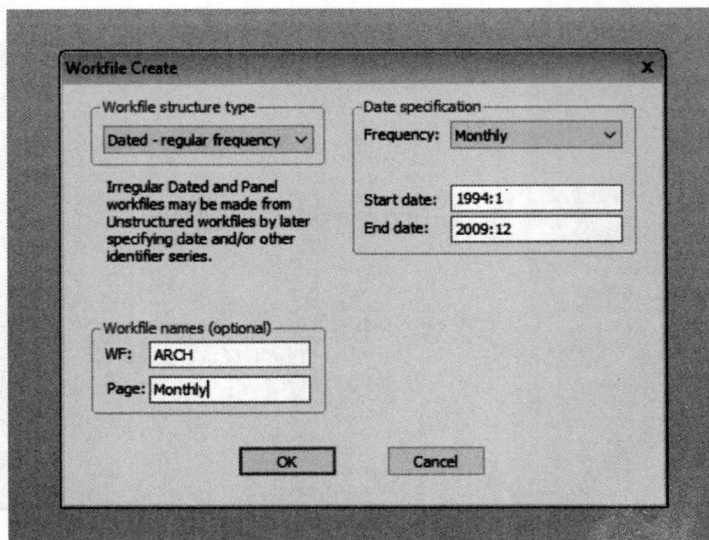

图 10 - 3　修改参数

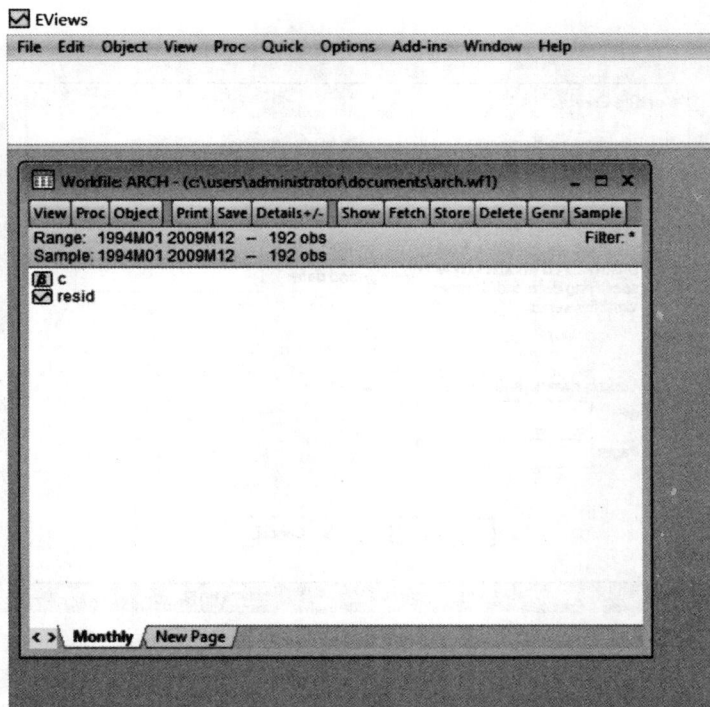

图 10 - 4　工作文件窗口

接下来录入数据。选择主页面窗口的"Quick"→"Empty Group（Edit Series）"，具体如图 10 - 5 所示，进入数据录入窗口，可以得到如图 10 - 6 所示界面。

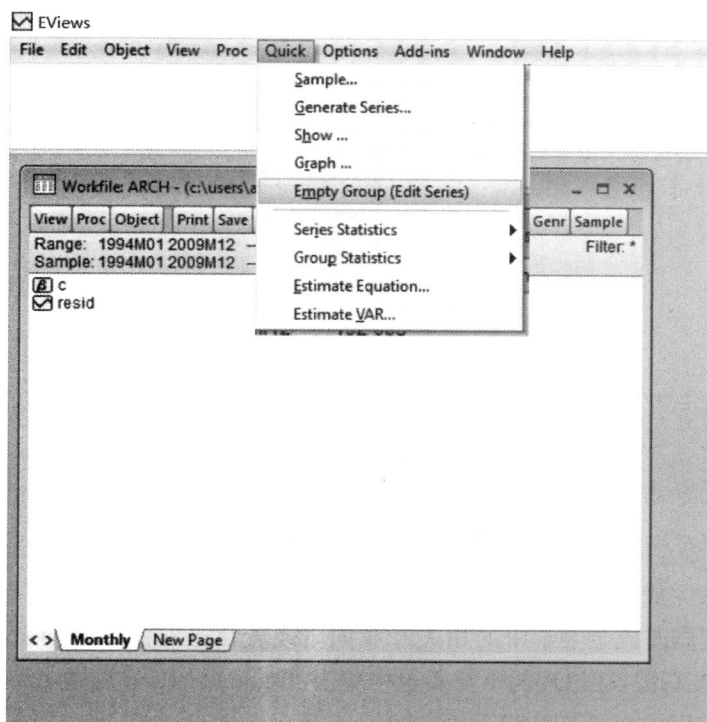

图 10-5 录入数据选项

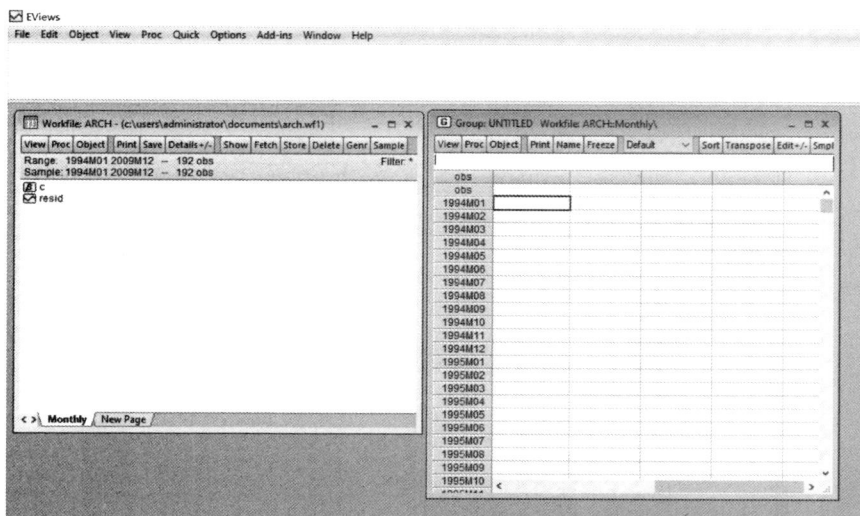

图 10-6 数据录入窗口

将数据复制过来（可以从 Word 、Excel 或者 TXT 文件中，把数据或数据组直接复制粘贴到图 10-6 中对应时间的第一列空白处），得到结果如图 10-7 所示。

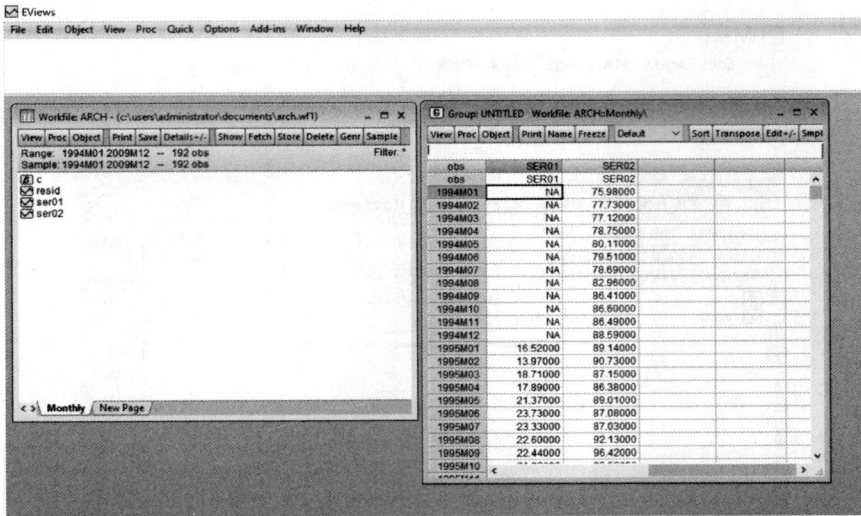

图 10－7　完成数据录入

　　数据录入完成后，可以关掉数据录入窗口，然后将工作文件窗口下新输入的序列名称"SER01"修改成金融学中的相关专业词语或者自己习惯的常用名称和符号（在"ser01"处单击右键，在出现的下拉菜单中单击"Rename"项，详见图 10－8 所示）。在这里修改为常用的变量符号"X"，如图 10－9 所示。

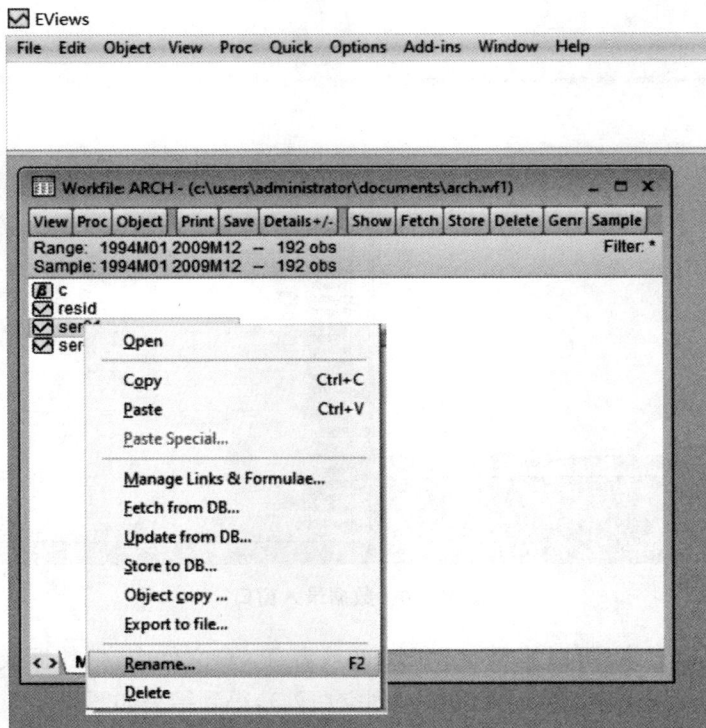

图 10－8　修改变量名称的选项

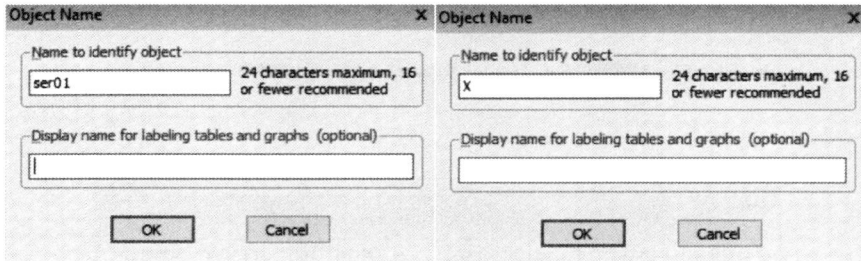

图 10 - 9　变量名称的修改

按照相同的方法，将工作文件窗口下新输入的序列名称"SER02"修改为变量"REER"，如图 10 - 10 所示。

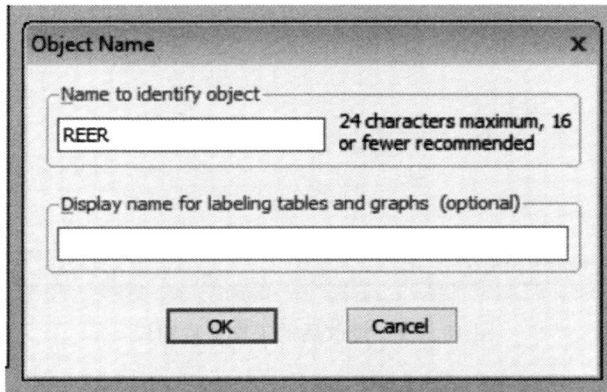

图 10 - 10　变量名称的修改

最后将上述操作后所得的结果文件（见图 10 - 11）保存好，接下来就可以估计 ARCH 模型了。

ARCH 模型的基本思想是在以前的信息集下，某一时刻一个噪声的发生是服从正态分布的，该正态分布的均值为零，方差是一个随时间变化的量（即为条件异方差），并且这个随时间变化的方差是过去有限项噪声值平方的线性组合（即为自回归）。这样就构成了自回归条件异方差模型。

假定考察方差的变化，表达式如下：

$$REER_t = \alpha_0 + \alpha_1 REER_{t-1} + \beta_1 X_{t-1} + u_t, \quad u_t \Big| \Omega_t \sim iid(0, \sigma_t^2)$$

$$\sigma_t^2 = \gamma_0 + \gamma_1 u_{t-1}^2$$

在图 10 - 11 所示的工作文件窗口，左键单击主页面窗口下的"Quick"选项卡，出现了一个下拉菜单，其中有一项是"Estimate Equation..."（方程估计），单击该项，弹出对话框，如图 10 - 12 所示。

239

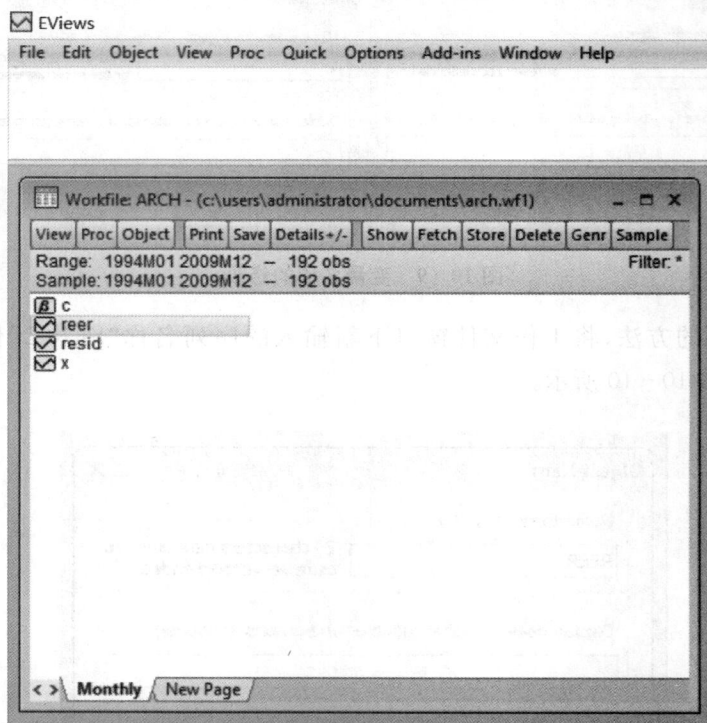

图 10－11　修改后的工作文件窗口

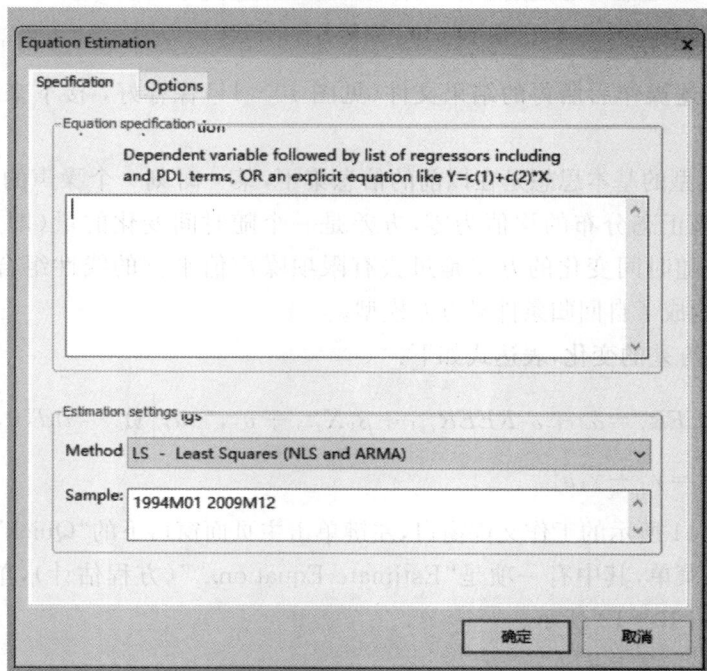

图 10－12　方程估计对话框

单击图 10-12 中"Method"项后面向下的箭头,在下拉菜单中选择"ARCH-Autoregressive Conditional Heteroskedasticity",弹出如图 10-13 所示的对话框。

在图 10-13 中,"Mean equation"(均值方程)部分包括两项内容:"Dependent followed by regressors & ARMA terms OR explicit equation"(取决于 ARMA 模型或者确定方程)和"ARCH-M"(均值自回归条件异方差)。

"variance and distribution specification"(方差和分布的说明)部分主要包含"Model"(模型形式的选择)、"Order"(规则)、"Restriction"(限制)、"Variance regressors"(方差回归因子)和"Error distribution"(误差分布)。

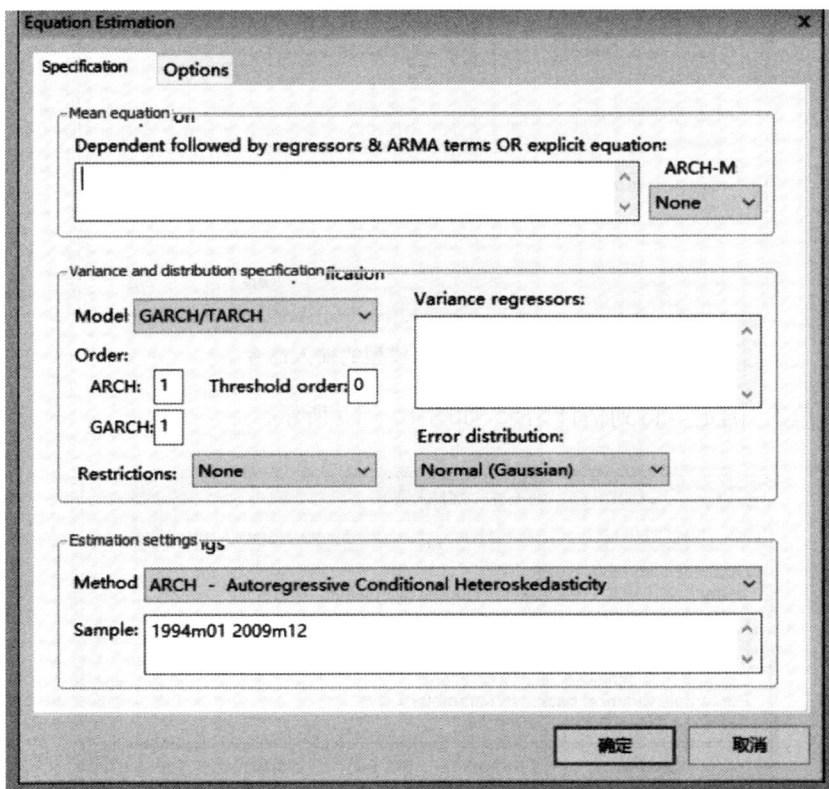

图 10-13 ARCH 模型对话框

按照预先设定的模型形式,在图 10-13 中"Mean equation"部分的空白处输入"reer reer(-1) x(-1) c"(中间由空格分开);在"Model"中"ARCH"项后的空白处输入"1",在"GARCH"项后的空白处输入"0",结果如图 10-14 所示。

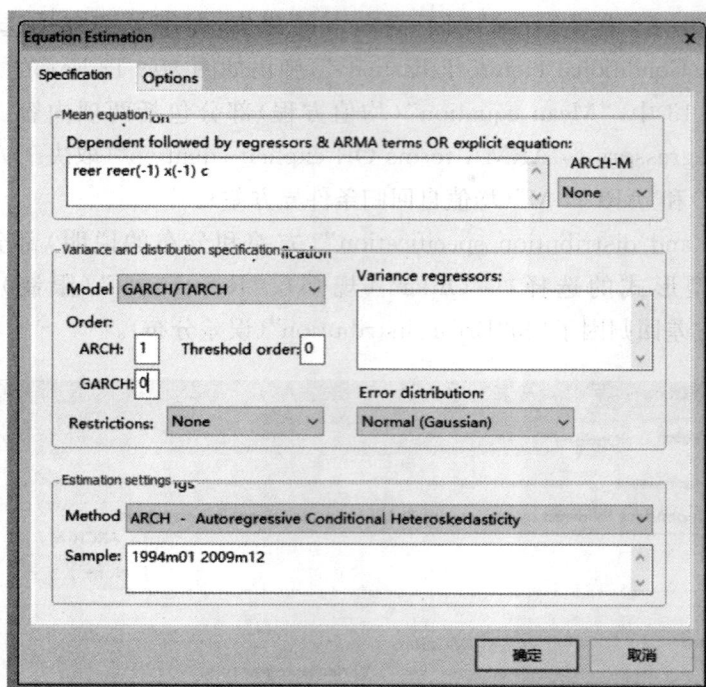

图 10 - 14　ARCH 模型的输入命令

然后单击"确定",得到估计结果,如图 10 - 15 所示。

图 10 - 15　ARCH 模型的回归结果

由此,回归结果可以具体写为

$$REER_t = 5.481\,273 + 0.948\,126REER_{t-1} + 0.002\,325X_{t-1} + u_t$$

$$(2.61)\qquad\qquad(47.3)\qquad\qquad\qquad(1.002)$$

$$\sigma_t^2 = 4.320\,371 + 0.008\,922u_{t-1}^2$$

$$(7.466)\qquad\quad(0.100\,504)$$

$$Adj.\mathrm{R}^2 = 0.926\,79\quad\text{Log likelihood} = -385.761\,2$$

$$\mathrm{AIC} = 4.366\quad\mathrm{SC} = 4.455\quad\mathrm{DW} = 1.908$$

二、GARCH 模型

假定考察方差的变化,表达式如下:

$$REER_t = \alpha_0 + \alpha_1 REER_{t-1} + \beta_1 X_{t-1} + u_t,\quad u_t\Big|\Omega_t \sim iid(0,\sigma_t^2)$$

$$\sigma_t^2 = \gamma_0 + \gamma_1 u_{t-1}^2 + \delta_1 \sigma_{t-1}^2$$

现在把图 10 - 14 中"GARCH"项后的空白处的值改为"1"(点击图 10 - 15 的 ARCH 模型窗口中的"Estimate"选项卡即可回到图 10 - 14 的界面),由此也可以看成是做一个包含 GARCH 项的模型,如图 10 - 16 所示。

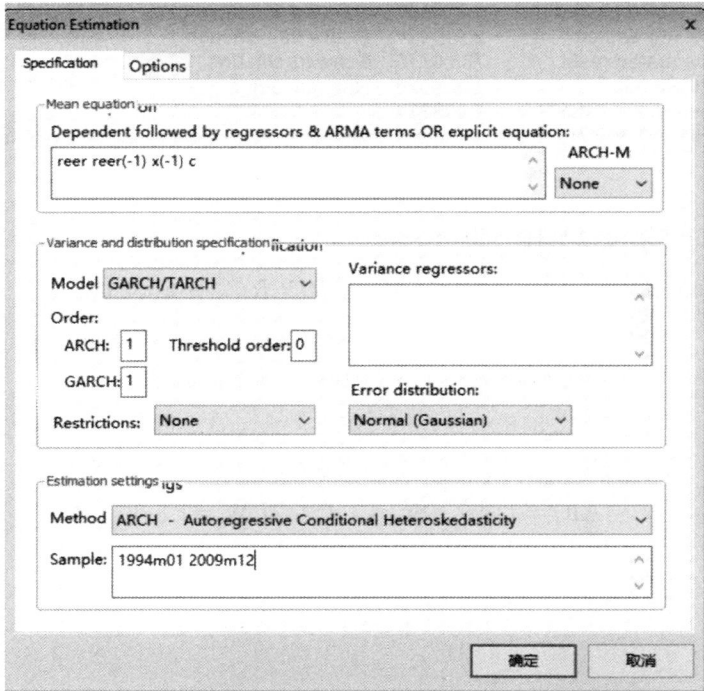

图 10 - 16　GARCH 模型的输入命令

然后单击"确定",得到估计结果,如图 10-17 所示。

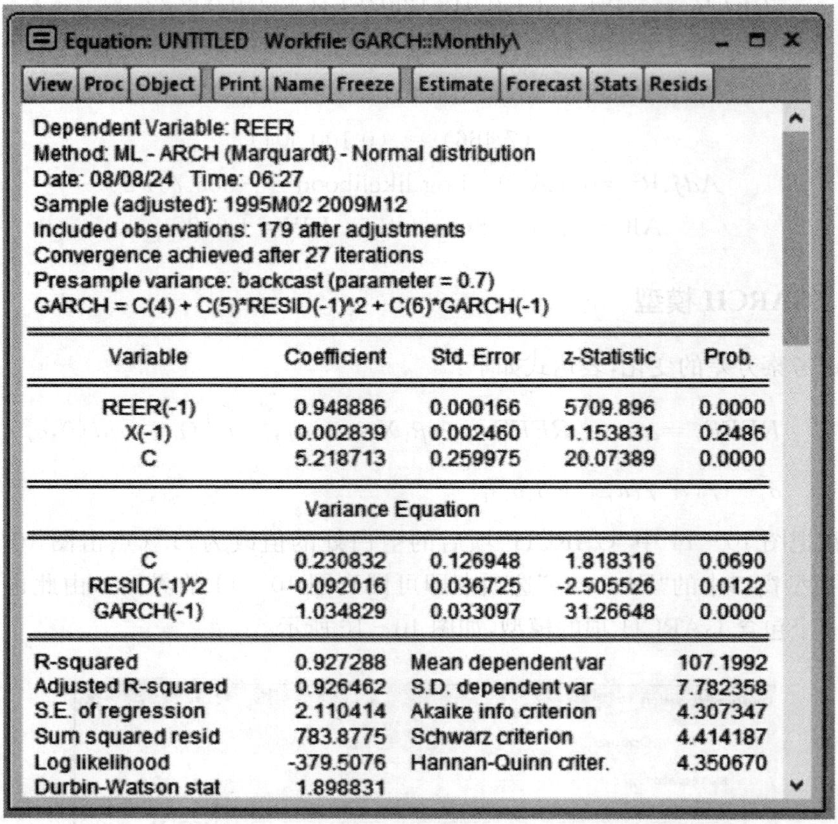

```
☰ Equation: UNTITLED   Workfile: GARCH::Monthly\        _ □ ✕

View  Proc  Object   Print  Name  Freeze   Estimate  Forecast  Stats  Resids

Dependent Variable: REER
Method: ML - ARCH (Marquardt) - Normal distribution
Date: 08/08/24   Time: 06:27
Sample (adjusted): 1995M02 2009M12
Included observations: 179 after adjustments
Convergence achieved after 27 iterations
Presample variance: backcast (parameter = 0.7)
GARCH = C(4) + C(5)*RESID(-1)^2 + C(6)*GARCH(-1)
```

Variable	Coefficient	Std. Error	z-Statistic	Prob.
REER(-1)	0.948886	0.000166	5709.896	0.0000
X(-1)	0.002839	0.002460	1.153831	0.2486
C	5.218713	0.259975	20.07389	0.0000

Variance Equation				
C	0.230832	0.126948	1.818316	0.0690
RESID(-1)^2	-0.092016	0.036725	-2.505526	0.0122
GARCH(-1)	1.034829	0.033097	31.26648	0.0000

R-squared	0.927288	Mean dependent var	107.1992
Adjusted R-squared	0.926462	S.D. dependent var	7.782358
S.E. of regression	2.110414	Akaike info criterion	4.307347
Sum squared resid	783.8775	Schwarz criterion	4.414187
Log likelihood	-379.5076	Hannan-Quinn criter.	4.350670
Durbin-Watson stat	1.898831		

图 10-17 GARCH 模型的回归结果

由此,回归结果可以具体写为

$$REER_t = 5.218\,713 + 0.948\,886REER_{t-1} + 0.002\,839X_{t-1} + u_t$$
$$(20.07) \quad\quad (5\,709.896) \quad\quad\quad (1.153\,8)$$
$$\sigma_t^2 = 0.230\,832 - 0.092\,016u_{t-1}^2 + 1.034\,829\sigma_{t-1}^2$$
$$(1.818\,3)\quad(-2.505\,5)\quad\quad(31.266\,5)$$
$$Adj.R^2 = 0.926\,46 \quad Log\ likelihood = -379.507\,6$$
$$AIC = 4.307 \quad SC = 4.414 \quad DW = 1.899$$

附　录　ARCH 模型、GARCH 模型数据

附表 1　中国对美国出口月度数据(1995 年 1 月—2009 年 12 月)

（单位：亿美元）

时间	X	时间	X	时间	X	时间	X
1994 年 1 月		1996 年 2 月	13.91	1998 年 3 月	27.26	2000 年 4 月	41.62
1994 年 2 月		1996 年 3 月	16.56	1998 年 4 月	30.7	2000 年 5 月	43.01
1994 年 3 月		1996 年 4 月	18.12	1998 年 5 月	30.24	2000 年 6 月	47.29
1994 年 4 月		1996 年 5 月	21.26	1998 年 6 月	32.92	2000 年 7 月	46.28
1994 年 5 月		1996 年 6 月	22.36	1998 年 7 月	35.13	2000 年 8 月	51.93
1994 年 6 月		1996 年 7 月	23.83	1998 年 8 月	33.86	2000 年 9 月	50.14
1994 年 7 月		1996 年 8 月	25.77	1998 年 9 月	35.39	2000 年 10 月	49.17
1994 年 8 月		1996 年 9 月	25.59	1998 年 10 月	33.36	2000 年 11 月	45.51
1994 年 9 月		1996 年 10 月	30.15	1998 年 11 月	33.11	2000 年 12 月	41.87
1994 年 10 月		1996 年 11 月	23.59	1998 年 12 月	42.49	2001 年 1 月	35.17
1994 年 11 月		1996 年 12 月	30.01	1999 年 1 月	24.66	2001 年 2 月	36.58
1994 年 12 月		1997 年 1 月	20.47	1999 年 2 月	23.85	2001 年 3 月	43.89
1995 年 1 月	16.52	1997 年 2 月	15.94	1999 年 3 月	30.81	2001 年 4 月	44.99
1995 年 2 月	13.97	1997 年 3 月	22.67	1999 年 4 月	33.36	2001 年 5 月	43.01
1995 年 3 月	18.71	1997 年 4 月	26.53	1999 年 5 月	34.00	2001 年 6 月	47.08
1995 年 4 月	17.89	1997 年 5 月	27.39	1999 年 6 月	35.00	2001 年 7 月	48.88
1995 年 5 月	21.37	1997 年 6 月	28.03	1999 年 7 月	38.01	2001 年 8 月	51.48
1995 年 6 月	23.73	1997 年 7 月	29.82	1999 年 8 月	40.2	2001 年 9 月	52.47
1995 年 7 月	23.33	1997 年 8 月	30.02	1999 年 9 月	41.18	2001 年 10 月	48.75
1995 年 8 月	22.60	1997 年 9 月	31.82	1999 年 10 月	40.49	2001 年 11 月	46.89
1995 年 9 月	22.44	1997 年 10 月	33.88	1999 年 11 月	39.37	2001 年 12 月	44
1995 年 10 月	21.92	1997 年 11 月	28.95	1999 年 12 月	39.24	2002 年 1 月	44.24
1995 年 11 月	19.23	1997 年 12 月	31.76	2000 年 1 月	34.18	2002 年 2 月	40.05
1995 年 12 月	25.57	1998 年 1 月	23.38	2000 年 2 月	30.55	2002 年 3 月	47.42
1996 年 1 月	15.94	1998 年 2 月	21.85	2000 年 3 月	39.87	2002 年 4 月	54.69

续　表

时间	X	时间	X	时间	X	时间	X
2002 年 5 月	54.97	2004 年 4 月	99.73	2006 年 3 月	166.78	2008 年 2 月	154.78
2002 年 6 月	57.29	2004 年 5 月	95.08	2006 年 4 月	161.97	2008 年 3 月	188.16
2002 年 7 月	64.33	2004 年 6 月	109.16	2006 年 5 月	155.22	2008 年 4 月	208.57
2002 年 8 月	67.31	2004 年 7 月	112.28	2006 年 6 月	172.01	2008 年 5 月	212.14
2002 年 9 月	71.65	2004 年 8 月	113.35	2006 年 7 月	171.72	2008 年 6 月	213.08
2002 年 10 月	62.93	2004 年 9 月	118.09	2006 年 8 月	191.60	2008 年 7 月	236
2002 年 11 月	68.51	2004 年 10 月	112.39	2006 年 9 月	195.31	2008 年 8 月	240.64
2002 年 12 月	66.22	2004 年 11 月	123.86	2006 年 10 月	185.33	2008 年 9 月	246.80
2003 年 1 月	61.73	2004 年 12 月	128.29	2006 年 11 月	193.80	2008 年 10 月	236.5
2003 年 2 月	49.37	2005 年 1 月	108.52	2006 年 12 月	187.21	2008 年 11 月	203.6
2003 年 3 月	65.48	2005 年 2 月	91.73	2007 年 1 月	181.99	2008 年 12 月	191.7
2003 年 4 月	75.03	2005 年 3 月	124.89	2007 年 2 月	163.37	2009 年 1 月	172.9
2003 年 5 月	72.81	2005 年 4 月	132.51	2007 年 3 月	161.88	2009 年 2 月	117.8
2003 年 6 月	74.92	2005 年 5 月	125.84	2007 年 4 月	188.34	2009 年 3 月	164.5
2003 年 7 月	84.42	2005 年 6 月	143.43	2007 年 5 月	179.91	2009 年 4 月	171.8
2003 年 8 月	81.55	2005 年 7 月	142.48	2007 年 6 月	197.30	2009 年 5 月	167.1
2003 年 9 月	94.21	2005 年 8 月	148.94	2007 年 7 月	204.23	2009 年 6 月	177.4
2003 年 10 月	89.96	2005 年 9 月	155.37	2007 年 8 月	209.58	2009 年 7 月	202.6
2003 年 11 月	85.17	2005 年 10 月	151.8	2007 年 9 月	213.91	2009 年 8 月	188.2
2003 年 12 月	90.42	2005 年 11 月	151.42	2007 年 10 月	210.31	2009 年 9 月	211.6
2004 年 1 月	76.94	2005 年 12 月	152.47	2007 年 11 月	216.86	2009 年 10 月	213
2004 年 2 月	69.46	2006 年 1 月	142.03	2007 年 12 月	199.93	2009 年 11 月	200.1
2004 年 3 月	91.08	2006 年 2 月	112.19	2008 年 1 月	191.62	2009 年 12 月	222.1

　　（资料来源：中经网统计数据库，中国海关 http://www.customs.gov.cn/publish/portal0/tab4370/module3760/page1.htm）

附表 2 人民币实际有效汇率月度数据(1994 年 1 月—2009 年 12 月)

时间	REER	时间	REER	时间	REER	时间	REER	时间	REER
1994 年 1 月	75.98	1996 年 8 月	100.89	1999 年 3 月	111.49	2001 年 10 月	116.14		
1994 年 2 月	77.73	1996 年 9 月	104.06	1999 年 4 月	111.04	2001 年 11 月	115.65		
1994 年 3 月	77.12	1996 年 10 月	104.07	1999 年 5 月	111.1	2001 年 12 月	116.37		
1994 年 4 月	78.75	1996 年 11 月	102.57	1999 年 6 月	108.78	2002 年 1 月	116.1		
1994 年 5 月	80.11	1996 年 12 月	103.55	1999 年 7 月	108.34	2002 年 2 月	119.82		
1994 年 6 月	79.51	1997 年 1 月	103.89	1999 年 8 月	108.77	2002 年 3 月	115.83		
1994 年 7 月	78.69	1997 年 2 月	108.68	1999 年 9 月	110.69	2002 年 4 月	114.93		
1994 年 8 月	82.96	1997 年 3 月	107.04	1999 年 10 月	109.36	2002 年 5 月	113.19		
1994 年 9 月	86.41	1997 年 4 月	108.78	1999 年 11 月	107.65	2002 年 6 月	109.17		
1994 年 10 月	86.6	1997 年 5 月	107.7	1999 年 12 月	106.8	2002 年 7 月	106.54		
1994 年 11 月	86.49	1997 年 6 月	104.74	2000 年 1 月	106.37	2002 年 8 月	109.15		
1994 年 12 月	88.59	1997 年 7 月	104.96	2000 年 2 月	111.12	2002 年 9 月	111.24		
1995 年 1 月	89.14	1997 年 8 月	108.81	2000 年 3 月	107.86	2002 年 10 月	111.98		
1995 年 2 月	90.73	1997 年 9 月	111.75	2000 年 4 月	107.8	2002 年 11 月	109.35		
1995 年 3 月	87.15	1997 年 10 月	110.93	2000 年 5 月	110.13	2002 年 12 月	108.83		
1995 年 4 月	86.38	1997 年 11 月	111.39	2000 年 6 月	106.41	2003 年 1 月	105.84		
1995 年 5 月	89.01	1997 年 12 月	116.14	2000 年 7 月	106.6	2003 年 2 月	108.31		
1995 年 6 月	87.08	1998 年 1 月	117.68	2000 年 8 月	109.45	2003 年 3 月	106.07		
1995 年 7 月	87.03	1998 年 2 月	117.82	2000 年 9 月	112.81	2003 年 4 月	106.14		
1995 年 8 月	92.13	1998 年 3 月	116.09	2000 年 10 月	113.67	2003 年 5 月	103.67		
1995 年 9 月	96.42	1998 年 4 月	116.12	2000 年 11 月	113.5	2003 年 6 月	101.33		
1995 年 10 月	95.52	1998 年 5 月	116.26	2000 年 12 月	113.01	2003 年 7 月	101.84		
1995 年 11 月	94.91	1998 年 6 月	115.64	2001 年 1 月	112.13	2003 年 8 月	104.44		
1995 年 12 月	95.19	1998 年 7 月	114.17	2001 年 2 月	114.36	2003 年 9 月	104.73		
1996 年 1 月	96.11	1998 年 8 月	117.96	2001 年 3 月	114.34	2003 年 10 月	102.97		
1996 年 2 月	98.64	1998 年 9 月	118.11	2001 年 4 月	116.09	2003 年 11 月	103.16		
1996 年 3 月	97.94	1998 年 10 月	112.94	2001 年 5 月	115.99	2003 年 12 月	101.81		
1996 年 4 月	100.07	1998 年 11 月	111	2001 年 6 月	114.36	2004 年 1 月	99.54		
1996 年 5 月	100.95	1998 年 12 月	109.62	2001 年 7 月	114.77	2004 年 2 月	100.65		
1996 年 6 月	99.62	1999 年 1 月	107.55	2001 年 8 月	114.23	2004 年 3 月	100.57		
1996 年 7 月	98.69	1999 年 2 月	111.55	2001 年 9 月	115.18	2004 年 4 月	101.56		

时间	REER	时间	REER	时间	REER	时间	REER
2004 年 5 月	103.61	2005 年 10 月	103.85	2007 年 3 月	103.27	2008 年 8 月	114.63
2004 年 6 月	100.84	2005 年 11 月	104.07	2007 年 4 月	102.4	2008 年 9 月	118.49
2004 年 7 月	100.51	2005 年 12 月	103.82	2007 年 5 月	104.17	2008 年 10 月	123.01
2004 年 8 月	103.03	2006 年 1 月	100.85	2007 年 6 月	104.18	2008 年 11 月	124.21
2004 年 9 月	104.2	2006 年 2 月	104.04	2007 年 7 月	104.73	2008 年 12 月	121.19
2004 年 10 月	102.43	2006 年 3 月	101.58	2007 年 8 月	107.54	2009 年 1 月	120.94
2004 年 11 月	98.46	2006 年 4 月	100.92	2007 年 9 月	108.09	2009 年 2 月	126.09
2004 年 12 月	96.95	2006 年 5 月	99.33	2007 年 10 月	106.62	2009 年 3 月	124.74
2005 年 1 月	96.1	2006 年 6 月	99.01	2007 年 11 月	105.23	2009 年 4 月	122.46
2005 年 2 月	99.3	2006 年 7 月	98.85	2007 年 12 月	107.32	2009 年 5 月	120
2005 年 3 月	96.29	2006 年 8 月	100.4	2008 年 1 月	107.04	2009 年 6 月	116.38
2005 年 4 月	97.11	2006 年 9 月	102.8	2008 年 2 月	112.12	2009 年 7 月	116.02
2005 年 5 月	98.08	2006 年 10 月	103.76	2008 年 3 月	108.17	2009 年 8 月	117.1
2005 年 6 月	97.81	2006 年 11 月	102.33	2008 年 4 月	109.12	2009 年 9 月	116.93
2005 年 7 月	99.61	2006 年 12 月	102.67	2008 年 5 月	110.69	2009 年 10 月	115.19
2005 年 8 月	101.42	2007 年 1 月	102.74	2008 年 6 月	110.04	2009 年 11 月	114.23
2005 年 9 月	102.53	2007 年 2 月	105.94	2008 年 7 月	110.15	2009 年 12 月	113.78

（资料来源：根据各年度《中国统计年鉴》有关数据计算整理得到。）

参考文献

［1］任筱钰,李因果.数理金融[M].南京:南京大学出版社,2023.

［2］[美]Sheldon M. Ross.数理金融初步[M].北京:机械工业出版社,2013.

［3］林苍祥,郑振龙,蔡莳铨,邱文昌.金融工程理论与实务[M].北京:北京大学出版社,2012.

［4］张元萍.数理金融基础[M].北京:北京大学出版社,2016.

［5］迪米特里奥斯·阿斯特里奥,史蒂芬·霍尔.应用计量经济学[M].2版.北京:北京大学出版社,2016.

［6］孙敬水,马淑琴.计量经济学[M].5版.北京:清华大学出版社,2022.

［7］郑正龙,陈蓉.金融工程[M].5版.北京:高等教育出版社,2020.

［8］朱淑珍.金融风险管理[M].4版.北京:北京大学出版社,2021.

［9］唐勇,朱鹏飞,林娟娟.金融计量学[M].3版.北京:清华大学出版社,2024.

［10］林清泉.金融工程[M].5版.北京:中国人民大学出版社,2018.

［11］王春峰.金融市场风险管理[M].天津:天津大学出版社,2001.

［12］张波,商豪,邓军.应用随机过程[M].6版.北京:中国人民大学出版社,2023.

［13］陆静.金融风险管理[M].3版.北京:中国人民大学出版社,2021.

［14］[加]王勇,[中]关晶奇,隋鹏达.金融风险管理[M].北京:机械工业出版社,2021.

［15］张永林.金融数学与金融工程[M].北京:清华大学出版社,2014.

［16］佟孟华,郭多祚.数理金融[M].3版.北京:清华大学出版社,2018.

［17］潘省初.计量经济学中级教程[M].2版.北京:清华大学出版社,2013.

［18］林清泉.数理金融学[M].北京:中国人民大学出版社,2007.

［19］郭凯,赵宁.金融数学[M].北京:机械工业出版社,2018.

［20］张永林.数理金融学与金融工程基础[M].2版.北京:高等教育出版社,2011.

［21］陈昭,徐芳燕,付铭苏.计量经济学软件 EViews 10.0 应用教程[M].北京:中国人民大学出版社,2021.